GAODENG ZHIYE YUANXIAO
JIAOXUE GONGZUO ZHENDUAN YU GAIJIN
SHIJIAN TANSUO

高等职业院校教学工作诊断与改进实践探索

主　编　刘建林
副主编　崔　岩

西北大学出版社

图书在版编目（CIP）数据

高等职业院校教学工作诊断与改进实践探索/刘建林主编．--西安：西北大学出版社，2019.6
ISBN 978-7-5604-4373-7

Ⅰ.①高… Ⅱ.①刘… Ⅲ.①高等职业教育—教学工作—研究 Ⅳ.①G718.5

中国版本图书馆CIP数据核字（2019）第123553号

内容简介

诊改复核工作是诊改的关键环节，其主要目的在于检验学校自主诊改工作的有效程度。陕西省作为全国9个高职诊改试点省份之一，有3所学校被确定为全国诊改试点院校，同时陕西省又确定了9所省级试点院校。按照教育部的安排，2018年11月，全国诊改专委会在全国27所试点院校中，首先对陕西省的3所国家试点院校进行试复核。2018年12月，陕西省教育厅在总结全国试复核经验的基础上，组织专家对9所省级试点院校进行了复核，并决定在2019年对其余26所高职院校全部进行复核，实现全省高职院校诊改复核的全覆盖。

陕西省在对9所省级试点院校的复核中，主要参考了全国诊改专委会制订的《复核工作指引》《专家工作手册》，并根据陕西高职教育发展的实际，各层面重点聚焦教育部创新发展行动计划院校的承接项目、国家优质高职学院和骨干专业、陕西省一流学院和一流专业、国家精品在线开放课程及陕西省精品在线开放课程等建设项目，以诊改推动陕西高职教育创新发展水平的整体提升。本书汇编了陕西省教育厅、高职诊改专家委员会制定的复核工作的系列文件，3所高职国家试点院校和9所高职省级试点院校的自我诊改报告和诊改典型案例，为其他院校推进内部质量保证体系诊断与改进建设及运行提供借鉴和参考。

高等职业院校教学工作诊断与改进实践探索

主　　编	刘建林
副 主 编	崔　岩
出版发行	西北大学出版社
地　　址	西安市太白北路229号
邮　　编	710069
电　　话	029-88302825
经　　销	全国新华书店
印　　装	陕西向阳印务有限公司
开　　本	787mm×1092mm　1/16
印　　张	18
字　　数	380千字
版　　次	2019年6月第1版　2019年6月第1次印刷
书　　号	ISBN 978-7-5604-4373-7
定　　价	48.00元

本版图书如有印装质量问题，请拨打电话029-88302966予以调换。

编 委 会

主　任：刘建林
副主任：胡海宁　崔　岩
编　委：胡海东　王晓江　魏焕成　张权民　张晓云
　　　　　王　津　王天哲　王周锁　赵居礼　刘敏涵
　　　　　刘胜辉　田和平　高福华　张　雄　刘予东
　　　　　杨卫军　杨建民　刘引涛　蒋平江　崔选盟

前 言

为贯彻《国务院关于加快发展现代职业教育的决定》，建立常态化的职业院校自主保证人才培养质量机制，2015年7月，《教育部办公厅关于建立职业院校教学工作诊断与改进制度的通知》（教职成厅〔2015〕2号）发布，目的在于发挥学校的教育质量保证主体作用，不断完善学校的内部质量保证体系和运行机制，树立质量意识，建立现代质量文化，提升学校教育教学信息化水平，提高人才培养质量，服务国家发展战略。建立职业院校教学工作诊断与改进制度既是持续提高技术技能人才培养质量的重要举措和制度安排，也是教育行政部门加强事中事后监管、履行管理职责的重要形式，对加快发展现代职业教育具有重要意义。

在教育部的领导和全国诊改专委会的指导下，陕西省教育厅高度重视诊改工作，认真学习和贯彻落实《教育部办公厅关于建立职业院校教学工作诊断与改进制度的通知》（教职成厅〔2015〕2号）和《关于印发〈高等职业院校内部质量保证体系诊断与改进指导方案（试行）〉启动相关工作的通知》（教职成司函〔2015〕168号）文件，于2016年3月成立了陕西高职诊改专委会并制定《陕西高等职业院校内部质量保证体系诊断与改进实施方案》（陕教高〔2016〕3号），2017年6月，进一步修订完善、细化了实施方案——《陕西高等职业院校内部质量保证体系诊断与改进实施细则》（陕教〔2017〕207号），于2018年6月根据教育部文件精神又补充了高职诊改专委会委员，将诊改作为陕西高职教育创新发展的重要抓手，全力推进高职院校内部质量保证体系建设，不断激发内生动力，切实引导学校履行人才培养质量的主体责任，由"他治"向"自治"的目标迈进。同时，陕西高职院校按照"需求导向、自我保证、多元诊断、重在改进"的方针，将诊改工作与承接的教育部3年创新行动计划任务和项目、国家优质校和骨干专业建设、陕西高职一流学院和一流专业建设、现代学徒制试点、精品在线开放课程建设等项目紧密结合，内部质量保证体系建设取得初步成效。

为了促进院校落实好诊改实施方案，教育行政部门根据需要对学校进行抽样复核，并将复核结论作为学校招生计划、备案新专业、项目申报的重要参考。在教育部的指导下，全国诊改专委会按照教职成厅〔2015〕2号、教职成司函〔2015〕168号、教职成司函〔2016〕72号、教职成司函〔2017〕56号等文件要求，制定了《高等职业院校内部质量保证体系诊断与改进复核工作指引》（简称《复核工作指引》）、《高职试点院校内部质量保证体系诊断与改进复核专家工作手册》（简称《复核专家工作手册》），并于2018年11月13—15日组织专家对陕西工业职业技术学院国家高职诊改试点院校进行了首次试点复核；后修改完善全国《复核工作指引》《复核专家工作手册》，经11月18日全国诊改专家委员会扩大会议通过，于2018年12月3—5日同时对陕西另外两所全国高职试点院校——陕西铁路工程职业技术学院、陕西交通职业技术学院进行了试复核，进一步完善了《复核工作指引》《复核专家工作手册》，并于2018年12月28日正式发布《高等职业院校内部质量保证体系诊断与改进复核工作指引（试行）》（职教诊改〔2018〕25号）。

陕西在参照全国《复核工作指引》《复核专家工作手册》主要内容的基础上，结合《陕西高等职业院校内部质量保证体系诊断与改进实施细则》（陕教〔2017〕207号）和陕西高职发展的实际，制定了《陕西省高职试点院校内部质量保证体系诊断与改进复核工作指引》《陕西省高职试点院校内部质量保证体系诊断与改进复核专家工作手册》，同时配套制定了复核专家工作纪律和复核专家承诺书，并于2018年12月16—25日分3组同时对9所高职省级试点院校进行了现场试点复核，取得了良好的效果。

本书汇编了陕西高职诊改专家委员会制定的相关复核工作文件、3所高职国家试点院校、9所高职省级试点院校的自我诊改报告及诊改典型案例，以供各校在教学诊断与改进工作中借鉴和参考。

编　者
2019年1月

目 录

第一部分 陕西省高职诊改专家委员会诊改复核相关要求

陕西省高职试点院校内部质量保证体系诊断与改进复核工作指引 …………（3）
陕西省高职试点院校内部质量保证体系诊断与改进复核专家工作手册 …………（10）
陕西省高职试点院校内部质量保证体系诊断与改进现场复核工作纪律 …………（20）
陕西省高职试点院校内部质量保证体系诊断与改进现场复核专家承诺书 ………（21）

第二部分 陕西省高职试点院校自我诊断报告

国家试点院校

陕西工业职业技术学院内部质量保证体系自我诊断报告 …………（25）
陕西铁路工程职业技术学院内部质量保证体系自我诊断报告 …………（35）
陕西交通职业技术学院内部质量保证体系自我诊断报告 …………（46）

省级试点院校

杨凌职业技术学院内部质量保证体系自我诊断报告 …………（56）
西安航空职业技术学院内部质量保证体系自我诊断报告 …………（69）
陕西国防工业职业技术学院内部质量保证体系自我诊断报告 …………（79）
陕西职业技术学院内部质量保证体系自我诊断报告 …………（89）
西安铁路职业技术学院内部质量保证体系自我诊断报告 …………（102）
渭南职业技术学院内部质量保证体系自我诊断报告 …………（111）
延安职业技术学院内部质量保证体系自我诊断报告 …………（124）
陕西能源职业技术学院内部质量保证体系自我诊断报告 …………（135）
咸阳职业技术学院内部质量保证体系自我诊断报告 …………（146）

第三部分　陕西省高职试点院校诊改典型案例

陕西工业职业技术学院工程造价专业诊改案例 …………………………………（159）
陕西铁路工程职业技术学院信息化数据平台建设案例 …………………………（170）
陕西交通职业技术学院《发动机电控系统检修》课程诊改案例 ………………（176）
杨凌职业技术学院"两链"打造典型案例 …………………………………………（185）
西安航空职业技术学院机电一体化技术专业诊改案例 …………………………（190）
陕西国防工业职业技术学院学生层面诊改案例 …………………………………（198）
陕西职业技术学院智能化信息平台建设案例 ……………………………………（207）
西安铁路职业技术学院《城轨联锁控制系统维护》课程诊改案例 ……………（215）
渭南职业技术学院学校层面诊改案例 ……………………………………………（222）
延安职业技术学院教师个人诊改案例 ……………………………………………（228）
陕西能源职业技术学院学校层面诊改案例 ………………………………………（235）
咸阳职业技术学院《建筑材料》课程诊改案例 …………………………………（239）
陕西工业职业技术学院学生工作诊改案例 ………………………………………（249）
陕西交通职业技术学院部门（科技处）诊改案例 ………………………………（260）

第四部分　陕西省高职诊改工作总结与计划安排

陕西高职省级试点院校诊改复核工作总结 ………………………………………（271）
陕西高职院校教学工作诊断与改进2018年工作总结 ……………………………（274）
陕西高职院校教学工作诊断与改进2019年工作安排 ……………………………（278）

第一部分

陕西省高职诊改专家委员会诊改复核相关要求

陕西省高职试点院校内部质量保证体系诊断与改进复核工作指引

为整体把握试点院校复核工作方向,规范复核工作的基本内容和程序,参照全国诊改专委会制定的《高等职业院校内部质量保证体系诊断与改进复核工作指引》,特制定《陕西省高职试点院校内部质量保证体系诊断与改进复核工作指引》。

一、复核目的

加强事中事后监管,把握诊改制度建设方向,突出学校质量保证主体地位和责任。引导和指导试点院校构建完善的内部质量保证体系和运行机制,督促试点院校有效落实内部质量保证体系建设与运行实施方案(简称"实施方案"),以智能化信息平台(简称"平台")建设为支撑,以诊改为手段,建立常态化的自主保证人才培养机制,营造现代质量文化,不断提高师生员工的满意度和获得感,进一步提升办学水平和人才培养质量,为陕西其他高职院校内部质量保证体系诊断与改进工作提供经验,推进国家优质(陕西一流)高职学院建设、国家骨干(陕西一流)专业建设以及教育部《高等职业教育创新发展行动计划》承接项目和任务的高质量完成,促进陕西高职教育追赶超越。

二、基本原则

(一)把握复核依据

以《教育部办公厅关于建立职业院校教学工作诊断与改进制度的通知》(教职成厅〔2015〕2号)、《关于印发〈高等职业院校内部质量保证体系诊断与改进指导方案(试行)〉启动相关工作的通知》(教职成司函〔2015〕168号)、《关于全面推进职业院校教学工作诊断与改进制度建设的通知》(教职成司函〔2017〕56号)、《陕西高等职业院校内部质量保证体系诊断与改进实施细则》(陕教〔2017〕207号)以及经陕西省诊改专委会审核通过的学校《内部质量保证体系建设诊改运行实施方案》为依据,以质量保证体系建设与运行为重点。

(二)聚焦核心要素

坚持以学校诊改工作为基础,聚焦学校、专业、课程、教师和学生5个层面的目标与标准、监测与预警、诊断与改进的机制建设和运行情况。

(三)关注诊改轨迹

坚持数据分析与实际研判相结合,基于学校平台数据分析,以轨迹变化为关注点,辅以实际调查研究,做出与事实相符的判断。

（四）尊重校本特色

坚持"一校一策"，尊重学校的历史文化和办学自主权，针对学校当下的发展阶段和发展目标，引导学校科学定位、服务发展、促进就业，进一步完善有效可行的诊改工作实施方案。

三、复核内容

（一）"两链"打造与实施

重点复核目标链与标准链（简称"两链"）的科学性、系统性、可行性，实施情况及成效。

1. 学校发展规划是否成体系，学校发展目标是否传递至专业、课程、教师等层面，目标是否上下衔接成链。学校机构职责是否明确，是否建立了岗位工作标准，标准和制度执行是否形成有效机制；学校发展是否聚焦国家优质（或陕西一流）高职学院建设。

2. 专业建设规划目标、标准是否与学校规划契合，是否与自身基础适切。目标与标准是否明确、具体、可检测，重点关注国家骨干、省级一流专业建设诊改情况。

3. 课程建设计（规）划目标、标准是否与专业建设规划契合，是否与自身基础适切。目标与标准是否明确、具体、可检测，重点关注专业核心课程和3年行动计划中承担的精品在线开放课程诊改情况。

4. 教师个人发展目标确定是否与学校师资队伍建设规划及专业建设规划等相关要求相适切，教师是否制定有个人发展计划，目标与标准是否明确、具体、可检测，是否与自身基础适切，重点关注中青年教师。

5. 学生是否制定有个人发展计划，个人发展目标的确定是否与学校人才培养方案及素质教育相关要求相适切，学校是否建立了指导学生制定个人发展计划的制度，重点关注一、二年级学生。

（二）"螺旋"建立与运行

复核5个层面"8字形质量改进螺旋"（简称"螺旋"）建设的科学性、覆盖面、可行性、实施情况及成效。

1. 学校是否建立了规划和年度目标任务分解、实施、诊断、改进的运行机制。实施过程是否有监测预警和改进机制，方法与手段是否便捷可操作。是否建立了学校各组织机构履行职责的诊改制度，方法与手段是否可操作，是否有效运行。

2. 是否建立了专业、课程建设与课程教学质量的诊改运行制度，诊改内容是否有助于目标的达成，诊改周期是否合理，诊改方法与手段是否便捷可操作。

3. 是否建立了教师个人发展的自我诊改制度，周期是否合理，方法是否便捷可操作。

4. 学校是否引导学生进行自我诊改，周期是否合理，方法是否便捷可操作。

5. 各层面的诊断结论是否依据数据和事实获得，自我诊断报告的陈述是否明确具体，改进措施是否有效。

6.学校是否建立了与内部质量保证体系相适应的考核激励制度,将考核与自我诊改相结合,体现以外部监管为主向以自我诊改为主转变的走向。各个主体的自我诊改是否逐渐趋向常态化。5个层面的自我诊改是否逐渐趋向常态化。师生员工对学校诊改工作是否满意和有获得感。

(三)平台建设与支撑

复核学校平台顶层设计、建设、应用及成效。

1.学校是否按照智能化要求对信息平台建设进行顶层设计,平台架构是否具有实时、常态化支撑学校诊改工作的以下功能:

(1)能够实现数据的源头、即时采集。

(2)能够消除信息孤岛,实现数据的实时开放共享。

(3)能够进行数据分析并实时展现分析结果。

2.学校是否按照顶层设计蓝图,扎实推进平台建设。

3.学校在数据分析、应用方面开展了哪些工作,取得了哪些成效。

四、复核程序

(一)学校自我诊断

学校按照审核公布的实施方案,建立了内部质量保证体系及诊改制度,在3个以上层面开展了诊改工作的前提下,依据本指引明确的复核内容逐项诊断,撰写学校内部质量保证体系自我诊断报告(见附件)。

(二)学校申请复核

我省试点高职院校在达成实施方案目标任务和内部质量保证体系自我诊改的基础上,向省教育厅提出复核申请(同时向省教育厅报送学校自我诊断报告)并提供相关网站网址和学校平台登录账号。

(三)复核计划及实施

由省教育厅制定高职试点院校复核工作计划和组织工作,省高职诊改专委会按计划实施并负责做好专家组的协调和联络工作。

(四)专家组复核

1.网上复核。申请复核的学校按照工作计划,必须提前一周完成在学校相关网站或平台公布有关信息的工作,后续不允许再进行网上信息替换。信息至少应包含:学校实施方案;学校"十三五"事业发展规划、国家优质(陕西一流)高职学院建设方案;正在实施的专业建设规划及专业人才培养方案、国家骨干(陕西一流)专业建设方案;正在实施的课程建设计划;平台建设方案;最近两年的人才培养质量年度报告;学校内部质量保证体系自我诊断报告;内部质量保证体系建设与运行的制度;学校诊改工作汇报和学校推荐的6个专业及12门课程层面诊改工作汇报PPT等。建议提供的相关材料不采用PDF格式。

专家组成员提前一周时间浏览学校提供的网上信息,针对复核内容审阅学校相关材料与信息，了解学校诊改工作状态，形成初步意见并在进校前两天完成网上复核。

2. 现场复核。专家组进校，通过数据分析、状态考察、面上调查、深入研讨、取样分析、多维建构等形式，围绕复核内容进行现场复核。专家组进校工作时间为3天（专家工作手册另行制定）。

现场复核后形成现场复核报告，以会议交流形式向学校反馈复核相关情况及建议。

（五）复核结论

复核专家组根据现场复核报告提出复核建议结论，由省诊改专委会统一汇总后提交省教育厅，由省教育厅审定并予以公布。

复核结论分为"有效"和"待改进"2种。

有效——在体系和平台建设上同时达到以下要求：

1. 学校内部质量保证体系基本形成，至少有包括专业和课程层面在内的有3个层面的"8字形质量改进螺旋"已经建立并运行有效。

2. 平台建设顶层设计先进、可行，并正按照规划要求和实际节点扎实推进。

按照省教育厅要求，复核"有效"的院校须根据专家反馈意见在3个月内向省教育厅提交整改方案，省教育厅在半年内进行中期检查，一年后对整改效果进行复查。

待改进——尚未同时达到上述"有效"结论要求。

结论为"待改进"的学校，应在完成改进的任务后申请再复核。

五、工作要求

1. 严格遵循《关于印发〈高等职业院校内部质量保证体系诊断与改进指导方案（试行）〉启动相关工作的通知》（教职成司函〔2015〕168号）等文件有关"工作组织"和"纪律与监督"等要求。

2. 复核工作必须坚持以促进学校诊改制度建设为重心，不得将注意力转移到对学校内部常规管理和日常教学工作的评论、评价上，更不得影响学校正常工作和教学秩序。

3. 复核工作必须认真贯彻落实中央八项规定精神。复核专家必须廉洁自律、谦虚谨慎、光明磊落。被确定为复核专家组成员后，不得接受邀请参加被复核学校的诊改辅导、讲座等活动，如有违反，将取消专家资格。

4. 诊改相关政策文件、复核专家组名单、接受复核院校应公示的材料以及复核结论等，需在相关网站集中公布，接受社会监督。

附件：学校内部质量保证体系自我诊断报告（参考格式）

××学院内部质量保证体系自我诊断报告
（参考格式）

学校名称：

一、学校诊改工作概述

对照指引中的复核内容，概述学校在纵向"两链"打造；学校、专业、课程、教师、学生5个层面的"8字形质量改进螺旋"建立与运行情况；学校智能化信息平台建设等的总体情况，以及学校诊改工作所取得的成效（成效主要聚焦目标达成情况）与存在的瓶颈或短板。建议在2 000字左右。

二、学校自我诊断参考表

诊断内容		诊断内容提示	诊断结论	拟采取的改进措施
"两链"打造		1. 学校发展规划是否成体系，学校发展目标是否传递至专业、课程、教师层面，目标是否上下衔接成链。学校机构职责是否明确，是否建立了岗位工作标准，标准和制度的执行是否有有效机制。 2. 专业建设规划目标、标准是否与学校规划契合，是否与自身基础适切。目标与标准是否明确、具体、可检测。 3. 课程建设计（规）划目标、标准是否与专业建设规划契合，是否与自身基础适切。目标与标准是否明确、具体、可检测。 4. 教师个人发展目标确定是否与学校师资队伍建设规划及专业建设规划等相关要求相适切，教师是否制定有个人发展计划，目标与标准是否明确、具体、可检测，是否与自身基础适切。 5. 学生是否制定有个人发展计划，个人发展目标的确定是否与学校人才培养方案及素质教育相关要求相适切。学校是否建立了指导学生制定个人发展计划的制度。		
"螺旋"建立	学校层面	1. 学校是否建有规划和年度目标任务分解、实施、诊断、改进的诊改运行机制。实施过程是否有监测预警和改进机制，方法与手段是否便捷可操作。 2. 是否建立了学校各组织机构履行职责的诊改制度，方法与手段是否可操作，是否有效运行。 3. 诊断结论是否依据数据和事实获得，自我诊断报告的陈述是否明确、具体，改进措施是否有效。		

续表

诊断内容		诊断内容提示	诊断结论	拟采取的改进措施
"螺旋"建立	专业层面	1.学校是否建立了专业建设质量诊改运行制度。诊改内容是否有助于目标达成,诊改周期是否合理,诊改方法与手段是否便捷可操作。 2.现有专业是否都按运行制度实施诊改。 3.诊断结论是否依据数据和事实获得,自我诊断报告的陈述是否明确、具体,改进措施是否有效。		
	课程层面	1.学校是否建立了课程建设与课程教学质量诊改运行制度。 2.现设课程是否都按运行制度实施诊改。 3.诊断结论是否依据数据和事实获得,自我诊断报告的陈述是否明确、具体,改进措施是否有效。		
	教师层面	1.学校是否建立了教师个人发展自我诊改制度,周期是否合理,方法是否便捷可操作。 2.所有教师是否都按运行制度实施诊改。 3.诊断结论是否依据数据和事实获得,自我诊断报告的陈述是否明确、具体,改进措施是否有效。 4.教师在自我诊改过程中是否有获得感。		
	学生层面	1.学校是否建立了引导学生进行自我诊改的制度,周期是否合理,方法是否便捷可操作。 2.所有学生是否按制度实施自我诊改。 3.诊断结论是否依据数据和事实获得,自我诊断报告的陈述是否明确、具体,是否根据自身基础进行改进。		
	文化与机制"引擎"	1.学校领导是否重视诊改工作,扎实推进,师生员工普遍能接受诊改理念,并落实于自觉行动中。 2.学校是否建立了与内部质量保证体系相适应的考核激励制度,将考核与自我诊改相结合,体现以外部监管为主向以自我诊改为主转变的走向。 3.各个主体的自我诊改是否逐渐趋向常态化。师生员工对学校诊改工作是否满意和有获得感。		

续表

诊断内容	诊断内容提示	诊断结论	拟采取的改进措施
智能化信息平台	1.学校是否按智能化要求对信息平台建设进行了顶层设计,平台架构是否具有实时、常态化支撑学校诊改工作的以下功能: (1)能够实现数据的源头、即时采集。 (2)能够消除信息孤岛,实现数据的实时开放共享。 (3)能够进行数据分析,并实时展现分析结果。 2.学校是否按照顶层设计蓝图,扎实推进平台建设。 3.学校在数据分析、应用方面开展了哪些工作,取得了哪些成效。		

校长(签字): 　　　　　　　　　　　　年　　月　　日

注:1.报告内容必须真实、准确,务必写实,尽量不使用形容词和副词。

　　2.每一项的"诊断结论"需阐明目标达成情况,尚存在的问题及原因分析,建议在500字左右。

　　3.每一项的"拟采取的改进措施"需突出针对性、注重可行性,建议在200字左右。

高等职业院校教学工作诊断与改进实践探索

陕西省高职试点院校内部质量保证体系诊断与改进复核专家工作手册

按照《陕西省高职试点院校内部质量保证体系诊断与改进复核工作指引》(简称《复核工作指引》)的相关规定,为方便专家工作,特制定本手册。

一、工作要求

1. 认真学习领会教职成厅〔2015〕2号、教职成司函〔2015〕168号、教职成司函〔2017〕56号、陕教字〔2017〕207号文件精神,深刻理解《复核工作指引》的相关内容,提高认识,明确方向,把握诊改复核内涵。

2. 以学校实施方案为复核依据,审核学校自我诊断报告与实施方案的契合度;重点复核目标链与标准链(简称"两链")的科学性、系统性、可行性,实施情况及成效;学校、专业、课程、教师和学生5个层面"8字形质量改进螺旋"(简称"螺旋")建设的科学性、覆盖面、可行性、实施情况及成效;学校智能化信息平台顶层设计、建设、应用及成效。

3. 重点查阅学校方案实施运行后所形成的信息资料(能客观反映学校教学工作内部质量保证体系建立与运行现实情况即可),不追求信息资料的完整性,不追溯实施前的信息资料。

4. 以掌握的实际情况为基础,通过多种途径和方法对学校提供的信息资料进行研判(肯定成效、指出不足、提出改进建议),形成复核结论。

5. 严谨务实,严格执行《复核工作指引》中的相关规定,网上复核期间必须亲自审阅资料,不得请秘书或助手代劳。

6. 集中精力,严格遵守工作纪律,按时完成任务,中途不得请假。

7. 按照已签字的《陕西省高职试点院校内部质量保证体系诊断与改进现场复核专家承诺书》,自觉履行各项承诺。

二、工作方法

依据《复核工作指引》中的复核内容,通过数据分析、状态考察、面上调查、深入研讨、取样分析、多维建构等形式,考察学校"两链""螺旋"和信息平台建设与运行情况;考察师生员工的满意度和获得感。

1. 数据分析:通过对数据的系统分析、趋向分析、比较分析、目标适切度分析,了解学校方案实施与信息平台建设实际成效。

2. 状态考察:通过查阅诊改制度文件、诊改轨迹、现场观察等,了解学校教学工作内部质量保证体系建设总体状态。

3. 面上调查:通过听取汇报、座谈交流、访谈等形式分别了解"两链"打造、"质量改进螺旋"、信息平台建设与运行状况,以及不同层面诊改产生的联动机制。

4. 深入研讨:与学校相关人员深入研讨重点、难点问题的成因和解决方案。

5. 取样分析:通过足够数量的样本分析,了解内部质量保证体系"最后一公里"状况;听取师生员工的真实感受。

6. 多维建构:专家组内信息及时交流,小组间信息及时汇集,外部信息广泛吸纳;通过会诊减少盲点、缩小偏差。

三、研判参考提示

现场复核内容、研判要点参考提示(表1)。

四、分工与日程安排

每校复核专家组8人,设组长、副组长各1人,组员5人,秘书1人。

1. 专家组工作分工参考见表2。各组成员配备要兼顾考查内容与成员工作背景,合理安排工作任务。

2. 现场复核工作日程安排建议见表3。

五、专家组长工作职责

1. 负责汇总本组专家网上复核意见。

2. 负责召开进校后的现场复核预备会,学习相关文件,协调各小组的分工安排,主持每天的专家组工作情况交流会。

3. 负责组织起草、讨论、修改、定稿复核反馈意见,综合各小组意见,研究确定有效的层面及结论建议。

4. 负责在第一天的汇报会通报复核工作安排及要求,负责主持小反馈会以及在大反馈会议上宣读反馈意见。

5. 副组长协助组长开展工作,负责主持进校第一天的汇报会和最后的反馈会。

六、专家工作流程

1. 专家在进校前一周进行网上复核,填写《网上复核用表(专家用)》(表4-1),于进校前两天将电子稿交与秘书。

2. 专家在接到复核通知后,如无法按时间节点完成网上复核,必须向秘书办理请假手续。

3. 专家组长在进校前一天,完成《网上复核用表(专家组长用)》(表4-2),并与专家组成员进行有效沟通。

4. 专家按规定时间到指定地点报到,做好现场复核准备工作。

5. 专家组长进行小组分工。各专家工作小组按照分工,研讨次日小组活动内容,填写《现场复核小组活动安排表》(表5),交与秘书。

6. 各专家工作小组按既定日程安排开展现场复核,填写《现场复核工作记录表》(表6),供专家记录现场复核印象时用。

7. 现场复核结束后,各专家工作小组组内充分交流信息,形成小组反馈意见,分别填写各组专家用表(表7-1、表7-2、表7-3)。各专家工作小组之间充分交流信息,提出结论建议(暂不对外公布),形成《诊改复核总体反馈意见表》(表8)。

8. 各专家工作小组准备反馈会交流发言提纲。

9. 现场复核结束时,各专家、工作小组将复核过程中的工作用表签名后交秘书留存。

七、秘书工作要求

秘书在专家组组长领导下做好以下工作。

(一)进校前一周

1. 接到复核工作指令后,秘书及时建立与专家的工作联系方式,及时向专家组长报告办理请假手续的专家信息。

2. 建立与被复核学校的联系方式,将被复核学校提供的信息及时告知各专家,并建议学校将《现场复核工作记录表》(表6)印入手册中,方便专家现场工作使用。

3. 在进校前两天督促各专家递交《网上复核用表(专家用)》电子稿,协助组长完成《网上复核用表(专家组长用)》。

4. 及时提醒各专家进行网上复核,建立网上复核工作机制,及时帮助专家解决复核过程中遇到的各类问题。

5. 与被复核院校工作人员一起完成专家的票务、进校日程安排等工作,确保进校复核工作顺利开展。

(二)进校后的现场复核

1. 收齐被复核院校提供的信息资料,并分发给各位专家。

2. 待专家分组确定后,在进校当天将专家填写的次日《现场复核小组活动安排表》(表5),于当天18:00前交与被复核学校联络员。

3. 做好全程会议记录。及时汇总反馈意见,供专家组讨论用。

4. 现场复核结束时,收齐各位专家填写并签字的各种复核用表和有关资料,检查资料的完整性,留档备查。

5. 向省诊改专委会秘书处提交被复核学校全程复核资料电子稿备案。

附件：

表1　现场复核内容、研判要点参考提示

诊断项目		学校自我诊断内容	专家研判要点参考提示
"两链"打造		1.学校发展规划是否成体系。学校发展目标是否传递至专业、课程、教师等层面，目标是否上下衔接成链。重点关注国家优质、省级一流学院建设的诊改情况。 2.专业建设规划目标、标准是否与学校规划契合，是否与自身基础适切。重点关注国家骨干、省级一流专业建设的诊改情况。 3.课程建设计(规)划目标、标准是否与专业建设规划契合，是否与自身基础适切。重点关注专业核心课程、精品在线开放课程建设的诊改情况。 4.教师个人发展目标的确定是否与学校师资队伍建设规划及专业建设规划等相关要求相适切。教师是否制定有个人发展计划，目标与标准是否明确、具体、可检测，与自身基础相适切。重点关注中青年教师。 5.学生是否制定了个人发展计划，个人发展目标的确定是否与学校人才培养方案及素质教育相关要求相适切。学校是否建立了指导学生制订个人成长规划的制度。重点关注一、二年级学生。	1.总体目标和标准的科学性。 2.纵向目标和标准的完整性。 3.纵向目标和标准的主体性。 4.纵向目标和标准的系统性。
"螺旋"建立	学校层面	1.学校是否建有规划和年度目标任务分解、实施、诊断、改进的诊改运行机制。实施过程是否有监测预警和改进机制，方法与手段是否便捷可操作。 2.是否建立了岗位工作标准和自我诊改机制，方法与手段是否可操作、是否有效运行。 3.诊断结论是否依据数据和事实获得，改进措施是否有针对性，诊改报告的陈述是否明确、具体。	1.规划在年度中的执行性。 2.工作过程管控的操作性。 3.岗位工作诊断的自主性。 4.目标绩效考核的激励性。
	专业层面	1.学校是否建立了专业建设质量的诊改运行机制，诊改内容是否有助于目标达成，诊改周期是否合理，诊改方法与手段是否便捷可操作。 2.现有专业是否都按运行机制实施诊改。 3.诊断结论是否依据数据和事实获得，自我诊断报告陈述是否明确、具体，改进措施是否有效。	1.专业诊改的制度化。 2.专业诊改的覆盖面。 3.专业诊改的主体性。 4.专业诊改的科学性。 5.专业诊改的有效性。

续表

诊断项目		学校自我诊断内容	专家研判要点参考提示
"螺旋"建立	课程层面	1. 学校是否建立了课程教学质量的诊改运行机制,诊改内容是否有助于目标达成,诊改周期是否合理,诊改方法与手段是否便捷可操作。 2. 现设课程是否都按运行机制实施诊改。 3. 诊断结论是否依据数据和事实获得,自我诊断报告的陈述是否明确、具体,改进措施是否有效。	1. 课程诊改的制度化。 2. 课程诊改的覆盖面。 3. 课程诊改的主体性。 4. 课程诊改的科学性。 5. 课程诊改的有效性。
	教师层面	1. 学校是否建立了教师个人发展自我诊改机制,周期是否合理,方法是否便捷可操作。 2. 所有教师是否都按运行机制实施诊改。 3. 诊断结论是否依据数据和事实获得,自我诊断报告的陈述是否明确、具体,改进措施是否有效。 4. 教师在自我诊改过程中是否有获得感。	1. 教师诊改的制度化。 2. 教师诊改的覆盖面。 3. 教师诊改的主体性。 4. 教师诊改的科学性。 5. 教师诊改的有效性。
	学生层面	1. 学校是否建立了引导学生进行自我诊改的机制。周期是否合理,方法是否便捷可操作。 2. 所有学生是否按机制实施自我诊改。 3. 诊断结论是否依据数据和事实获得,自我诊断的陈述是否明确、具体,是否根据自身基础进行改进。	1. 学生诊改的制度化。 2. 学生诊改的覆盖面。 3. 学生诊改的主体性。 4. 学生诊改的科学性。 5. 学生诊改的有效性。
	文化与机制"引擎"	1. 学校领导是否重视诊改工作,扎实推进,师生员工普遍能接受诊改理念,并落实于自觉行动中。 2. 学校是否建立了与内部质量保证体系相适应的考核激励机制,将考核与自我诊改相结合,体现以外部监管为主向以自我诊改为主转变的走向。 3. 各个主体的自我诊改是否逐渐趋向常态化。师生员工对学校诊改工作是否满意和有获得感。	1. 学校质量保证制度设计由科层式管理向共创、共治、共享转变。 2. 激励机制从仅仅依靠外部激励向内外部激励相结合转变。 3. 师生员工参与诊改的自觉性、主动性正在逐渐形成,师生员工满意有获得感。
智能化信息平台建设		1. 学校是否按智能化要求对平台建设进行了顶层设计,平台架构是否具有实时、常态化支撑学校诊改工作的以下功能。 (1)能够实现数据的源头、即时采集。 (2)能够消除信息孤岛,实现数据的实时开放共享。 (3)能够进行数据分析,并实时展现分析结果。 2. 学校是否按照顶层设计蓝图,扎实推进平台建设。 3. 学校在数据分析、应用方面开展了哪些工作,取得了哪些成效。	1. 顶层设计的先进性。 2. 顶层设计的科学性。 3. 顶层设计的可行性。 4. 平台建设进程的准时性。

表2 专家组工作分工参考表

项目	组别与组成	工作	内容	主要工作方式	时间
网上复核	全体专家	对学校自我诊断报告进行预复核,形成初步意见。	浏览学校提供的网上信息,查阅学校相关材料;登录复核专家用平台,预览学校状态数据;通过学校和6个专业、12门课程的诊改PPT,初步了解学校诊改工作状态。	专家自定时间、地点开展网上复核工作。	进校前1周
现场复核	组别:第一小组。3人(组长、副组长、秘书)	对学校层面诊改工作进行复核。	考察学校层面目标、标准的"两链"打造,"8字形质量改进螺旋"建立,自主诊改机制建设和运行情况。	听取学校各个层面诊改工作汇报。分别与学校主要领导、中层管理干部等座谈或访谈交流。	2天
	组别:第二小组。3人(含平台1人)	对专业、课程层面诊改工作进行复核。对学校智能化支撑平台建设工作进行复核。	考察专业、课程层面目标、标准的"两链"打造,"8字形质量改进螺旋"建立,自主诊改机制建设和运行情况。考察学校平台建设顶层设计质量;建设实施现状;数据应用状况及成效。	听取学校、专业、课程层面诊改工作汇报(注)。分别与学校主要领导,中层管理干部,专业、课程负责人,教师,学生等座谈交流。听取校领导以及信息中心负责人介绍,并观看系统演示。现场考察配套设施。与学校相关职能部门负责人座谈交流。多形式了解师生对信息化建设的意见和要求。	
	组别:第三小组。2人(教师、学生)。	对教师、学生层面诊改工作进行复核。	考察教师、学生层面目标与标准建立,"8字形质量改进螺旋"建立,自主诊改机制建设和运行情况。同时了解师生对学校诊改工作的满意度,以及双引擎驱动下的学校师生员工整体状况及效果。	听取相关负责人介绍,分别与教师、学生以及相关职能部门(或组织)负责人座谈交流。	
	全体专家	编制现场复核报告。	向学校反馈复核相关情况及建议。	现场会议	0.5天

注:由学校提供6个专业12门课程,专家组根据网上复核的情况从中确定3个专业,在每个专业下确定2门课程。学校汇报30分钟,每个专业15~20分钟,每门课程10~15分钟。教师、学生层面和信息平台建设情况分别向专家小组介绍20分钟。

表3　现场复核工作日程安排表

日期	时间	工作内容	参加人员	工作地点
第一天	上午	专家报到	专家组成员	
	下午	召开专家培训会、专家组预备会，按组别自行安排分组活动	专家组成员	
	18:00前	秘书与学校进行工作沟通	秘书、学校	
第二天	上午	汇报会：专家组全体成员听取学校诊改工作汇报及专业、课程、教师、学生诊改和信息平台建设工作汇报	校领导 相关专业负责人 相关课程负责人 其他代表	
	下午	专家分组分别听取2个专业及5门课程诊改汇报，召开教师、学生座谈会，考察信息平台建设情况，开展访谈、交流，查阅相关信息资料等	校领导、中层干部、专业与课程负责人、教师、学生	
	晚上	专家组会议	专家组成员	
第三天	上午	专家分组开展座谈、交流、走访、查阅相关信息资料等	校领导、中层干部、专业与课程负责人、教师、学生	
	下午	专家组会议	专家组成员	
	晚上	专家准备反馈会发言内容	专家组成员	
第四天	上午	反馈会	与学校商定的参会人员	
	下午	专家返程	专家	

表4-1　网上复核用表（专家用）

复核学校：＿＿＿＿＿＿＿＿＿＿＿＿＿＿　　　　　　　　填表日期：＿＿＿＿＿＿

复核内容		推进情况初步判断 （总体发展态势、明显提高方面、主要瓶颈短板，诊改状态初步判断）	现场复核重点与采用方法建议
"两链"打造			
"螺旋"建立	学校层面		
	专业层面		
	课程层面		
	教师层面		
	学生层面		
文化与机制"引擎"			

续表

复核内容		推进情况初步判断 （总体发展态势、明显提高方面、主要瓶颈短板，诊改状态初步判断）	现场复核重点与采用方法建议
智能化信息平台	平台建设顶层设计		
	平台建设推进情况		
	平台运行状态与应用		

专家签名：_____

表 4-2　网上复核用表（专家组长用）

复核学校：_____　　　　　　　　　　　　　　　填表日期：_____

复核内容		推进情况初步判断 （总体发展态势、明显提高方面、主要瓶颈短板）	现场复核重点与采用方法	专家组分工
"两链"打造				
"螺旋"建立	学校层面			
	专业层面			
	课程层面			
	教师层面			
	学生层面			
	文化与机制"引擎"			
智能化信息平台	平台建设顶层设计			
	平台建设推进情况			
	运行状态与应用			
学校诊改推进总体初步判断				

专家组长签名：_____

表 5　现场复核小组活动安排表

组别：_____　　　　　　　　　　专家签名：_____

日　期	时　间	专家活动内容	校方参加人员	地　点	备　注

表6 现场复核工作记录表

复核学校：_____

时 间		地 点		人 数	
工作对象					
工作形式	□访谈 □座谈 □汇报 □查资料 □其他_____				

工作过程简要记录：

专家签名：_____

表7-1 第一组专家用表（学校层面）

复核学校：_____　　　　　　　　　　填表日期：_____

诊断项目		实际状态（包括好的与不足的方面）	改进建议（针对不足提出）
"两链"打造			
"螺旋"建立	学校层面		

专家组长签名：_____　　　专家组成员签名：_____

表7-2 第二组专家用表（专业、课程及智能化信息平台建设）

复核学校：_____　　　　　　　　　　填表日期：_____

诊断项目		实际状态 （包括好的与不足的方面）	改进建议 （针对不足提出）
"螺旋"建立	专业层面		
	课程层面		
智能化信息平台	平台建设顶层设计		
	平台建设推进情况		
	平台运行状态与应用		

专家组长签名：_____　　　专家组成员签名：_____

表7-3 第三组专家用表(教师与学生层面、双引擎)

复核学校：_____　　　　　　　　　　　填表日期：_____

诊断项目		实际状态 (包括好的与不足的方面)	改进建议 (针对不足提出)
"螺旋" 建立	教师层面		
	学生层面		
	文化与机制"引擎"		
	师生获得感、满意度		

专家组长签名：_____　　专家组成员签名：_____

表8 诊改复核总体反馈意见表

复核学校：_____　　　　　　　　　　　填表日期：_____

复核内容	诊改运行实际状态(成绩与不足)	改进建议(针对不足提出)
学校层面		
专业层面		
课程层面		
教师层面		
学生层面		
智能化信息平台建设		
结论建议		

专家组长签名：_____

专家组成员签名：_____

陕西省高职试点院校内部质量保证体系
诊断与改进现场复核工作纪律

为确保我省高职试点院校内部质量保证体系诊断与改进复核工作顺利进行，提高复核工作实效，减轻被复核学校负担，保证复核工作健康开展，特制定现场复核工作纪律。

1. 接受复核的试点院校和专家，要认真贯彻落实并严格执行中央"八项规定"精神，院校接待专家要严格按照相关规定执行，专家要做到廉洁自律、严于律己，不收受礼品，不饮酒。

2. 专家实行回避制度，复核期间要服从工作安排，认真研读《陕西省高职试点院校内部质量保证体系诊断与改进复核工作指引》和《陕西省高职试点院校内部质量保证体系诊断与改进复核专家工作手册》，准确把握复核工作内涵，按时间节点要求，审阅试点院校复核资料。

3. 受邀成为复核专家组成员后，不得参加被复核学校的诊改辅导、讲座等活动，如有违反，将取消专家资格。

4. 严格遵守复核工作纪律，不做任何可能影响复核结果的事情，不接受说情，不接受请托，不泄露有可能影响复核工作公正性的信息，保持风清气正、平稳有序的复核工作环境。

5. 专家要坚持以促进学校诊改制度建设为重心，不得将注意力转移到对学校内部常规管理和日常教学工作的评论、评价上，更不得影响学校正常工作和教学秩序。

6. 专家进校复核工作期间不得超标准接待，安排专家住宿不得超标；按规定标准安排工作餐，工作用餐安排自助餐，每次用餐时间不超过半小时，校领导不允许陪同专家用餐，不得以任何理由安排各种形式的宴请；专家工作不得影响院校正常工作，选配联络工作人员按专家所分的3个工作小组选配3名联络人员（含总联络员），不得超额选配。

7. 专家进校前要签订《陕西省高职试点院校内部质量保证体系诊断与改进现场复核专家承诺书》。

8. 专家在参加培训及复核工作期间，保持手机为静音状态，不得请假，确保按时完成工作任务。

9. 接受复核院校领导除参加汇报会及总结反馈会外，其他时间一律不要陪同专家组，更不要迎送专家抵离；本着节俭、实效的原则安排专家交通用车；对诊改复核工作可做综合报道，不要每天发布专家动态；专家费标准按有关规定执行。

陕西省教育厅
2018年12月9日

陕西省高职试点院校内部质量保证体系诊断与改进现场复核专家承诺书

本人接受陕西省教育厅聘请,参加陕西省高职试点院校内部质量保证体系诊断与改进现场复核,为确保复核工作的公平、公正性,特承诺如下:

1. 认真贯彻落实并严格执行中央"八项规定"精神,做到廉洁自律、严于律己,不收受礼品,不饮酒。
2. 严格遵守复核工作纪律,不做任何可能影响复核结果的事情,不接受说情,不接受请托,不泄露有可能影响复核工作公正性的信息,保持风清气正、平稳有序的复核工作环境。
3. 服从专家组工作安排,认真学习领会《复核工作指引》和《专家工作手册》,准确把握复核工作要求,保证工作时间,不请假,按时完成工作任务。
4. 不打探与复核工作无关的院校信息。
5. 工作期间保证手机处于静音状态,不接听电话。

承诺人:

2018 年 12 月　日

第二部分

陕西省高职试点院校自我诊断报告

陕西工业职业技术学院
内部质量保证体系自我诊断报告

一、学校诊改工作概述

2016年5月,学院启动了诊改试点工作。第一轮诊改从局部开始试点,选择了20个专业、30门课程、部分部门教师和学生参与。

2017年4月,全国高职院校诊改试点工作专家组来我院现场调研,学院对专家反馈指导意见和建议进行了梳理并逐条落实整改。对学院实施方案按专家反馈意见建议进行了修改完善,经全国诊改专委会专家审核后于2017年9月第一批在全国诊改网上公示。

第二轮诊改试点以教育教学为中心,全院13个教学部门,22个职能部门(离退处、产业处除外),所有专业、课程、全体教职工及学生全部参与,搭建了内部质量保证体系架构,完善了组织体系,建立了较完善的目标链和标准链,构建了"八步一环"质量改进螺旋,信息化建设与诊改平台快速推进,各级质量主体责任不断加强。

第三轮诊改以数据平台为支撑,基于诊改平台开展工作。

通过诊改工作,学院取得了初步成效。

(一)学院层面

进一步优化和完善了学院总体目标链和标准链,建立了规划和年度目标任务分解、实施、诊断、改进的运行机制。形成了"学院—层面—部门—教研室(科室)—教师(个人)"5级质量管理,"三全"育人的理念逐步深入人心,师生质量意识明显提高。

优化了学院内部质量保证机构设置,明确了分工与职责权限,完善了相关制度。明确了部门职责和个人岗位职责。紧贴诊改总体要求,完成了制度建设的顶层设计。共梳理制度387项,保留183项,废止或失效194项,修订或新订116项。进一步完善了"五横"层面的质量保证制度,使其更具系统性、完整性与可操作性。

优化了"八步一环"质量改进螺旋。将原"八步"螺旋增加了"动态"环,使诊改运行流程更符合"8字形质量改进螺旋"的内涵。

明确了各层面诊改周期,学校以学年为周期,部门以年度为周期,专业、教师、学生以学年为周期,课程以学期为周期。以各质量保证主体自我诊改为主,全员质量意识和内生动力进一步强化。

(二)专业层面

建立了专业发展目标链和标准链。结合学院"十三五"专业发展规划,通过调研分析,现有的59个专业制定了发展规划和建设标准,优化了人才培养方案。紧跟市场需求,及时调整专业设置,推动装备制造、电子信息类国内领先专业保优固强、创新发展,推动财经商贸、现代物流类专业提质增效、加快发展,推动土木建筑、能源化工、纺织服装类专业做优做强、稳定发展。近两年新增专业6个,撤销专业4个。

按质量改进螺旋开展专业诊改的流程更加完善,形成了专业诊改工作机制。18个专业立项为国家骨干专业,20个专业入选陕西省一流专业建设项目。由我院独立主持的"国家级职业教育材料成型与控制技术专业教学资源库"建设项目通过验收。

(三)课程层面

根据学院"十三五"课程建设规划,各专业制定了课程建设规划,明确了课程发展目标,形成了目标链。各课程制定了相应的课程标准,形成了标准链。对所有必修课程构建了"八步一环"质量改进螺旋。依托"学堂在线"等平台,以"雨课堂"以及"超星学习通"等移动学习软件为工具,立项建设81门在线开放课程,38门建成上线,推荐国家评审20门。

(四)教师层面

制定了学院师资队伍建设规划。以"满足人才培养需求,建设一流师资队伍"为目标,建立了从学校到教师个人上下贯通的五级目标链,建立由引入、培养、成熟与教师发展四阶段标准链,完善师资质量标准,明晰教师队伍总量、比例、结构,并按照"八步一环"质量改进螺旋开展诊改。

以提升质量、优化结构为重点,坚持引进和培养并重、使用和管理并举,不断更新师资队伍建设理念,创新师资队伍建设机制,完善绩效考核评价体系,教师社会服务的能力得到持续改善。网上评教数据显示,学生对教师的满意度达90%以上。

(五)学生层面

制定了学院学生全面发展规划,建立了学生工作目标链和标准链,进一步优化了《学生综合素质标准》《学生素质教育实施方案》。全体学生制定了《大学生个人成长规划》,引导学生明确学习目标及人生发展方向,常态化学生工作诊改机制正在形成。积极探索因材施教,注重分类培养。在学生人数较多的专业中试行教改试点班,试行在英语课中开展分层教学,取得了一定的成效。

建立健全了学生安全与生活保障体系。建立健全了特殊学生资助与服务体系。学生诉求回应速度、学生满意度持续提高,意外事故率不断降低。学院大学生心理健康教育与咨询中心成为陕西高校心理健康教育与咨询示范中心。学生作品《情系梁家河》荣获全国第五届大学生艺术展演一等奖。

(六)信息化及数据平台建设方面

围绕"优化信息化环境、完善业务应用、提升信息化管理"对智能校园建设进行了顶层设计。升级了教务管理系统,新建了人事管理系统、学生管理系统、后勤管理系统、一卡通应用系统、网上办事大厅、教学诊改支撑平台、大数据平台等17个系统。打通了信息孤岛,建成了覆盖全院主要应用场景的43个应用平台,实现内部数据融合和单点登录。建成信息化管理平台、信息化资源平台、信息化数据中心。开设教学工作诊断与改进专题网站。诊改支撑平台初步具备了服务五个层面诊改的源头实时采集、监测、预警及数据分析功能。

诊改工作促进了学院快速发展,取得了一定的成效。学院成为"国家优质高职院校"立项建设单位、陕西省一流学院立项建设单位。承接了教育部《高职教育创新发展行动计划》的45个任务、15个项目和62个子项目。学院获得全国职业院校"实习管理50强""教学资源50强""服务贡献50强"。2018年学院获职业教育国家级教学成果奖一等奖2项、二等奖2项。全国职业院校技能大赛2017年获奖16项(一等奖2项、二等奖5项、三等奖9项),2018年获奖20项(一等奖4项、二等奖9项、三等奖7项)。学院将诊改工作与其他重大项目协同推进,相互促进,共同提升。由我省主编,以我院诊改为案例的《高等职业院校教学工作诊断与改进实操导引》已由高等教育出版社出版。2017年以来,接待20余所兄弟院校来院交流诊改工作,起到了一定的辐射示范作用。

二、学校自我诊断参考表

诊断项目	诊断内容	诊断结论	拟采取的改进措施
1.学校层面	1.学校发展规划是否成体系,学校发展目标是否传递至专业、课程、教师等层面,目标是否上下衔接成链。学校机构职责是否明确,是否建立了岗位工作职责,标准和制度的执行是否有效机制。 2.是否建有规划和年度目标任务分解,实施,诊断、改进的运行机制。实施过程是否便捷可操作,监测预警和改进机制是否建立了学校各组织机构履行职责的诊改制度,方法与手段是否有效运行。 3.诊断结论是否依据数据和事实支持,自我诊断报告陈述是否明确、具体、改进的机制和措施是否有效。	1.目标达成情况基本达成。 2.完成的主要内容 (1)以"十三五"规划为统领,以11个子规划为支撑,专业、课程、教师、学生等层面建立目标链和标准链。学校37个部门职责明确,并有个人岗位职责(工作标准),标准和制度都能有效运行。 (2)建立了"八步一环"质量改进螺旋,各层面年度目标依据学校发展规划和年度目标任务分解形成,按"目标一标准一设计一组织一实施一(监测一预警一改进)一设计"开展工作的运行机制已经形成,诊改平台已实现了实时监测与预警功能。完成了制度建设的顶层设计,共梳理制度387项,建立了各层面周期性诊断改进线上诊改,基于诊改支撑平台。2018年9月开始实行线上诊改,基于诊改支撑平台,全面开展各层面诊改任务,有效监控各质量主体的运行情况。自我诊断与改进的机制已经形成。 3.存在的问题与原因分析 (1)虽然已构建了目标链、标准链和质量改进螺旋,通过运行着工作流程和质量标准的梳理工作,各层面质量控制点设置轻各科学,但相关制度仍需进一步完善。 (2)开展了制度梳理工作,但相关制度仍需进一步完善。 (3)围绕教育教学全员全方位全过程的"三全"育人理念需要持续深化。	1.持续推进诊改,以目标链、标准链的打造为重点,标准链的打造为重点,不断完善用的工作流程,设计更加实用的工作的打造为重点,在各层面设计更加合理和便于操作的质量管控制点。 2.制度建设是一个长期的过程,通过优化顶层设计,分层逐步推进,进一步完善相关制度。 3.加大"三全"育人理念的培训力度,将"八步一环"质量改进螺旋人工作流程中,持续办好学院教学工作诊断与改进专题网站。针对教学实际,为广大师生提供一个学习交流的平台。

续表

诊断项目	诊断内容	诊断结论	拟采取的改进措施
2. 专业层面	1. 专业建设规划目标、标准是否与学校规划契合，是否与自身基础适切。专业人才培养目标与课程教学目标与标准是否衔接贯通，课程体系是否能支持人才培养目标标准的达成。目标标准是否明确、具体，可检测。 2. 是否建立了专业质量的诊改运行制度，诊改内容周期是否有助于目标达成，诊改方法与手段是否便捷可操作。 3. 诊断结论是否依据数据和事实获得，自我诊断报告陈述是否明确、具体，改进的机制和措施是否有效。	1. 目标达成情况 基本达成。 2. 完成的主要内容 （1）以学院"十三五"教育事业发展规划为指导，经广泛调研，制定学院"十三五"专业建设与发展规划，建设标准，修订了人才培养方案原则意见，设置6大类共34个专业质量控，全程监控专业建设与发展过程中存在的问题。 （2）按照《陕西工业职业技术学院内部质量保证体系诊断与改进工作实施方案》的要求，分解细化年度工作目标任务，明确专业改诊工作。以学年为周期，分解细化年度工作目标任务，按照"八步一环"质量改进螺旋开展诊改工作。 （3）诊断结果以数据中心、业务系统为支撑，注重过程诊断，诊断结果明确有效。 3. 存在的问题与原因分析 （1）专业发展不均衡前较大。各专业办学历史、行业背景及规模差异历史。各专业办学历史、行业背景及规模差异较大。部分新兴专业教师队伍过于年轻，专业的品牌和特色还未凸显，内涵建设有待加强。高新技术及服务业类专业占比较少。教师参与企业生产实践的调整和实际应用产生了断层。个别专业市场结合不紧密，人才培养不能很好适应经济社会发展需求。 （2）专业建设跟随产业的调整和实际应用产生了断层。个别专业市场结合不紧密，人才培养不能很好适应经济社会发展需求。 （3）教学资源建设不适应自主学习的主流，而当前传统的教学资源存在资源种类单一，标准不规范，应用不够等诸多问题，难以满足学生自主学习的要求。	1. 建立专业动态调整机制，加大专业调整力度，主动适应社会经济发展，以社会需求为导向，建立专业设立和退出机制。 2. 加大改造传统优势专业的力度，加入制造服务及智能化信息化内容，使之适应经济社会发展的需求。 3. 以国家级、省级专业教学资源库建设、精品在线开放课程建设为抓手，加强优质教学资源建设，推进基于翻转课堂理念的新型信息化课堂教学改革。

续表

诊断项目	诊断内容	诊断结论	拟采取的改进措施
3.课程层面	1.课程建设(规)划目标标准是否与专业建设规划契合,课程教学目标标准和课堂教学目标与标准是否衔接贯通,课堂教学是否能支持课程目标标准的达成,目标与标准是否明确、具体,可检测。 2.是否建立了课程、课堂教学质量的诊改运行制度,诊改内容是否合理,诊改方法与手段是否便捷可操作。 3.诊断结论是否依据数据和事实陈述,自我诊断报告陈述是否明确、具体,改进的机制和措施是否有效。	1.目标达成情况 基本达成。 2.完成的主要内容 (1)根据学院"十三五"专业建设规划,各专业制定了课程建设规划,明确了课程发展目标,形成了课程链,课程建设规划目标标准与课程标准制定了相应的课堂教学目标相契合,与课程自身基础符合。全院参与的929门诊改课程教学目标标准和课堂教学目标标准的达成,目标标准明确、具体,可检测。 (2)梳理完成了17个课程层面质量保证架构与配套制度,建立了课程、课堂教学质量的诊改实施,对所有必修课程构建了多维为质控点,循环上升的"八步一环"质量改进螺旋,将课程诊改目标分解为质控点,以关键质控上升的周期,实施基于数据平台的课程诊改,使诊改方法与手段便捷且可操作性强。 (3)学院929门课程基于平台开展课程诊改工作,为保证诊改实施,学院对接一卡通考勤系统,依托"学堂在线"和"超星泛雅"平台,利用"雨课堂"及"超星学习通"等移动学习软件实施信息化教学作为数据来源,实现了预警,课程诊断的结论根据数据采集数据分析和事实获得,各课程自我诊断报告内容数据明确、具体,改进的机制和措施有效。 3.存在的问题与原因分析 (1)在线开放课程的数量较少。由于在线课对教师的综合能力要求较高,全院900多门课中,目前立项在建的有80多门,占比10%左右。	1.进一步加强在线开放课程的培育和资源建设,打造一批优质的课堂教学资源。 2.加快出台学院信息化教学相关的激励政策和相关配套制度。 3.从教师培训、企业培训、平台培训三方面入手,积极开展基于信息化的课堂教学能力培训,带动年龄偏大的教师积极利用课程平台开展教学活动。制定激励课程建设力度、在线开放课程建设力度,鼓励教师改变传统教学方法、方式,利用信息化手段开展教学。

第二部分　陕西省高职试点院校自我诊断报告

续表

诊断项目	诊断内容	诊断结论	拟采取的改进措施
		（2）高质量的数字化课程应用不足。部分课程教学团队信息化技术运用不足，造成信息化课程教学资源数量与应用不足。部分课程信息化资源缺乏优质教学信息化资源，需要进一步对信息化教学资源进行整合、丰富、完善与应用。 （3）年龄偏大的教师利用课程平台在多媒体课件制作、在线课程、慕课、微课制作，网络教学等信息技术方面能力较弱，造成其信息化课堂教学能力有待提升。年龄偏大的教师利用课程平台开展基于信息化课堂教学的能力不足。	
4. 教师层面	1. 教师个人发展目标的确定是否与学校师资队伍建设规划及专业建设要求相适切，教师是否制定有个人发展计划及其相应的目标与标准。 2. 教师个人发展的诊改周期是否合理，诊改手段是否便捷可操作；是否建立了促进教师发展的外部干预机制。 3. 诊断结论是否依据数据和事实获得，自我诊断报告陈述是否明确、具体，改进的机制和措施是否有效。	1. 目标达成情况 基本达成。 2. 完成的主要内容 （1）"以建设一流师资"为学院总体目标，形成了学院教师发展规划，将目标任务分解到各二级学院，各专业，教师个人依据学院教师发展规划制定个人发展规划，各级规划目标相互支撑。 （2）教师制定个人发展规划包含短期目标（1年），中期目标（3年），长期目标（3年以上），经过教师个人努力按周期实现目标，在教师发展的过程中，学院建立了教师发展相关的各项外部干预机制，如分层培养、人才引领、职称评审等。 （3）教师层面"八步一环"的诊改过程中，相关各项业务的开展和推进均有各业务信息平台数据支撑或业务过程材料支撑，自我诊断准确、改进的机制和措施有效。	1. 按学年分解目标链，将"十三五"教师每年规划目标分解至每年及每个部门。 2. 将教师教学能力评估及教师创新创业能力管理能力培训纳入"新进教师岗位培训计划"中。 3. 加大高层次人才入职、加强引进高层次人才引领作用。 4. 通过引进专业人才、招聘青年教师，聘任行

31

续表

诊断项目	诊断内容	诊断结论	拟采取的改进措施
		3. 存在的问题与原因分析 (1) 各专业发展方向差异大，各有特色，学院统一的标准或固有的指标数据难以衡量所有专业教师的水平。 (2) 学院师资队伍建设规划内容及指标未涉及新进教师入职标准及条件。 (3) 高层次人才数量少，辐射带动作用较弱。个别专业教师队伍结构单一，多数专业无博士或高层次人才，创新、科研能力不足，深度的校企合作难，不能满足高等职业教育的可持续发展。 (4) 专业教师教学任务繁重，教师引进数量增长较快，导致科研能力等相对较少。专业教师因素制约，条件相对薄弱，大赛指导、教科研等任务繁重，导致教师无法普遍提高，教师承担课程建设数量年均工作量校高，也无精力及科研改关等。	业企技术专家担任兼职教师、返聘离退休专家、聘请客座教授等途径，继续壮大师资队伍的规模。
5. 学生层面	1. 学生个人发展目标的确定是否与学校人才培养方案及素质教育相关要求相适切，是否建立指导学生设计学习（职业）生涯规划的制度，学生是否制定有个人发展计划及其相应的目标等。 2. 学校是否引导学生进行诊改，周期是否合理，手段是否便捷可操作；是否建立促进学生发展目标达成的措施。	1. 目标达成情况 基本达成。 2. 完成的主要内容 (1) 根据学校人才培养方案及填写指导手册；制定了 2016 级、2017 级、2018 级全体学生学业（职业）生涯规划实施意见》及填写指导手册；指导 2016 级、2017 级、2018 级全体学生对照本专业规划目标填写了《大学生个人成长规划（试行）》。 (2) 学生工作修改以学年为周期开展的；建立了由班主任辅导、年级辅导员指导、学生工作办公室审核的三级保障体系；建立了奖惩信息库，修订了奖助学金评优等相关制度，优化了学生发展的奖励机制。	1. 持续推进学生综合素质提升计划，创建党旗领航工程、高雅艺术进校园、校园文化艺术节、"三下乡"实践、心理健康教育活动季等 10 大学生活动品牌，提高学生的综合素质。 2. 创新学生党团活动载体。通过开展学生党员

续表

诊断项目	诊断内容	诊断结论	拟采取的改进措施
		（3）建成"学生工作管理系统"，并与数据中心完成对接，基本实现了基于数据平台的学生工作诊改，措施得当，常态化诊改机制正在形成。 3. 存在的问题与原因分析 （1）学生综合素质参差不齐，身心健康和成长发展受到了网络媒体的冲击，自信心不足，对前途的认知迷茫、自我管理能力及独立生活能力较弱，对于社会、行业及职业都缺乏了解。 （2）部分学生政治洞察力和鉴别力不强，不能正确地认识坚持马克思主义的指导地位和共产党领导的重要性，政治修养不够扎实，不愿学习马克思主义的理论，认识不到动摇性，容易导致政治信仰迷茫、理想信念模糊。 （3）教育内容形式缺乏创新性，缺少时代内涵和实际的应用价值，以灌输式教育方法为主，重理论轻实践，忽视了学生自身的主体作用。	完善份、公寓学生党员示范岗、青马工程等活动，抓好学生党团员教育管理工作，提升学生党团员的示范引领作用。 3. 开展"一院一品"校园文化创建活动。培育一批体现学院传统与特色，融思想性、教育性、时代性、艺术性为一体的活动示范品牌。
6. 智能化信息平台	1. 学校是否对平台建设进行了顶层设计，是否能实时、常态化支撑学校的诊改工作。 2. 学校是否建立了校本数据中心，消除了信息孤岛，实现了数据的开放共享。 3. 学校是否围绕5个层面目标达成，建有数据采集系统，实现了源头数据即时采集。 4. 平台是否具有服务5个层面诊改的监测、预警及数据分析功能。	1. 目标达成情况 基本达成。 2. 完成的主要内容 （1）学院制定了"十三五"信息建设发展子规划，围绕"优化信息化环境，完善业务应用，提升信息管理"对智能校园建设进行了顶层设计，建设"网络基础平台""智能管理服务平台""智能教学平台"3大平台，支撑常态化诊改工作。 （2）建成校内信息化数据中心，覆盖全院主要应用场景的43个应用平台，目前已完成内有业务系统的数据清洗和对接，实现了内部数据融合和单点登录，各业务系统基本实现了数据的共用共享。 （3）以5个层面诊改目标及质控点为导向，建成了一卡通应用系统、网	1. 进一步加强数据中心的数据清洗与治理，继续通过数据治理平台治理数据，完善和加大各类应用系统的数据收集和采集，建设学院全景业务大数据分析决策平台。 2. 满足诊改对象个性化需求。通过5个层面调研认证，进一步梳理各层面质控点，建立各层面质

续表

诊断项目	诊断内容	诊断结论	拟采取的改进措施
	分析功能。	上办事大厅等数据采集系统，并通过实习管理中心实时对接，实现了教务管理系统、顶岗实习管理系统、实践实习管理系统、人事管理系统、就业管理系统、后勤管理系统等业务系统数据的源头即时采集。(4)建成教学诊改支撑平台，设计了5个层面的目标标准，对接数据中心，通过建立诊改任务实现对5个层面诊改工作的监测，并对各个任务中未达到诊改标准的质控点进行预警，在数据分析的基础上形成诊改画像。 3. 存在的问题及原因分析 （1）部分校外资源数据尚未打通。目前校内应用平台基本打通，但由于部分业务服务器不上线，目前还没有完成数据打通，以在线学习平台为例，我院目前公开上线的课程分布在"学堂在线""学银在线""爱课程""智慧树网"等国内公共课程平台上，由于平台较为分散，架构各异，打通难度较大。 （2）教学诊改支撑平台尚不能完全满足个性化需求。由于5个层面各任务间的工作特点、业务内容、质控点及各自特色的差异较大，目前诊改支撑平台可以满足常见的常规性诊改需求，在质控点的个性化设计等方面尚有不足，需进一步完善。 （3）为了保证系统的稳定性及可靠性，避免平台运行过程中出现数据及功能异常，目前平台仅开放了电脑端应用，多终端应用没有开放。	控点库，满足不同诊改对象个性化诊改要求。 3. 完善平台的多终端使用功能。继续完善感知较好的微应用开发，做好更大用户多终端压力测试，开放平台多终端功能。

校长（签字）：张晓云　　　　　　　　　　　　　　　2018年11月8日

注：1. 报告内容必须真实、准确，务必写实，尽量不使用形容词和副词。
　　2. 每一项的"诊断结论"需阐明目标达成情况，尚存在的问题及原因分析，建议在500字左右。
　　3. 每一项的"拟采用的改进措施"需突出针对性，注重可行性，建议在200字左右。

陕西铁路工程职业技术学院
内部质量保证体系自我诊断报告

一、学校诊改工作概述

（一）学院简介与质量方针

学院历经教育部水平评估，新校区和国家骨干院校建设，2017年、2018年先后立项为国家优质院校和陕西省"一流学院"建设培育单位。学院坚持依托铁路行业办学，突出铁路特色育人，秉承"质量立校、人才兴校、专业强校、特色名校"的办学方针，紧紧围绕全面提升人才培养质量这一目标，确立了"人人为质量负责，事事为质量奠基"的质量方针，形成了"紧随铁路，专业集群发展；根植铁路，产教深度融合；奉献铁路，弘扬铁军精神"的鲜明办学特色。

（二）质量保证体系建设与运行

2016年5月，我院被确定为内部质量保证体系诊断与改进工作试点单位，紧紧围绕"十三五"教育事业发展规划的落实、落地和落细，结合学院日常工作，承担的教育部创新发展行动计划80个（子）项目任务和陕西省追赶超越、双一流建设任务，构建了"五纵五横一平台、质量文化纵横贯穿"的内部质量保证体系。2016—2018年，经历了学习研讨、深化认识和全员参与3个阶段，开展了两轮诊改。

1. 聚焦目标标准，落实主体责任

以目标细化落地，标准支撑目标为出发点，紧紧围绕学院"十三五"教育事业发展规划确定的"省内示范、行业领先、国内一流、国际知名"的建设目标，制定了9个专项规划、各专业建设规划和课程建设方案，细化了年度建设计划，印发了学院年度工作要点，签订部门年度目标责任书，明确了责任人和时间节点，教师和学生分别制定了3年发展规划，形成目标链。围绕建设与运行两个方面，制定了专业、课程建设标准和教师、学生个人发展标准，修订制度33个，制定制度127个；修订完善了《部门质量管理手册》和《部门常规工作手册》，编制了岗位工作标准，梳理了业务工作流程96项，已上线30项，形成了"管理有理念，岗位有目标，实施有标准，过程有控制，资源有保障，监测有改进"的"六有"工作机制。

强化过程监控，增加中期考核，激发内生动力，实施追赶超越。围绕学院事业发展的关键指标，以年度为诊改周期，依托大数据分析与质量监控平台，从17个维度、118个质量监控点，采集分析数据，监控工作过程。加强学院考核和激励机制建设，落实三项机制，2017年调整部门考核内容、比重和干部考核指标，实施追赶超越季度考核，2018年增加部门中期考核，下半年部门建设任务细化至月，落实到人。2017年建设任务目标达成度为97.52%,截至11月,2018年建设任务目标任务完成率达到95.80%,"十三五"建设规划任务总目标达成度为58.45%。

2.聚焦专业发展,构建"4861"专业质量保证体系

依据学院专业建设规划,确立了院级一般、院级特色、省级一流、国家骨干的四级专业建设目标,各专业编写了建设规划,落实了年度任务。制定了专业建设标准,优化专业建设与运行八类标准(建设方案、师资配置、实训条件、教学资源、人才培养方案、教学实施、教学文件、规章制度),从六项维度(人才培养模式改革、课程建设与教学改革、师资队伍建设、实训条件优化、社会服务能力强化、教学管理水平提升)持续改进,每个专业至少突出一项优势或特色。

围绕专业年度建设目标任务,以年度为诊改周期,利用大数据分析与质量监控平台,从10个维度设定31个质量监控点,建立了两级预警机制,采集、分析专业建设运行数据,监测专业建设运行状态。

3.聚焦课程建设,构建"四个三"课程质量保证体系

学院制定了课程建设规划,各课程制定了建设方案和年度建设目标。针对A、B、C三类课程,确立精品在线开放课程(国家级、省级、院级)和教改课程(省级、院级、系级)两类三级建设目标,教改课程突出"项目化教学、混合式教学和考核方式改革"3种类型,围绕课前、课中、课后3个环节制定了建设标准、课程标准、教学规范等。

课程层面以年度为诊改周期,从6个维度设计了22个质量监控点;具体课程以学期为诊改周期,聚焦课堂教学,逐渐实现课堂移动教学助手全覆盖;借助顶岗实习云管理系统,实现了实时交互、全程监控和预警,及时发布预警并处理。

4.聚焦教师发展,构建四阶段教师成长路径

制定了师资队伍建设专项规划和年度建设计划,设置了新手、胜任、成熟和专家4个成长阶段的发展标准。教师从基本发展、教学与教研、科研与社会服务、学生教育与管理等4个方面制定3年发展规划和学期发展计划,依托编制的《教师发展手册》,记录教师个人发展轨迹,及时分析不足、改进提升。

师资队伍建设以年度为诊改周期,教师个人发展以学期为诊改周期。围绕师资年度建设和教师学期发展计划,设计了62个质量监控点,对其中24个关键指标进行预警。

5.聚焦学生成长,构建"动车型"学生发展模型

制定了育人规划和年度工作计划,印发了学生发展标准。学生围绕专业人才培养目标,从思想道德素质、科学文化素质、身体心理素质和发展性素质等4个方面制定了3年发展总体规划和学期个人发展计划,依托编制的《学生发展手册》,记录学生个人成长轨迹,及时分析不足、改进提升。

学生工作及学生个人发展以学期为诊改周期。学生工作设计了53个质量监控点,学生个人发展设计了23个质量监控点。依托大数据分析与质量监控平台,呈现学生发展态势,分析查找差距,推动学生及时自我调整与改进。

(三)聚焦数据支撑,构建大数据分析与质量监控平台

制定了信息化建设专项规划、数据平台建设方案和年度工作计划,校园网实现了有线无线一体化认证。建立了42个业务管理系统,搭建了数据交换平台,构建了共享数据中心、统一身份认证平台和统一信息门户平台,消除了信息孤岛,实现了一站式访问,提供个性化信息展示和移动式信息查询。建立了校园移动App和一站式网上办事大厅。

建立了学院大数据分析与质量监控平台,实现了学院、专业、课程、教师、学生多维度画像、数据分析及监控预警。

(四)聚焦持续运行,建立诊改长效机制

各层面建立了以"8字形质量改进螺旋"为运行单元的诊改工作机制,学院出台了《追赶超越季度考核办法》等激励考核制度,各层面制定了诊改实施方案、诊改运行制度等文件20多个,保证了诊改的有效运行。

每年初,学院印发工作要点,与各部门签订目标责任书,明确了各方工作目标与标准。年中,依托大数据分析和质量监控平台,结合学院、教务处、系部三级教学巡查和学院、质量管理中心、系部三级教学督导,推动教学工作,发现问题及时纠偏。年末,与教育部质量年度报告相结合,形成教师(学生)个人、部门、专业、课程和学院三级质量发布制度,建立部门、科室(教研室)、个人三级考核制度。

(五)诊改成效与主要问题

1.诊改成效

通过两年的体系建设和运行实施,学院各层面建立了环环相扣的目标链和标准链,夯实了各层级的质量主体责任;建立了诊改运行制度,完善了学院激励考核机制,推动层面质量改进螺旋的持续运行,重点工作不断突破:陕西省省属高校追赶超越两次排名分获第二、第三;学院为省一流学院建设培育单位,立项建设一流专业16个;陕西省推荐参评国家级精品在线开放课程15门;获2018年国家级教学成果5项(主持2项,参与3项);与13个企业共建现代学徒制班21个,828名学生;在肯尼亚设立陕铁院培训中心;成立"陕铁院萨马拉交通学院";2018年学院入选全国高职院校国际影响力50强。

2.主要问题

存在的主要问题:有些标准的量化程度和量化的科学性需进一步加强;新建绩效考核系统有待进一步优化;诊改运行的相关制度还需进一步完善。

改进措施:一是组织相关人员深化对管理理论、方式、手段、工具的培训学习,加强院校、企业调研,进一步学习教育部、行业相关标准文件,加强实践探索;二是加快推进绩效考核系统的建设与应用,完善部门和职工考核办法和绩效分配办法,加强过程性考核,进一步优化考核指标体系;三是进一步梳理和完善诊改相关制度,加强制度的精细化设计,形成诊改长效制度体系。

二、学校自我诊断参考表

诊断项目	诊断内容	诊断结论	拟采取的改进措施
"两链"打造	1. 学校发展规划是否成体系，学校发展目标是否传递至专业、课程、教师等层面，目标是否上下衔接成链。 2. 专业建设规划目标、标准是否与学校规划契合，是否与自身基础适切。 3. 课程建设计（规）划目标、标准是否与专业建设规划契合，是否与自身基础适切。 4. 教师个人发展目标的确定是否与学校师资队伍建设规划及专业建设规划等相关要求相适切。教师是否制定有个人发展计划及之相应的目标与标准。 5. 学生个人发展目标的确定是否与学校人才培养要求相适切。是否建立了指导学生设计职业生涯规划的制度，是否制定有个人发展计划及与计划及之相应的目标与标准。	1. 目标达成情况 (1) 以学院"十三五"教育事业发展规划为依据，制定了专业、课程和师资队伍建设等9个专项规划，分年度进行任务分解，明确了实施部门及责任人，保证了任务的层层落实。 (2) 专业建设规划依据学院"十三五"规划，并结合创新发展行动计划、陕西省双一流建设任务编制，构建了四级建设目标，细化发展目标任务。各专业对接学院专业建设任务，结合深入调研和自身实际，制定建设规划，细化年度工作任务，形成专业建设运行两方面，从专业建设和教学骨干专业、陕西省一流专业建设和教学运行两方面，依据创新发展行动计划骨干专业、陕西省一流专业建设理制度文件78项，依据创新发展行动计划骨干专业、陕西省一流专业建设标准，完善了专业建设标准。 (3) 课程建设规划依据学院总规划和专业建设规划编制，构建了"两类三级"课程目标。各课程结合自身基础，确定建设目标，对接专业人才培养方案要求，制定课程建设方案，细化分解年度建设目标，完善课程标准。先后出台精品在线开放课程评选办法、教师教学工作规范、课堂教学助手使用考核办法等文件，全面推进课程建设和教学实施。 (4) 教师个人结合学院、系部和专业三级发展规划和学期发展计划，课程建设规划，制定了个人发展目标。制定了教师发展标准、师德师风等6个方面形成了教师层面的标准链，师资队伍建设和教师个人成长等目标清晰，标准明确。 (5) 学院制定了育人规划和学生发展标准，学生结合专业人才培养目标要求，制定个人3年发展规划和学期和个人发展计划，细化了个人发展目标	组织相关人员深化对管理理论、方式、手段、工具的培训学习，加强院校、企业调研，学习相关标准文件，加强实践探索。

38

续表

诊断项目	诊断内容	诊断结论	拟采取的改进措施
"两链"打造	之相应的目标与标准。	与标准。出台了学生个人发展规划教育指导意见等制度,帮助指导学生进行职业生涯规划设计。 2. 存在的主要问题及原因分析 有些标准的量化程度和量化的科学性需进一步加强。	
"螺旋"建立 学校层面	1. 学校是否建有规划和年度目标任务分解、实施、诊断、改进的诊改运行机制。实施过程是否有监测预警和改进机制,方法与手段是否便捷可操作。 2. 学校机构岗位职责是否明确,是否建立诊改制度和自我诊改制度,执行是否到位。 3. 诊断结论是否依据数据和事实获得,改进措施是否有针对性,诊改报告的陈述是否明确、具体。	1. 目标达成情况 (1) 建立以年为周期的诊改工作机制,依据学院规划进行年度任务分解,印发学院年度工作要点,工作细化到月,遵循"8字形质量改进螺旋"实施诊改工作。从17个维度,设计了118个质控点,建立网上办事大厅,推出教工请假等30个办事,实现了过程监测预警。 (2) 学院33个部门均编制了质量管理手册和岗位工作标准,建有"六有"工作机制,制定追赶超越考核和干部奖励激励,容错纠错,能上能下等激励机制,保障制度的顶层设计并有效运行。完成诊改制度的顶层设计,修订制度33个,制定制度127个,部门中期考核。同时,2018年增加了部门签订目标责任书、学院多维度画像,全方位监测工作状态,实现自我诊改。 (3) 以业务系统数据为支撑,进行学院多维度画像,全方位监测工作状态,实现自我诊改。通过纵横向对比分析,查找问题和措施,改进有效。学院各部门依据平台数据和事实完成自我诊断报告,改进措施有效。 2. 存在的主要问题及原因分析 (1) 由于部分建设任务需持续推进,定性难度较大,量化难度较大,且新建绩效考核系统有待进一步优化,导致全面推进考核性诊改制还不够完善。 (2) 诊改工作处于试点阶段,学院诊改制还不够完善。	1. 进一步加强对建设任务的细化和量化,加快推进绩效考核系统的建设与应用,完善部门、职工考核办法和绩效分配办法。 2. 进一步梳理和完善诊改相关制度,加强制度设计的精细化设计。

续表

诊断项目	诊断内容	诊断结论	拟采取的改进措施
"螺旋"建立 — 专业层面	1. 学校是否建立了"8字形"质量改进螺旋的专业诊改工作运行制度。 2. 现有专业是否都按运行制度实施诊改。 3. 诊断结论是否依据数据和事实，是否对照目标标准，分析目标达成度，获得动因，具体。改进措施是否有针对性，诊改报告的陈述是否明确、具体。	1. 目标达成情况 (1)学院制订了《专业诊改实施方案》和《专业层面诊改工作管理办法》等制度，完善教学工作委员会工作机制，构建多部门协同工作机制，强化专业建改工作任务，修订本年度目标任务、强化专业建设责任主体。年初结合上一年诊改情况，结合期初、期中、期末三阶段和学院、教务处、系部三级巡查，实时监测专业建设过程，及时发现问题并予以改进；年末对专业建设和诊改成效进行量化考核。 (2)现有专业全部按照诊改方案和相关制度开展诊改工作，注重强化过程监控，不断改进提升。 (3)从专业建设内容和教学运行管理出发，对接相关业务系统和教学数据采集数据，实施监测预警。基于数据分析，撰写自诊报告，总结上一循环发现问题改进成效和年度目标任务达成情况，2018年，36个专业年度目标任务平均完成率为84.85%，针对问题，分析原因，制定的改进措施有待进一步完善。 2.存在的主要问题及原因分析 (1)专业建设的过程数据较少，实时预警数据总体偏少。 (2)目标考核方法有待进一步完善。	1.将专业建设纳入绩效考核系统，采取定性与定量分析相结合、专业建设数据和事实相结合，利用学院、专业建设效细化到月，定期重点过程监控。 2.进一步完善专业建设考核年度考核评价办法，科学合理设置考核指标和权重比例，引导专业突出特色，内涵发展。
课程层面	1. 学校是否建立了"8字形"质量改进螺旋的课程诊改工作运行制度。 2. 现设课程是否都按运行制度实施诊改。	1. 目标达成情况 (1)制定了《课程诊改实施方案》和《课程层面诊改工作管理办法》等制度，确立了以学期为周期的"8字形"质量改进螺旋为诊改运行单元，建立课程层面以年、各课程以学期为周期的诊改机制。利用课堂移动教学和习讯云实习平台，围绕课前、课中、课后实时记录课堂教学轨迹，从资源丰富度、课堂活跃	1.进一步优化软硬件环境，为课堂移动教学助手的使用创造良好条件；进一步完善课堂移动教学助手的使用标准，利用平

续表

诊断项目	诊断内容	诊断结论	拟采取的改进措施
"螺旋"建立 课程层面	3.诊断结论是否依据数据和事实，是否对照目标达成度，分析目标达成度，获得动因。改进措施是否有针对性。诊改报告陈述是否明确具体。	度、教学满意度等维度进行课堂教学质量监控，通过教学资源应用，推进课程建设，及时改进教学内容方法。 (2)现开设课程全部按照诊改方案和相关制度，围绕年度建设任务准开展诊改工作，强化过程监控，不断诊断改进。 (3)从课程建设和教学运行两个方面，利用学院大数据分析与质量监控平台，从6个维度设计了35项指标22个质量监控点，对课程建设情况进行数据分析，依据标准对照目标建设共设定目标33项，完成27项，目标达成度为81.82%，针对问题，制定的改进机制和措施有效。 2.存在的主要问题及原因分析 (1)课堂教学质量监控的手段、方式还有待于进一步挖掘和强化。 (2)课堂教学移动教学即时覆盖了90%以上的课程，但课程间的使用程度不一。	合监控好教学组织情况，将教师使用情况纳入部门年度考核。 2.基于学院标准化考场的软硬件设施，建立线上线下相结合的教学督导听课监控体系，建立线上线下相结合的教学督导听课要求135信息反馈处理机制，增强教学质量监控的实效性。
教师层面	1.学校是否建立了"8字形"质量改进螺旋的教师改运行制度。 2.所有教师是否按运行制度实施诊改。 3.诊断结论自身所表绩效，依据自身对照设定目标，分析差距和动因，诊改报告的陈述是否明确、具体。	1.目标达成情况 (1)建立了教师层面诊改实施方案和《教师层面"8字形"质量改进发展常态化改发展螺旋》，先后出台了《关于促进教师发展的实施办法》等制度，保证了教师层面诊改工作的有效运行。同时完善了教师发展激励与考核机制，将教师个人诊改效果应用到职称晋升、年度考核和评优评先中，推动了教师不断自我改进和发展。 (2)所有教师按照教师层面诊改制度，结合个人实际，制定了3年发展规划，明确了个人发展目标。教师每学期初制定个人发展计划并付诸实施，学期末分析目标达成情况，按照学院和专业发展规划，结合个人实际，制定了3年发展规划，明确了个人发展目标。教师每学期初制定个人发展计划并付诸实施，学期末分析目标达成情况，按照学院和专业发展规划。	1.进一步完善教师外部干预机制，推动教师工资改革，不断完善已有的师资管理制度，充分发挥制度的引导作用，激发教师的群体动能。 2.进一步完善师资数据管理业务系统，实现数据的实时采集，及时预警，使教

续表

诊断项目	诊断内容	诊断结论	拟采取的改进措施
"螺旋"建立 教师层面	4. 教师在自我诊改过程中是否有获得感。	达成情况，寻找差距，以问题为导向开展诊断改进，并完成个人自诊报告。利用《教师发展手册》实时记录教师个人成长轨迹。 (3) 依托教师画像，实时监测预警，及时指导教师改进，围绕师资队伍建设和教师个人发展设计了 62 个质控点，并对其中 24 个关键指标设定了目标值、标准值和预警值，依托校本数据平台，实时呈现教师在基本发展、教学与教研、科研与社会服务和管理等 4 个方面的发展态势，通过教师间的多维变化对比和信息预警，及时关注个人发展绩效，及时改进成效显著，获得感明显增强。 (4) 通过诊改，教师质量主体意识进一步提升，主动关注个人发展质量、寻找差距，及时改进成效显著，获得感明显增强。 2. 存在的主要问题及原因分析 (1) 教师发展外部干预机制和激励机制基本形成，但还需进一步完善。 (2) 由于业务系统部分功能有限，教师层面有些数据还未实现源头实时采集，监测与预警明显滞后。同时，由于校本数据平台刚刚启用，教师的发展轨迹变化体现得还不足。 (3) 教师个性化发展需求无法全部满足，分层、分类培训机制尚不健全，培训的精准性不够。	师明确发展目标，找准自身定位，找差距，补短板，提升综合素质。调动个体潜能，提升综合素质。 3. 逐步完善教师分层、分类培训机制，建立新手、胜任、成熟和专家培训，不断提升师资培养的精准度。
学生层面	1. 学校是否建立了"8字形质量改进螺旋"的学生诊改运行制度。 2. 所有学生是否按制度实施诊改。 3. 诊断结论是否依据数据	1. 目标达成情况 (1) 建立了以学期为周期，以"8字形质量诊断与改进螺旋"为运行单元的诊改工作机制，出台了《学生层面诊断与改进实施方案》《全面推进落实学生自诊的实施办法》《学生诊育督导意见》等制度，保证了学生诊改的有效运行。 (2) 所有学生均按照制度实施诊改工作，均制定了个人3年发展规	1. 进一步优化对学生综合素质的考核和评价方式，对于难以定量的指标，尽量采用打分及扣分相结合的评定办法。 2. 对学工系统进行二

42

续表

诊断项目	诊断内容	诊断结论	拟采取的改进措施
学生层面	和事实获得,诊断报告的陈述是否明确,具体,是否根据自身基础进行改进。	划和学期个人发展计划,明确了成长标准,依托大数据分析与质量监控平台,实时呈现自身发展状态,分析不足,不断改进,推动学生不断发展。利用《学生发展手册》实时记录学生个人成长轨迹。 (3)围绕学生工作和学生个人发展,从学生思想道德素质、科学文化素质、身心素质等6个方面,设置76项质量监控点,依托学工、教务系统,实时采集学生状态数据,形成学生画像,通过学生同的多维度对比分析,学生对目标达成度差距,改进提升。每学期基于平台数据学生画像,针对问题制定的改进机制和措施有效。 2.存在的主要问题及原因分析 (1)学生综合素质部分指标难以量化。 (2)学生画像中的一些指标无法呈现,学生工作管理系统尚不完善,部分数据采集软硬件设施不够完善。 (3)学生自我诊断与改进激励措施不够完善。	次开发,完善数据采集和实时预警功能,完善学生行为习惯,生活状态等数据采集软硬件设施的建设,完善学生画像。 3.完善学生管理激励机制,充分激发学生的内生动力,促进学生全面发展。
"螺旋"建立文化与机制"引擎"	1.学校领导对诊改的重视度与推进力度,师生员工诊改理念的广度和深度。 2.学校是否建立了与内部质量保证体系相适应的考核激励制度,将考核与自我诊改相结合,体现以外部监管为主向以自我诊改为主转变的走向。 3.各个主体的自我诊改是	1.目标达成情况 (1)学校建立质量保证体系诊断与改进工作委员会,由党委书记及院长担任主任,全面协调,统筹推进内部质量保证体系建设与运行工作;定期召开诊改专题会议,研究解决诊改中存在的问题;每年划拨专项建设经费100万元,保证体系建设经费到位,为每位教师配发了诊改书籍,编印了学习资料,组织各部门及多轮次的校内外培训、学习和交流研讨活动,分层面组织开展诊改交流汇报会,提升广大师生对诊改的认知水平。 (2)学院出台《处科级干部鼓励激励、容错纠错、能上能下实施办法》《追赶超越季度考核办法》等考核激励制度。2017年调整部门考核内容,比	1.以质量文化为主题加强学校广场、基地、连廊等场所的环境营造,构建铁路特色的现代大学质量文化,引导全体师生将个人的质量意识和质量目标融入学院的质量目标和质量观念中,让广大师生在潜移默化中自觉以质

续表

诊断项目	诊断内容	诊断结论	拟采取的改进措施
文化与机制"螺旋"建立"引擎"	是否逐渐趋向常态化。师生员工对学校诊改工作是否满意和有获得感。	重和干部考核指标,实施追赶超被季度考核,2018年增加了部门中期考核,下半年部门建设任务细至月,落实到人,各部门师生员工质量主体意识不断强化。(3)随着目标的不断落地,师生员工的工作目标与标准更加清晰,质量主体责任更加明确。随着制度的日益完善和质量意识的逐步提升,激发了各质量主体的内生动力,常态化的自主保证人才培养质量的机制正在逐步形成,师生员工的满意度和获得感不断加强。 2. 存在的主要问题及原因分析 (1) 质量环境文化还需进一步加强。 (2) 激励机制还需要进一步健全。	量为标准。 2. 进一步完善激励机制,充分调动广大职工参与学院教育教学改革的积极性、主动性和创造性,服务学生成才、服务教师发展。
智能化信息平台	1. 学校是否按智能化要求对平台建设进行了顶层设计,所设计的平台是否具有实时、常态化支撑学校诊改工作的功能。 2. 学校是否按照顶层设计蓝图扎实推进平台建设。 3. 学校在大数据分析应用方面开展的工作,取得的成效。	1. 目标达成情况 (1) 制定了《信息化建设规划(2016—2020)》《信息化建设三年行动规划》等信息化建设规划,制定了《数据平台建设方案》,投资3 890万元,建成了能够实时、常态化支撑诊改工作的信息化环境。 (2) 按照信息化建设规划,先后完善了信息化建设的实时数据采集,进行业务流程再造,建成了42个管理应用系统,实现数据源头数据的实时采集,进行业务流程再造,建成一站式办事大厅和移动App,实现在线办理、在线监督、在线评价一站式服务。 (3) 制定了信息规范、信息编码和数据交换标准,建立数据交换平台,统一身份认证平台和统一信息门户平台,消除了信息孤岛,实现一站式访问,提供个性化信息展示和移动式查询,在数据融合的基础上,利用大数据技术,对学校、专业、课程、教师、学生	1. 继续深化平台功能的开发,细化数据分析,完善平台预警机制,加强对5个层面的支撑。 2. 开展信息化教学培训,改进教学方法,提高教学质量,组织信息化教学大赛,开展信息管理人员信息化培训,提高业务部门的信息化应用能力。 3. 完善学院层面和业务层面的规章制度,健全

续表

诊断项目	诊断内容	诊断结论	拟采取的改进措施
智能化信息平台		5个层面进行立体化画像,实现数据的实时采集、动态监控,具有数据可视化、数据钻取、数据分析、数据预警和状态报告等功能,全面掌握学院人才培养质量状况,为诊改工作提供支撑。 2. 存在的主要问题及原因分析 (1) 大数据分析与质量监控平台功能需要完善细化。 (2) 部分教师和管理人员信息化素养有待进一步提升。 (3) 信息化建设规章制度建设有待进一步健全。	体制机制,实现信息化建设和教学管理工作的有机结合,提升学院现代化治理能力。

校长(签字):王津　　　　　　　　　　　　　　　　　　　　　　2018年11月28日

注:1. 报告内容必须真实、准确,务必写实,尽量不使用形容词和副词。
2. 每一项的"诊断结论"需商明目标达成情况,尚存在的问题及原因分析,建议在500字左右。
3. 每一项的"拟采取的改进措施"需突出针对性,注重可行性,建议在200字左右。

陕西交通职业技术学院
内部质量保证体系自我诊断报告

一、学校诊改工作概述

(一)总体情况

1. 第一轮诊改:2016年9月—2017年8月,试点诊改阶段。选择了12个专业、66门课程进行试点诊改,教学部门及12个专业的教师和学生参与。

2. 第二轮诊改:2017年9月—2018年8月,全面诊改阶段。对全部38个专业、758门课程进行了诊改,全校35个部门、全体教职工及学生全部参与。完善了学校质量保证体系,打造了各层级目标链和标准链,构建了5个层面的"8字形质量改进螺旋",凝练了具有交通特色的质量文化,建立了质量改进的长效机制,消除了信息孤岛,学校智能化信息平台迈上新台阶。

3. 第三轮诊改:2018年9月—2019年8月,线上诊改阶段。此阶段主要以智能化信息平台的不断完善为支撑,对5个层面的运行过程进行监测预警,发现问题及时整改;通过诊断改进,发现的问题列入下一轮目标标准。

(二)诊改成效

1. 学校层面。以学校"十三五"事业发展规划为统领,制定各子系统规划,对应到十大工程,分解到各部门,制定出部门年度工作目标与标准,并落实到每个责任人,形成学校、二级院部(部门)、教研室(科室)三级质量管理体系,完成了纵向两链打造。完善了学校内部质量保证体系,各部门建立了包括目标、标准、制度、职责、流程、评价6方面内容的内部质量保证体系。建立了学校层面的"8字形质量改进螺旋",按照"目标标准—组织实施(含设计)—监测预警——诊断改进—激励创新"步骤组织学校层面诊改。确定了各层面诊改周期,学校、专业、教师、学生以学年为周期进行诊改,课程以学期为周期进行诊改。

2. 专业层面。结合学院"十三五"专业发展规划,6大专业群对接"大交通"行业,专业数量从44个优化为38个。现有专业均制定了发展规划和建设标准,明确了国家骨干、陕西一流、校级重点3个层次的建设目标和标准,建立了专业质量监控指标体系。在实施过程中依据"8字形质量改进螺旋",按照学校设计的5大步骤进行专业诊改。38个专业都完成了学校和专业层面的规划目标,8个专业进入陕西省"一流专业"建设项目,5个专业为国家骨干专业,10个专业为省级重点专业,6个专业为省级综合改革专业,立项建设4个省级专业教学资源库,6个校级专业教学资源库。

3. 课程层面。根据学院"十三五"课程建设规划,38个专业的758门课程均制定了建设规划及标准,形成了课程目标链和标准链。对数字课堂、蓝墨云班、优实习平台等教务管理子系统采集到的数据进行统计分析和监测预警,通过诊断发现问题,并制定下一轮诊改目标。建成省级精品在线开放课程8门,省级优秀教材8部,国家"十三五"规划教材3部,立项建设在线开放课程17门。

4. 教师层面。制定了学校、二级院部、专业及教师个人发展规划,完成了相应的建设质量及工作标准,制定了教师培养及管理办法,系统设计激励提升机制,按照学校设计的5大步骤开展教师层面的诊改工作。实施"名师引领"计划,从企业聘用专业带头人9名,9个专业实现校企"双带头人",新建名师工作室8个、大师工作室2个。培养出第五届黄炎培职业教育杰出校长1人,第七届吴福—振华交通教育奖励专项资金优秀教师1人,省部级科技英才2人,陕西省教学名师3人,陕西省师德先进个人1人,陕西普通高等学校优秀辅导员1人,陕西高校思想政治理论课优秀教师1人,国泰安·赛名师杯教师创课大赛一等奖1人,陕西省高等职业院校信息化教学设计比赛二等奖3人、三等奖6人,陕西省高等职院校信息化课堂教学比赛三等奖9人,陕西省高等职业院校信息化实训教学比赛二等奖3人、三等奖3人。

5. 学生层面。在学校学生发展规划统领下,根据专业、课程建设规划与标准,结合职业标准和岗位需求,考虑学生个人发展意愿,全校学生制定个人发展规划,形成学生发展目标链和标准链,建立健全了保障学生学习、生活、安全、就业的各种保障体系,学校心理咨询中心是陕西省高职院校示范中心,学校是陕西省高职院校心理工作委员会主任委员单位。在2017年和2018年学生技能竞赛中获国赛奖项14项,省赛和行业奖项60项。

6. 智能化信息平台。按照"整体规划,分步建设,创新机制,注重实效"的规划建设思路,立足全校,组建机构、制定方案、出台办法。目前已成功上线人事管理、学工管理、科研管理、教学运行管理、课程资源管理、实训室管理、迎新管理、离校管理、学生综合素质管理、App移动门户等24个应用系统;完成教务管理、科研管理、一卡通管理、图书管理、工资管理、优实习管理、就业管理、资产管理、教学资源管理等10个系统的数据对接;在建设各业务系统过程中,规范梳理了32个业务流程;学校主要应用系统由诊改前的15个增至目前的39个,同时,建设了统一数据共享交换平台,实现了内部数据融合和单点登录,建立了质量监控平台,支撑学校内涵建设和常态化诊改工作。

通过诊改,建立了完整的内部质量保证体系,形成了上下贯通、左右呼应的目标链和纵横衔接、相互匹配的标准链,构建并运行了学校、专业、课程、教师、学生5个层面的"8字形质量改进螺旋",形成了能有效支撑诊改工作的智能化信息平台,建立了质量改进的长效运行机制,全体师生的质量主体意识和获得感显著提升,学校各方面工作得到了有效推进。学校成为"国家优质高职院校"立项建设单位和陕西省"一流学院"立项建设单位,连续两年当选全国高职院校"服务贡献50强",承接了教育部《高职教育创新发展行动计划》的43个任务、22个项目。

二、学校自我诊断参考表

诊断项目	诊断内容	诊断结论	拟采取的改进措施
目标、标准体系（"两链"打造）	1. 学校发展规划是否成体系。学校发展规划是否传递至专业、课程、教师等层面。 2. 专业建设规划目标、标准与学校专业建设规划目标、标准间是否契合。 3. 课程建设设计（规）划目标、标准与学校课程建设规划目标、标准间是否契合。 4. 教师是否制定了个人发展目标及相应的发展计划。教师个人发展目标的确定是否与学校师资队伍建设规划相关要求相适切。 5. 学生是否制定了个人发展目标及相应的发展计划。个人发展目标的确定是否与学校人才培养要求相适切。	1. 目标达成情况 基本达成。 2. 完成的主要内容 （1）以学校"十三五"规划为统领，形成专业、课程、师资、育人体系，科研等10个专项建设规划。 （2）制定学校的专业、课程、教师和学生等质量标准，编制涵盖所有专业及课程建设，教师及学生发展的子规划和标准。 （3）形成上下贯通，左右呼应的目标链和纵横衔接，相互匹配的标准链。 3. 存在的问题与原因分析 （1）目标链、标准链仍需结合形势发展和实际情况不断调整完善。 （2）学校层面质控点设置还不完全合理，需进一步调整。	1. 常态化推进诊改工作，根据形势发展和实际情况不断调整完善目标链和标准链。 2. 根据诊改运行情况适当调整质控点设置。

第二部分 陕西省高职试点院校自我诊断报告

续表

诊断项目	诊断内容	诊断结论	拟采取的改进措施
"螺旋"建立——学校层面	1. 是否建有规划和年度目标任务分解、实施、诊断、改进的诊改运行制度。实施过程是否监测预警和改进和便捷可操作。 2. 学校机构职责是否明确，是否建立了岗位工作标准和自我诊改制度，执行是否到位。 3. 诊断结论是否依据数据和事实获得，改进措施是否有针对性，诊改报告的陈述是否明确、具体。	1. 目标达成情况 基本达成。 2. 完成的主要内容 (1) 各层级职责明确，岗位工作标准及执行有效。 (2) 建立了"8字形质量改进螺旋"，全校35个部门年度目标分解形成，按"目标标准一组织实施一"十三五"发展规划和年度目标——激励改进"5大步骤依据学校监测预警—诊断改进调研确定质量控点共55个，智能化信息平台已初步具备监测预警功能。各层级诊改面经调研确定质量控点共55个，智能化信息平台已初步具备监测预警功能。各层级诊改面按照设计周期、螺旋和步骤有效运行。 (3) 第二轮诊改阶段，学校35个部门、38个专业、758门课程、全体教师及学生全部参与，均完成自诊报告。建立了各层层面自主诊改长效机制，且能有效运行。 3. 存在的问题与原因分析 (1) 长效质量改进机制尚需进一步完善。 (2) 智能平台运行中出现的各类问题有待解决，监测、分析数据功能不够强大。 (3) 各层级自诊报告格式和内容有待优化。	1. 通过持续开展教学质量诊断与改进工作，不断优化各层级职责与流程，形成纵向上通下达、横向衔接联动，优秀嘉奖鼓励后诚勉约谈的长效质量改进机制。 2. 完善和优化智能平台监测、分析数据的功能，做到监测实时、有效支撑改进。 3. 利用智能平台，优化各层级自诊报告格式和内容，使师生员工易用、乐用。
专业层面	1. 学校是否建立了"8字形质量改进螺旋"的专业诊改运行制度。 2. 现有专业是否都按运行制度实施诊改。 3. 诊断结论是否依据数据	1. 目标达成情况 基本达成。 2. 完成的主要内容 (1) 依据学校专业建设规划与标准，制定了38个专业的目标链、标准链，现有专业35个，模式运行诊改。精心设计专业质控点54个，对专业建设过程中的问题进行全面监测预警。通过行业企业	1. 出台激励政策，鼓励引导教师，加强专业资源建设。 2. 增加经费和人员投入，加快实验、实训条件升级更新。

续表

诊断项目		诊断内容	诊断结论	拟采取的改进措施
"螺旋"建立	专业层面	和事实,是否对照目标标准,分析目标达成度或超越度,获得改进目标动因。诊改报告的陈述是否明确、具体。	调研制定出人才培养目标、标准,结合岗位需求确定课程体系和课程教学目标。经过诊改,各专业目标标准明确,具有可检测性。(2)实施1学年1次专业教学自我诊改,3年1轮专业考核性诊断,目标达成度高,周期设计合理,诊改过程简便,易于操作。(3)已建成的43个应用系统全面采集教学过程的实时数据,质量监控系统根据数据分析启动给出诊断结论,质量诊改工作机制运行顺畅,改进措施行之有效。3.存在的问题与原因分析(1)专业资源库与在线开放课等教学资源有待丰富,现有教学资源数量不足,质量有待提高。(2)实验、实训条件仍需改善,以支撑专业建设目标的达成。(3)各专业发展在某些方面存在不均衡现象,个别重点专业建设优势不明显,不适应行业发展,需要升级改造。	3.充分发挥专业指导委员会的作用,深化校企合作,提升专业服务行业产业能力。
	课程层面	1.学校是否建立了"8字形质量改进螺旋"的课程诊改运行制度。2.现设课程是否都按运行制度实施诊改。3.诊断结论是否依据数据和事实,是否对照目标标准,分析目标达成度或超越度,获得改进目标动因。改进措施是否有针对性。	1.目标达成情况基本达成。2.完成的主要内容(1)根据学校专业建设规划,形成了全校758门诊改了课程目标标准。贯通课程教学目标标准和课堂教学目标标准。目标与标准明确,具体,可检测。(2)所有课程构建并运行"8字形质量改进螺旋",设置课程层面质控点37个,课程诊改一学期一轮,实施过程有监测预警。(3)线上诊改阶段,智能平台已具备根据教学管理各业务子系统提供的	1.引导,激励教师提升信息化水平。分批对教师进行智能平台应用及信息化课堂教学能力培训。2.加大聘请企业内培训力度,引进企业实践教学组织形式,丰富实践教学设计时,在课程教学改诊设计时,加强监测预警力度,必要

50

续表

诊断项目		诊断内容	诊断结论	拟采取的改进措施
「螺旋」建立	课程层面	诊改报告的陈述是否明确、具体。	数据有效支撑课程诊改的功能。 3. 存在的问题与原因分析 (1) 部分年龄较大的教师的信息化技术水平不高,教学能力不足,对实践教学环节受到影响。 (2) 实践教学组织形式有待改进。在课程教学诊改时,对实践教学环节的监测力度设计不完善。 (3) 信息化教学资源仍显不足。	时增加质控点。 3. 出台措施加大信息化教学资源建设力度,推出一批优质示范性课程教学资源。
	教师层面	1. 学校是否建立了"8字形质量改进螺旋"的教师诊改运行制度。 2. 所有教师是否按运行制度实施诊改。 3. 诊断结论是否对照自设目标,依据自身所获绩效的、分析差距和动因、诊改报告的陈述是否明确、具体。 4. 教师在自我诊改过程中是否有获得感。	1. 目标达成情况 基本达成。 2. 完成的主要内容 (1) 形成了教师发展目标链。学校师资建设目标任务分解至二级学院、专业、教师。所有专任教师均已完善《教师发展手册》,分年度完成自诊报告。 (2) 教师层面的诊改按照"8字形质量改进螺旋"运行,设置质控点 62 个,自主诊改机制运行正常。 (3) 教师层面数据全面得到学校智能平台人事管理系统有效支撑,借助画像等手段服务教师个人发展,预警、监测功能、服务功能逐渐加强。 3. 存在的问题与原因分析 (1) 师资队伍建设标准尚需细化。 (2) 国家级教学名师、各专业领军人才较少,导致学校创新、科研能力不足。 (3) 个别二级学院或专业因招生规模扩张快而显得专任教师数量不足,教师承担教学任务、重大专项工作,指导参赛等任务繁重,实践能力有待提高。	1. 将学校师资队伍建设规划推进一步细化、量化,分解至各二级学院、专业和个人,逐步完善专业资建设标准。 2. 有计划地引进和系统培养高层次专业人才,逐年提高教师队伍中高层次人才的占比。 3. 通过招聘、聘请企业专家担任兼职教师等方式充实教师队伍,探索完善合理安排教师工作任务的机制,为教师进行企业实践锻炼、科学研究和社会服务创造条件。

续表

诊断项目	诊断内容	诊断结论	拟采取的改进措施
"螺旋"建立——学生层面	1. 学校是否建立了"8字形质量改进螺旋"的学生诊改运行制度。 2. 所有学生是否按运行制度实施诊改。 3. 诊断结论是否依据数据和事实获得，诊断报告是否根据目是否明确、具体，是否基础进行改进。	1. 目标达成情况 基本达成。 2. 完成的主要内容 （1）在学生层面构建了目标链、标准链。从学生层面发展总目标出发，对照标准调整，建立和完善了 46 项学生管理制度。根据学校人才培养方案及素质教育要求，2018 级全体学生对照本专业人才培养目标制订个人 3 年发展规划。 （2）学生层面诊改按"目标标准一组织实施一监测预警一诊断改进一激励创新"质量改进螺旋有效运行，设置质控点 51 个，以学年为周期开展。 （3）学生工作管理系统 15 个模块投入使用，与校数据中心完成对接，可实时、有效支撑学生层面诊改工作的开展，学生工作逐步由管理向服务转变。 3. 存在的问题与原因分析 （1）在学生身心发展方面，部分学生政治理论学习不扎实，爱国主义教育需系统加强；因社会、家庭、学业等各方面的压力，学生心理问题增多。 （2）在学生学业发展方面，奖励覆盖成绩优异学生，但对学生的学业进步激励仍不够。 （3）毕业生就业的专业对口率需不断提高。	1. 加强学生社会主义核心价值观教育，将立德树人贯穿于学生培养全过程；将《大学生心理健康教育》列为全校学生的必修课，丰富心理健康教育活动。 2. 修订完善《陕西交通职业技术学院学生奖励办法》，完善优化学生学习进步奖励机制，更有效地鼓励学习成绩进步的学生。 3. 依托合作企业加快拓展实践教学基地，提高学生技术、技能水平，提高学生实习到企业的录用比例。

续表

诊断项目	诊断内容	诊断结论	拟采取的改进措施
"引擎"驱动 文化"引擎"	1. 学校主要领导对现代质量文化传播的重视程度、推进力度。 2. 全校师生员工理解、接受改核心理念的广度和深度。 3. 师生员工参与诊改实践的自觉性、主动性。	1. 目标达成情况 基本达成。 2. 完成的主要内容 (1) 坚持以习近平新时代中国特色社会主义思想为指导，用"大国工匠"标准育才，从社会主义核心价值观为统领，从精神、制度、环境、行为等4个维度不断强化自身质量文化建设，形成自下而上、由内向外向的交通特色鲜明的学校质量文化体系。 (2) 建设质量精神文化：各二级学院根据各自专业群的特点及建设特色学院的价值理念，聚焦本学院长远目标，体现师生共同意愿，凝练核心质量文化，为本专业群的发展凝心聚力。 (3) 建设质量制度文化：紧紧围绕学校发展总目标和"十三五"规划，建立纵向五系和横向五层面各层级质量主体目标、标准、制度、流程、职责、评价的质量保证体系，明确各层级质量主体责任，形成"全员、全方位、全过程"的育人机制。 (4) 建设质量环境文化：按照楼宇所属专业群特点，使用校内区域区域能冠名，彰显专业特色及文化内涵，以校园雕塑、校史馆、校史文物展等显性文化为载体，全方位、全时空强化文化巩固师生自觉提升质量的意识。 (5) 建设质量行为文化：建立教学、学习、工作过程各环节行为规范，强化质量行为文化，使全体师生将质量文化化于心、外践于行，在全校范围内形成"三全育人"的质量文化。 3. 存在的问题与原因分析 (1) 学校质量文化建设规划有待深化。 (2) 师生员工对质量管理及诊改相关政策、知识渴求度高，但系统培训有待加强。	1. 在长期持续开展质量改中，不断积累完善质量文化的内容；分时段调整充实质量文化建设规划。 2. 加大培训力度，丰富培训形式，全力提升师生员工的质量意识，加深对诊改制度的理解，从而有力地支撑常态化诊改工作。

续表

诊断项目	诊断内容	诊断结论	拟采取的改进措施
"引擎"机制"引擎"驱动	1. 学校是否在进行考核激励制度的改革,制度设计体现以人为本,由以外部监管为主向自我诊改为主转变,成效如何。 2. 各个主体自我诊改是否逐渐趋向常态化,是否产生联动效应。	1. 目标达成情况 基本达成。 2. 完成的主要内容 (1) 建立健全学校各部门及教职工绩效考核制度,通过半年和全年对全体教职工进行定性与定量相结合的考核,全面、客观、公正、科学地衡量各部门及教职工工作质量。 (2) 学校各部门、教师、学生层面"两链"均已形成,并按"8"字形质量改进螺旋自主诊改,确保质量。 3. 存在的问题与原因分析 (1) 激励机制有待健全,激励力度有待加强。 (2) 各质量生成主体自我诊改机制已经形成并运行,但联动效应需加强。	1. 不断健全激励机制,强化物质激励力度,有效提升教职工多干事、干成事的积极性和创造性。 2. 常态化推进诊改,各质量生成主体自主进行诊断改进,加强联动,形成协同效应。
智能化信息平台	1. 学校是否按智能化要求对平台建设进行了顶层设计,所设计的平台是否具有实时、常态化支撑学校诊改工作的功能。 2. 学校是否按照顶层设计蓝图扎实推进平台建设。 3. 学校在数据分析、应用方面开展的工作,取得的成效。	1. 目标达成情况 基本达成。 2. 完成的主要内容 (1) 学校按照"整体规划,分步建设,管理和生活提供智能化、个性化、便捷建设的信息服务为目标,创新机制,注重实效"的思路,以为教学、科研、管理校园建设进行顶层设计,初步建成了智能化支撑学校诊改工作的智能平台。 (2) 按照规划设计方案,扎实推进平台建设,学校先后成立了智能校园建设领导小组、建设与管理办公室及项目建设组,制定了实施方案,出台了《智能校园建设与管理办法》,梳理并优化了各项工作流程,建立了良好沟通机制,定期发布进展通报,确保项目顺利推进。	1. 继续完善校内各业务系统的对接,实现业务数据共享共用,彻底消除信息孤岛。 2. 继续开发完善业务系统,丰富办事大厅的内容,为师生提供良好的智能化、个性化、便捷化的信息服务。 3. 加大师生信息化应用培训,提高师生信息化。

续表

诊断项目	诊断内容	诊断结论	拟采取的改进措施
智能化信息平台		（3）建成学校数据中心，实现了身份统一认证，基本消除了信息孤岛，综合业务平台和质量监控平台可实现学习、工作过程中改善质量的根本依据。 3. 存在的问题与原因分析 （1）部分校外资源平台与学校师生提供学习、工作过程中改善质量的根本依据。 （2）部分新建应用系统如学工、人事等尚属于定制开发，系统功能仍在进一步完善中。 （3）数据积累不够，各应用系统运行时间较短，数据上传积累不够，系统可靠性有待检验。	素养；加强业务系统的实际应用，不断完善积累平台数据，为质量监控平台积累充足的数据；完善各类应用系统的数据收集和采集，进一步加强各类数据的清洗与整理，为学校全景业务大数据分析决策提供支撑。

校长（签字）：王天哲　　　　　　　　　　　　　　　　　　　　　　2018 年 11 月 21 日

注：1. 报告内容必须真实、准确，务必写实，尽量不使用形容词和副词。
　　2. 每一项的"诊断结论"需简明目标达成情况，尚存在的问题及原因分析，建议在 500 字左右。
　　3. 每一项的"拟采取的改进措施"需突出针对性，注重可行性，建议在 200 字左右。

杨凌职业技术学院
内部质量保证体系自我诊断报告

一、学校诊改工作概述

2016年上半年我院被教育厅确定为省级诊改试点学院。2016年9月,学院根据教育部及陕西省相关文件要求,制定了《内部质量保证体系建设与运行实施方案》,按照局部试点、分阶段全面推进的原则,启动了诊改试点工作。在实施过程中,结合工作实际,学院对实施方案进行了不断修订完善。2017年12月,学院实施方案经陕西省诊改专委会审核通过。

自2016年9月以来,学院将诊改工作与日常工作及承担的教育部创新发展计划项目、陕西省追赶超越、陕西省"四个一流"建设项目相融合,按照诊改"需求导向,自我保证,多元诊断,重在改进"的16字工作方针和"55821"诊改体系要求,精心打造了目标链和标准链,建立了"8字形质量诊改螺旋"机制和智能化信息平台,在学校、专业、课程、教师、学生5个层面全面推动诊改工作,形成了常态化自主保证持续改进的机制。

经过2年多的全面诊改,学院的目标链更加明晰,标准链更加完善,内部质量保证组织体系更加健全,夯实了各级质量主体责任,决策指挥、质量生成、资源保障、支持服务、监测预警5纵质量保证融入学校、专业、课程、教师、学生5横层面之中。建立了学院质量监控平台,实现了数据的实时采集和实时监控。学院的考核体系更加完善,激励导向作用进一步显现。质量理念深入人心,内生动力进一步增强,逐步形成了具有学院鲜明特色的质量文化。诊改的持续深入推进,有力地促进了人才培养质量进一步提升。

(一)打造"两链"

1.学院层面。运用SWOT分析法,科学制定了"十三五"发展规划、10个专项规划及14个分院部"十三五"发展规划。教师、学生分别制定了个人发展规划,形成了衔接贯通专业、课程、教师、学生等方面完善的目标链。修订完善处、科级干部职责80个,工作人员岗位职责111个,工作标准191个。修订完善制度272项,废止制度80余项,确保了目标的实现。

2.专业层面。依据学院"十三五"规划制定了专业建设规划,构建了以一流专业、特色优势专业、标准化专业为整体布局的三级专业建设目标链。依据专业建设目标链,制定了不同专业的建设标准,形成了与三级专业建设目标相适切的标准链。

3.课程层面。按照专业建设规划制定课程建设规划,形成了三级课程建设目标。依据不同课程定位及目标的要求,制定了三级课程建设标准,使得课程建设目标与标准相互衔接。按照专业人才培养目标要求,各门课程确定了课程教学目标,制定了教学标准、教学设计,确保课程教学效果。依据各门课程现有的建设基础,制定了课程建设方案,并按照学年度逐级分解,落实任务。

4. 教师层面。对接学院师资队伍建设规划,依据分院、专业、课程建设规划,引导教师制定个人发展规划,将教师个人发展融入学院师资、专业、课程建设队伍之中,使教师个人发展与学院专业、课程建设相适切。以"四有"好老师为基准,按照教师"引入、培养、成长、发展、引领"5个发展阶段,明确了发展目标,制定了具体、可检测的评价标准,形成教师发展标准链。

5. 学生层面。围绕"德技并修,全面可持续发展"育人理念,以《学生全面发展规划》修订和《职业生涯规划》课程开设,引导学生确定个人发展目标,形成学生发展目标链;依据学院人才培养方案及《加强学生综合素质教育工作实施方案》等素质教育相关要求,建立《学生第二课堂成绩单》等制度,制定和完善学生思想道德标准、行为规范标准、身心健康标准、职业能力标准,形成学生全面发展标准链。

(二)建立"8字形质量改进螺旋"

1. 学院层面。依据学院"十三五"发展总体规划、专项规划及10大工程实施方案,细化了年度建设计划,印发了学院年度工作要点,签订部门年度目标责任书。建立"8字形质量改进螺旋"机制,实施月报告、季点评、年考核制度,强化过程监测预警。以工作任务月度报告、季度点评、年度综合考核及分院关键要素评价等考核制度,确保各层面目标、标准的有效执行。

2. 专业层面。以"3+1"学年为周期,构建专业"8字形质量改进螺旋"运行机制。围绕专业建设和人才培养目标,制定各专业建设实施方案,将专业建设目标任务按年度进行细化分解,明确责任主体,认真组织实施。截至2018年11月,完成68个专业"十三五"期间计划任务1 331项中的976项,目标达成度为73.33%。

3. 课程层面。以1个学期/学年为周期,构建课程"8字形质量改进螺旋"。围绕课程目标和标准,制定课程建设实施方案,开展各课程教学整体设计、修订、编写教材,优化课程内容,采取线上线下混合,改革课程教学模式,通过教务管理平台、"优幕课"教学平台、"优实习"管理平台等,实施监控监测。截至2018年11月,完成课程"十三五"期间计划任务6 468项中的5 043项,目标达成度为77.97%。

4. 教师层面。以"3+1"年为周期,建立教师个人"8字形质量改进螺旋"运行机制。依据教师个人发展规划,细化分解个人年度工作任务,形成了以年度为周期的教师个人改进机制。以年度量化考核和内部质量监控平台、人事管理系统等为手段,诊断监测教师个人发展各项目标达成情况,反馈问题,分析原因,提出有效措施,实施改进提升。

5. 学生层面。建立了以学年为周期,以"8字形质量诊改螺旋"为运行单元的诊改工作机制。利用《学生综合素质测评办法》等制度,实时记录学生个人成长轨迹。依据学院质量监控平台、教务管理平台、学工信息系统,从学生思想品德、行为规范、身心素质和职业能力等4个方面、24个关键质量监控点,实施监控,呈现学生自身发展状态,分析不足,不断改进,推动学生全面发展。

(三)平台建设

制定了学院《"十三五"信息化发展规划》和《"十三五"信息化建设实施方案》,投资近5 000万元建成了能够常态化支撑学院质量保证的信息化环境。已建成的45个应用服务系统上线运行,从办公流程、教务教学管理、学生管理、师生消费行为、上网行为等方面实现数据的源头、即时采集。信息孤岛逐步消除。校企合作共同开发的内部质量监控平台,初步实现实时监测预警。

(四)初步成效

通过近3年的学院自我诊改,学院内部质量保证体系日趋完善,学院治理和服务国家战略能力显著增强,学院人才培养质量和办学水平不断提升,社会影响力更加凸显。助推了学院"十三五"提出的以"内涵发展,质量提升"为核心,以构建"一流人才培养体系,一流专业发展体系,一流人才与人事管理体系,一流支撑保障体系"为支柱和智能化信息平台建设为支撑的"一核四柱一平台"学院发展目标体系框架的达成。

创新实施的"通识课+专业课+行为养成课+创新创业课"为一体的"四位一体"人才培养方案,使学生综合素质全面提升,学生"十大节庆"主题教育活动获共青团全国高校校园文化建设研究项目二等奖;毕业生就业率始终保持在96.5%以上,自主创业率提升1%,用人单位满意度达87%,学生体测达标率提升9%,近3年学生获发明专利11项,参加国家技能大赛获奖72项,"互联网+"创新创业大赛获国家级铜奖3项、省级7金6银23铜,名列全国、全省前列。

教学改革深入推进,专业建设取得显著成效。19个专业被确定为省级"一流"建设专业,4个专业被确定为全国水利优质专业,6个专业被确定为省级专业综合改革试点专业,1个专业被确定为国家现代学徒制试点,2个分院被确定为省级创新创业试点学院,主持国家级专业教学资源库2个、参与13个,主持省级专业教学资源库5个;建成国家精品资源共享课3门;22门课程按照国家级精品在线开放课进行建设,2017年获陕西省教学成果奖特等奖1项、一等奖2项、二等奖1项,2018年获国家级教学成果二等奖3项。

产教融合、校企合作进一步深化,专业服务社会能力进一步增强。新增深度校企合作企业52个,订单班46个,新增省级教科研项目53项,累计经费达1 200万元。年累计实用技术培训1万人次。开设了村干部和新型职业农民学历教育提升班,探索形成了"农学结合,半工半读"的集中与分散、线上线下的教学模式。

教师发展举措持续完善,教师能力进一步增强。教师参加各类国家、省级教学能力大赛获奖34项,主编教材120种,4种教材被评为省级优秀教材,教学信息化普及率达70%,建成了"引、培、激、评、服"人才与人事管理体系,引进新增教师100余人,新增国家级教学名师1人、省级教学名师6人、省级师德标兵1人、省级师德先进个人2人、陕西省普通高校青年杰出人才1人;骨干教师出国培训实现全覆盖。

国际合作交流进一步拓展,国际影响力逐步显现。2018年学院在哈萨克斯坦农业园区首个海外现代农业技术培训中心挂牌成立,招收俄罗斯、哈萨克斯坦等国学历教育留学生18人,开设服务走出去企业的水利、建工等国际订单班3个。海外就业学生数达340余人。与荷兰朗蒂斯教育集团合作,引进现代农业和园艺技术课程资源,并共同开发校本课程。

学院综合实力和办学水平进一步提升。学院党委被评为陕西省高等学校先进基层党委;学院领导班子年度考核连续优秀;2017年学院被确定为国家优质高职院校立项建设单位,2018年学院被确定为陕西省一流学院立项建设单位、全国水利优质高职院校建设单位,2017年入选全国高职院校社会服务贡献50强,2018年入选全国高职院校教学资源50强,2018年被教育部确定为全国实习管理50强,2016年被确定为首批陕西省创新创业实践育人示范基地,2017年被确定为首批陕西省示范性高等学校毕业生就业创业指导服务机构,2017年被确定为陕西省创新创业教育示范校。三方评价近3年全国高职高专院校竞争力排名稳居前20方阵。

(五)问题与举措

1.存在的问题

(1)对标2018高校建标,学院校园面积不足,制约了实训条件的改善;

(2)组织实施过程中,部门、分院(部)年度目标任务细化不够,年度目标任务量化不够;

(3)教职工聘期量化考核方案及相关激励办法有待进一步完善;

(4)信息化平台支撑运用能力还需进一步完善和提升。

2.改进的措施

(1)围绕不断改善办学条件,在加快推进杨凌现代职教创新园建设上下功夫;

(2)围绕学院发展目标和工作标准,在进一步细化、量化年度目标任务上下功夫;

(3)围绕教师教学科研能力的提升,在不断完善教职工绩效考核和加强过程性考核上下功夫;

(4)围绕智能化信息平台建设推进,在应用数据分析、适时动态预警、强化支撑作用上下功夫。

二、学校自我诊断参考表

诊断项目	诊断内容	诊断结论	拟采取的改进措施
"两链"打造	1. 学校发展规划是否成体系，学校发展目标是否传递至专业、课程、教师层面，目标是否上下衔接成链。学校机构职责是否明确，是否建立岗位工作标准，标准和制度执行是否有有效机制。 2. 专业建设规划目标、标准是否与学校规划契合，是否与自身基础适切。目标与标准是否明确、具体，可检测。 3. 课程建设计（规）划目标、标准是否与专业建设规划契合，是否与自身基础适切。目标与标准是否明确、具体，可检测。 4. 教师个人发展目标的确定是否与学校资源队伍建设规划及专业建设规划等相关要求相适切，教师是否制定有个人发展计划，目标与标准是否明确。	1. 目标达成情况 （1）运用 SWOT 分析法，分析面临的形势和机遇，科学制定了学院"十三五"发展规划，10 个专项规划及 14 个分院部"十三五"发展规划，教师制定了个人发展规划，形成了衔接贯通的目标链。修订、完善各项工作制度 272 项，废止制度 80 余项，形成了完备的专业、课程、教师等方面完善的目标体系，形成了"一章八制"、教学与质量管理、学生教育与管理、科研推广与社会服务、财经内部控制、纪检监察、服务保障等 9 大制度体系；厘清了 45 个处、科级机构职责，修订完善处、科级干部职责 80 个，工作人员岗位职责 111 个，修订完善干部、教师、各类工作人员自我诊改工作标准 191 个；建立了部门、干部、教师、工作人员考核评价和自我诊断机制，确保制度和标准的有效执行。 （2）依据学院"十三五"发展规划，结合创新发展行动计划、陕西"四个一流"建设计划和学院专业建设基础，制定了学院专业建设规划，构建了以 19 个国内一流专业为引领，21 个省内特色优势专业为支撑，28 个学院标准化专业为基础的专业建设三级目标。依据目标链，修订专业建设制度 8 项，制定了三层次的建设标准，形成了与三级专业建设目标相适应的标准链。 （3）依据专业建设目标和课程定位，制定了课程建设规划，形成了国家、省级精品在线开放课程、学院线上线下混合课三级课程建设目标链。依据课程建设目标，制定课程建设标准，形成了三级课程建设标准链。通过人才培养方案系统领衔课程培养目标与标准，课程教学目标与标准，将人才培养目标、标准落到课程。	借鉴兄弟院校经验，不断加强理论、方法、手段的培训学习，转变思路，改变目标、标准的表述方式，进一步细化目标任务分解和标准的完善提升，做到目标能量化，标准可检测。

第二部分 陕西省高职试点院校自我诊断报告

续表

诊断项目	诊断内容	诊断结论	拟采取的改进措施
"两链"打造	确,具体,可检测,与自身基础适切。 5.学生是否制定了个人发展计划,个人发展目标是否与学校人才培养方案及素质教育相关要求相适切。学校是否建立了指导学生制定个人发展计划的制度。	准传递分解至各门课程教学目标与标准。各课程制定了课程教学标准,开展教学设计,使得课程教学目标、课堂教学目标与标准衔接贯通。 (4)教师个人根据"学院一分院一专业"三级师资队伍建设目标,按照"个体融人整体、整体支撑个体"原则,结合专业、课程建设规划,制定了个人5年发展规划。学院按照教师引人、培养、成长、发展、引领5个发展阶段,明确了发展目标,制定了具体、可检测的评价标准,形成教师发展标准链。 (5)学院制定了《"十三五"学生全面发展规划》和《学生层面诊改工作实施方案》,明确了育人目标和学生发展标准,指导学生全体专业依据专业人才培养方案,制定个人3年全面发展规划和个人学年发展计划,细化个人的发展目标与标准。出台了《关于进一步加强学生职业生涯规划设计、帮助指导学生进行职业生涯规划的意见》等制度。 2.存在的问题及原因分析 受多年传统定性分析习惯影响,部分目标和标准量化程度有待进一步加强。	
"螺旋"建立	1.学校是否建有规划和年度目标任务分解、实施、诊断、改进的诊断监测预警和改进运行机制,方法与手段是否便捷可操作。 2.是否建立了学校各组织	1.目标达成情况 (1)依据学院"十三五"发展规划,10个专项规划及10大工程实施方案,围绕学院事业发展的关键指标,以年度为诊改周期,全面建立了目标任务分解、实施、诊断、改进的"8字形质量改进螺旋",制定了部门(分院)年度(季度)目标任务书,明确工作任务和要求,实施目标报告、年考核制度,强化过程监测预警,推进目标任务组织和完成。2017年考核任务目标达成度为98.2%,截至2018年11月,2018年建设任务目标任务完成	1.改进年度(季度、月)目标任务的下达形式,细化年度、季度、月工作任务,进一步量化和具体任务,实施一页纸计划。 2.充分运用信息化监控平台,实施目标任务完

续表

诊断项目	诊断内容	诊断结论	拟采取的改进措施
学校层面（"螺旋"建立）	机构履行职责的诊改制度，方法与手段是否可操作，是否有效运行。 3. 诊断结论是否依据数据和事实求得，自我诊断报告的陈述是否明确、具体，改进措施是否有效。	率达96.80%，"十三五"建设规划任务目标总达成度为75.64%。 (2) 结合学院内部质量保证体系建设与运行工作要求，修订（分院部）年度考核办法，制定（修订）二级分院质量考核评价体系；制定（修订）（分院部）年度绩效工资分配办法；建立部门（分院）年度质量诊改报告（总结）制度等，以此确保学院各组织机构履行职责，持续诊改。 (3) 以年度（季度）目标任务为基础，实施部门、分院关键要素评价、季度点评、年度综合考核，校院二级质量年度报告制度，据此获取有效数据，分析查找问题，针对性提出改进举措。从2019年开始全面启用目标任务完成情况信息化监控平台，按月实施年度目标任务完成情况实时数据采集和实时监控，进一步加大目标任务完成情况的监督控制。 2. 存在的主要问题及原因分析 (1) 部门、分院（部）目标任务精准度及量化还不足。 (2) 制度创新完善还需持续推进。 (3) 目标任务的信息化实时监控和数据实时采集还不到位，运用信息化平台支撑作用有待完善和提升。	成情况的实时监控和数据实时采集，完善目标任务完成情况的监督，检查机制，进一步改进诊断分析方法和手段。 3. 进一步规范各部门相关业务工作流程，细化年度目标任务考核标准，创新制度建设，完善各类规章制度。
专业层面	1. 学校是否建立了专业建设质量诊改运行制度。诊改内容是否有助于目标达成，诊改周期是否合理，诊改方法与手段是否便捷可操作。 2. 现有专业是否都按制度实施诊改。	1. 目标达成情况 (1) 制定了《"十三五"专业诊断与改进工作规划》《专业和课程诊改工作指导意见》《专业建设规划》，以"3+1"学年为诊改周期，"8字形"质量改进螺旋"为运行单元的专业诊改制度。完善学术与教学委员会制度，制定各专业诊改实施方案，将专业建设目标任务，按年度进行细化分解，落实责任主体，明确责任，做到具体、可测、可实现、有时限，认真组织实施。将专业建设成果纳入部门关键要素考核	1. 进一步加强专业质量保证体系两级运行机制建设，完善校院两级的监督和激励制度，强化专业带头人及其团队建设的责任意识，形成良好的专业诊改氛围。

续表

诊断项目		诊断内容	诊断结论	拟采取的改进措施
"螺旋"建立	专业层面	3.诊断结论是否依据数据和事实获得，自我诊断陈述是否明确、具体，改进措施是否有效。	范围，通过季度点评、中期检查、专项督导、质量报告等机制，扎实推进诊改实施，确保目标如期实现。 (2)实现68个专业诊改全覆盖，按照诊改方案，明确年度建设目标，强化过程监控，不断改进提升。截至2018年11月，完成68个专业"十三五"期间计划任务1331项中的976项，目标达成度为73.33%。 (3)根据专业建设9个方面质控关键点，确定33个诊断内容，明确了控制主体。以信息平台、质量年度报告为支撑，做好专业监测预警，对照9个目标与标准开展自查，形成自诊报告，分析、查找存在的问题，针对问题提出具体改进措施。 2.存在的主要问题及原因分析 (1)各专业的诊改力度和推进力度还不一致。 (2)专业诊改的数据不健全，实时预警数据总体偏少。	2.不断完善学院教学管理平台、课程平台、顶岗实习平台与学院数据中心融合，为专业建设质量保证提供实时、有效、可靠的监测数据。
	课程层面	1.学校是否建立了课程建设与课程教学质量诊改制度。 2.现设课程是否都按诊改制度实施诊改。 3.诊断结论是否依据数据和事实获得，自我诊断陈述是否明确、具体，改进措施是否有效。	1.目标达成情况 (1)制定了《课程诊改工作规划》《课程设置管理办法》和《在线课程设置管理办法》等课程层面诊改工作制度，以1个学期/学年为周期，以"8字形质量改进螺旋"为诊改运行单元，围绕课前、课中、课后实时记录教学轨迹、学习效果维度进行课堂教学资源、教学活动，作业批改，过程眼踪评价，利用"优慕课"和"优课程"平台，开展课堂教学信息、教学质量监控，通过教学资源应用，推进课程建设，及时改进教学内容和方法。 (2)现开设诊改实现诊改全覆盖，强化过程监控，制定了年度建设任务考核办法，推进课程建设标准，将课程建设情况纳入教师年度考核内容，截至2018年11月，完成课程"十三五"期间计划任务6468项中的5043项，目标成度为77.97%。	1.继续加大教师信息化教学能力培训，大力推进混合教学，翻转课堂等多种教学方式改革，提高学生自主学习的积极性和主动性，提升课堂教学效果。 2.做好"优慕课"平台、"优学习"平台、教务管理平台与学院数据中心

续表

诊断项目		诊断内容	诊断结论	拟采取的改进措施
"螺旋"建立	课程层面		(3)课程从6个方面设置质控关键点,确定19个诊断内容。通过教务管理平台、"优幕课"教学平台,结合期中教学检查、季度点评、学期总结、年终总结进行监测,将监测结果与课程建设任务指标进行对照,对存在的问题提出针对性改进措施。 2.存在的主要问题及原因分析 (1)课程建设和课堂质量监控采用传统方法和信息化手段相结合的方法,还处于过渡阶段,尚不能完全利用大数据开展课程建设的全面监控。 (2)课程信息化教学资源建设和应用不均衡,教师信息化应用能力有待提升。	内部质量保证体系监控平台的对接和数据融合工作。做好课程建设和课堂教学其他各类数据的实时采集,确保数据准确、及时、规范、有效,为各课程诊断与改进提供依据。
	教师层面	1.学校是否建立了教师个人发展自我诊改制度,周期是否合理,方法是否便捷可操作。 2.所有教师是否都按运行制度实施诊改。 3.诊断结论是否依据数据和事实获得,自我诊断报告陈述是否明确、具体,改进措施是否有效。 4.教师在自我诊改过程中是否有获得感。	1.目标达成情况 (1)按照质量改进螺旋,认真分析,梳理已有制度,修订、制定了《教师量化考核办法》《年度考核办法》《聘期考核和年度考核办法》《绩效工资分配办法》等20多项制度,保障了教师层面诊改的有效运行。教师以年度诊改为周期,职称评审、分级聘任、绩效奖励等工作中,激励和引导教师在评优、职称评审、分级聘任等工作中。 (2)依据学院队伍建设规划,结合师资队伍和专业建设规划,细化分解为成个人年度工作计划,并将年度考核与诊改有机结合,开展了有效的诊改,形成年度诊改报告。 (3)学院通过质量监控平台实时记录教师发展轨迹。教师通过内部质量监控平台,显示预警指标。	1.进一步调研优化教师量化考核指标体系,增加客观计分分项,减少主观评价计分分项,体现师德风尚要素地位,加强过程数据实时采集,设置较为科学合理的预警线,实现及时反馈与提醒功能,通过外部干预帮助教师自身努力,确保年度工作任务和聘期工作任务的圆满完成,引导教师在轨良性发展。 2.发挥模范、名师引领

续表

诊断项目		诊断内容	诊断结论	拟采取的改进措施
"螺旋"建立	教师层面		统、科研管理系统、人事管理系统有关数据和年度量化考核结果等资料进行认真分析总结,具体的自我诊改报告客观,找准原因,分析到位,提出有效的改进措施。 (4)全院上下诊改内生动力显著增强,形成了人人都是质量生成的主体,诊断与改进成为自觉,由"要我改"迈入了"我要改"的良性循环改进状态,教师的获得感明显增强。 2.存在的主要不足与原因分析 (1)教师量化考核指标及分值还在探索实践阶段,尚待进一步完善。 (2)教师个人发展诊改机制尤其是外部干预机制有待完善。 (3)由于人事业务系统建立的时间较短,教师层面有些数据还未实现源头实时采集。	作用,增强教师的主人翁意识和自我诊改的主动意愿,树立人与学院发展命运共同体理念,促进个人诊改入脑入心,实时关注,切实提高教师个人发展规划的科学合理性和自我诊改报告的客观准确性,增强诊改的实效性。 3.在整体层面继续坚持"内培外引"的师资队伍建设策略,增加数量,优化结构,提升质量,并为教师个人发展创造便利条件和良好环境。
	学生层面	1.学校是否建立了引导学生进行自我诊改的制度,周期是否合理,方法是否便捷可操作。 2.所有学生是否按照制度实施自我诊改。 3.诊断结论是否依据数据	1.目标达成情况 (1)依据学院"十三五"发展规划和诊改工作总体方案,建立了以学年为周期,以"8字形质量改进螺旋"为运行单元的诊改工作机制。出台了《"十三五"学生全面发展规划》《"十三五"学生全面发展实施方案》和《学生层面诊断与改进实施方案》等制度,并对学生管理工作的18项制度进行了修订和完善,保证了学生诊改工作的有效运行。 (2)学生均按照学生诊改实施方案实施诊改工作,均制定了个人3年全面发	1.进一步加强学生的教育引导,正确认识诊改,积极主动诊改,增强学生诊改的内生动力。充分利用"三好"评比,奖学金评定等措施,激励学生自我发展。

高等职业院校教学工作诊断与改进实践探索

续表

诊断项目	诊断内容	诊断结论	拟采取的改进措施
学生层面	和事实获得，自我诊断报告的陈述是否明确，具体。是否根据自身基础进行改进。	展规划和个人学年发展计划，明确了发展目标和标准。利用《学生综合素质测评办法》《学生第二课堂成绩单》实时记录学生个人成长轨迹。依据学院质量监控平台、教务管理平台、学工信息系统，分析学生自身发展状态，呈现学生自身发展状态不足，不断改进，推动学生不断发展。 (3) 依据学生个人全面发展需求，从学生思想品德、行为规范、身心素质和职业能力等4个方面24个关键监控点，依托质量监控系统和学工信息系统，实时采集学生状态数据，通过学生综合素质测评，促进学生查找差距，改进提升。每学年基于平台数据和事实，学生依据3年规划和学年计划对目标达成度进行总结分析，形成个人诊改报告。 2.存在的主要问题及原因分析 (1) 学生综合素质测评部分指标难以量化。 (2) 学工信息系统应用不足，部分数据采集不够完善。 (3) 学生自我诊断与改进激励措施不够到位。	2.进一步加强学生综合素质教育，贯彻落实学院"四位一体"人才培养方案，落实学院《关于进一步加强学生综合素质教育的意见》，制定出台《学生综合素质提升行动计划(2019—2021)》，修订学院《学生综合素质评定办法》，增强科学性。 3.加强学生工作信息系统数据实时采集及分析应用。
"螺旋"建立文化与机制引擎	1.学校领导是否重视诊改工作，扎实推进，师生员工普遍能接受诊改理念，并落实于自觉行动中。 2.学校是否建立与内部质量保证体系相适应的考核激励制度，将考核与自我诊改用结合，体现以外部监管为主向以自我诊改为主的转变。	1.目标达成情况 (1) 学院成立了以党委书记、院长为组长的诊改工作领导小组，全面统筹、协调学院内部质量体系建设与运行工作，设立了由主管教学工作的副院长为主任的教育教学质量管理办公室(质量监督办公室)，负责诊改工作日常运行先后3个年度的教育教学质量诊改工作会均有诊改工作主题；学院内部开展全员学习培训，先后组织了6批次200余人次参加部学参加的推进，全院师生对诊改的认识水平和深度进一步提升，由"要我改"转变为"我要改"，质量理念深入人心，并转化为变思想观念。通过3年持续深入人的推进，全院师生对诊改的认识水平和深度进一步提升，由"要我改"转变为"我要改"，质量理念深入人心，并转化为	1.持续深入地开展诊改理论学习，进一步转变思想观念，提升认识水平，使改理念内化于心、外化于行。 2.进一步修订完善考核激励制度，使考核激励制度与自我诊改融合贯通

第二部分 陕西省高职试点院校自我诊断报告

续表

诊断项目	诊断内容	诊断结论	拟采取的改进措施
文化与机制"螺旋"建立"引擎"	我诊改为转变的走向。各个主体的自我诊改是否逐渐趋向常态化。师生员工对学校诊改工作是否满意和有获得感。	内生动力和自觉追求,形成了视质量为生命的价值文化,质量保障靠自己的自觉文化,质量发展需与时俱进的创新文化,咬定质量提升目标"照准目标,矢志不渝"的精神文化。 (2)结合内部质量保证体系建设与运行工作,学院修订了二级分院要素考核评价体系(修订了分院部)年度考核办法,制定了"三项机制""管理办法";修订了教师聘期考核绩效工资分配办法,教学科研成果专项奖励办法,学生评优评奖助办法等制度;制定了处级干部考核管理办法,制定了"三项机制";修订了教师绩效考核体工作量化考核办法,学生考核科研成果专项奖励办法,教学质量评估办法,通过修订完善绩效考核体系,建立了考核与自我诊改相结合的机制。 (3)通过持续诊断改进,学院质量保证组织机构更加健全,质量责任主体更加明晰,学校层面从规划、方案、组织实施到持续提升诊改报告工作已经全面建立,诊改成为全院师生的引擎,提升质量的引擎作为主体自我诊改的常态化从全院师生机制有待进一步完善。 2.存在的主要问题及原因分析 (1)常态化诊改理念需进一步固化。 (2)考核激励制度与自我诊改需进一步融合。 (3)各主体自我诊改的常态化机制有待进一步完善。	发挥导向作用,充分实现以外部监管为主向以自我诊改为主的实质转变。 3.加强与兄弟院校的学习交流,学经验、学方法,不断完善学院内部自我诊改常态化机制,提升自我诊改的质量和水平。
智能化信息化平台	1.学校建设进行了顶层设计,对平台建设是否按智能化要求平台架构是否能实时、常态化支撑学校诊改工作。诊改工作的以下功能:	1.目标达成情况 (1)制定了《学院"十三五"信息化发展规划》和《"十三五"信息化建设实施方案》,明确建设内容和实施步骤。累计投资近5 000万元,建成了能够常态化支撑学院质量保证的信息化环境。 (2)依托已建成的业务系统从办公流程、教务教学管理、学生管理、师生	1.积极推动业务系统的日常应用,在工作过程中完成数据的伴随采集,进一步加强各业务系统数据的集成与清洗,丰富数据

67

续表

诊断项目	诊断内容	诊断结论	拟采取的改进措施
智能化信息平台	(1)能够实现数据的源头、即时采集。 (2)能够消除信息孤岛,实现数据的实时开放共享。 (3)能够进行数据分析,并实时展现分析结果。 2.学校是否按照顶层设计蓝图,扎实推进平台建设。 3.学校在数据分析、应用方面开展了哪些工作,取得了哪些成效。	消费行为、上网行为等方面实现数据的源头、实时采集;完成了15个核心业务应用系统的集成融合,实现主要数据实时开放共享,信息孤岛逐步消除;与企业共同开发了内部质量监控平台,初步实现了监测预警实时、常态化,包括移动校园App在内的45个应用服务系统上线运行。 (3)统一了数据标准,实现数据对接,利用大数据技术,对学院、专业、课程、教师、学生5个层面进行数据的实时采集、动态监控、监控平台具有数据可视化、数据钻取、数据分析、数据预警和状态报告等功能,为教师、学生发展和行政管理、教学督导等提供数据分析。 2.存在的问题和原因分析 (1)各业务信息系统与数字校园平台集成融合的程度参差不齐。 (2)质量监控平台应用推广应用还不够充分。 (3)教职工信息化运用能力有待进一步提升。	中心的信息,满足数据共享,数据交换以及数据分析的需要,全面实现数据的实时、常态化采集和开放共享。 2.出台相关制度,推进平台应用。 3.加强队伍建设,有计划地安排对全院教职工进行信息化专项培训。

校长(签字):王周锁　　　　　　　　　　　　　　　　　　　　　2018年12月10日

注:1.报告内容必须真实、准确,务必写实,尽量不使用形容词和副词。
2.每一项的"诊断结论"需阐明目标达成情况、尚存在的问题及原因分析,建议在500字左右。
3.每一项的"拟采取的改进措施"需突出针对性、注重可行性,建议在200字左右。

西安航空职业技术学院
内部质量保证体系自我诊断报告

一、学校诊改工作概述

（一）学院质量基础

学院自建校以来，坚持传承军工传统文化，始终树立质量高于一切的意识。升格高职后，坚持"以学生为中心，以就业为导向，以质量求生存，以特色求发展"的办学理念，历经高职院校人才培养水平评估、国家高等职业示范院校建设，实现跨越式发展。"十二五"期间，学院坚持"控制规模、优化结构、转变方式、提高质量"的原则，积极向以内涵建设为主的发展方式转变，在构建质量保证体系方面做出积极探索。

（二）质量保证体系的建设与运行

2016年学院启动内部质量保证体系诊断与改进工作，12月面向全院印发《内部质量保证体系规划（2016—2020）》。2017年下半年，根据陕西省诊改专委会专家组的反馈意见，《实施方案》经多轮修订于2017年12月通过审核后，在陕西高职教学工作诊断与改进专题网站公布。

1. 全面打造"两链"，明确目标标准。学院结合航空产业、区域经济和学院发展实际，制定了"十三五"事业发展规划，明确了建成航空特色鲜明、国内一流、有国际影响的现代高职院校的总目标。以总目标为统领，学院还编制了人才队伍发展、专业建设与发展、学生素质教育发展等10个专项规划，各二级学院也对接学院发展目标，编制了包含不同层面内容的二级学院"十三五"规划，形成了上下衔接、层层落实的规划目标链。

以切实保障人才培养质量为目标，学院对现有制度进行废改立，进一步完善学院各层面、各项业务的工作标准。同时，依据规划的目标和任务，结合自身实际情况，完善各层面的发展标准，形成环环相扣的质量标准链。

2. 构建质量改进螺旋，推进自主诊改。建立全院质量保证组织体系，落实内部质量保证的主体责任。由学院党委书记、院长共同牵头，包括学院领导和主要职能部门负责人，成立学校质量保证委员会，指导、督促全院质量改进工作，设置质量管理中心，负责日常质量监控事务，成立各部门质量保证组，落实质量保证的责任。

完善诊断与改进的常态化机制。学校层面以管理部门为主体，以党政年度工作目标为起点，以一年为周期构建质量改进螺旋，持续提升部门管理水平，保证学院年度目标的实现。专业层面以专业团队为主体，对照专业建设年度目标，一年自我诊断一轮，持续改进，提升专业服务航空产业链和区域经济发展的能力，助推学院"双一流"建设。课程层面以课程团队为主体，对照课程建设年度目标，按课程实施周期进行自我诊断，增强课程对专业人才培养的支撑度。教师层面以教师为主体,对照教师年度发展目标,一年诊断一轮,不断提升教师的业务能力,优化教师队伍结构。学生层面以学生为主体,对照学生年度培养目标,一年诊断一次,引导学生提升综合素质,实现全面发展。

激发全院教职员工干事创业的动力,建立长效激励机制。学院建立了覆盖所有部门的全员绩效考核机制,在学校考核工作领导小组的领导下,考核工作办公室依据年度目标工作要点对全校党政部门进行年度工作绩效考核,对教学单位进行两级管理绩效考核。学院还不断完善质量工程奖制度,对取得成绩的教职工予以精神和物质奖励,营造了全员主动关注、积极参与的良好氛围。

加强对数据的采集、分析、应用,完善人才培养质量分析反馈机制。学院制定了《质量年报管理办法》《质量报告监控数据指标2018》,形成了包括二级学院质量年报、专项质量年报、学院质量年报的质量报告体系。还组织对人才培养状态数据、学生满意度等情况进行专题分析,与第三方合作对毕业生离校半年后的质量跟踪评价,通过收集、分析各方面反馈的数据,为学院决策提供有效支持。

3. 加快平台建设,提升应用水平。持续加大学院信息平台建设的投入,近年累计投入2 600万元。按计划建设了一卡通业务系统,实现了校内多种业务功能集成,提升了师生用户体验。建设了统一门户平台、统一认证平台、统一数据中心平台,逐步消除了业务系统间的孤岛状态。建设了教学质量监控分析平台,对学院发展状态数据、目标任务完成进度实现过程监控,推进了对数据的分析研究工作,帮助教师从数据收集、统计的烦琐劳动中解放出来,而在数据分析应用、预测预警发展趋势方面投入更多精力。

4. 持续推进诊改,获得重大突破。诊改工作开展以来,全院教职员工质量意识进一步增强,每项工作的目标、标准更加明确,取得的成效更加突出。学院在"创新发展行动计划"中主动承接44项任务、14个项目,各项工作按进程稳步推进。学院被确定为国家"优质校"和陕西省"一流学院"建设单位。被教育部确定为现代学徒制试点单位、国防教育特色学校,入围全国实习管理50强。立项建设国家高等职业教育专业资源库1个,获国家级教学成果二等奖2项,全国职业院校技能大赛连续3年获得嵌入式技术应用开发大赛全国一等奖,第四届"互联网+"大学生创新创业大赛获国家级铜奖1项,省级金奖5项,2018年全国职业院校教学能力比赛获国家二等奖1项、三等奖1项,美国数学建模竞赛斩获一等奖2项、三等奖3项。张超教授入选国家"万人计划"教学名师推荐名单,赵居礼教授获批二级教授。

5. 存在不足及下一步的工作方向。

(1)学院还需进一步完善诊改运行制度,加强对诊改中遇到问题的专题研究,持续补充、完善运行制度的内容,实现教学工作诊断与改进可持续和常态化。

(2)学院的标准体系还需进一步完善,增强标准内容的精细化,增强质控指标的有效性、可监测性。

(3)学院信息平台建设还需加大力度、持续推进,增强业务系统间数据融和程度,增强数据采集的实时性,实现数据监测预警的智能化,为学院精准施策提供科学依据。

二、学校自我诊断参考表

诊断项目	诊断内容	诊断结论	拟采取的改进措施
"两链"打造	1. 学校发展规划是否成体系，学校发展目标是否传递至专业、课程、教师层面，目标是否上下衔接成链。学校机构职责是否明确，是否建立了岗位工作标准、标准和制度的执行是否有效机制。 2. 专业建设规划目标、标准是否与学校规划契合，是否与自身基础适切。目标与标准是否明确、具体，可检测。 3. 课程建设设计（规）划目标、标准是否与专业建设规划契合，是否与自身基础适切。目标与标准是否明确、具体，可检测。 4. 教师与专业建设规划及专业建设规划等相关适切，教师是否制定有个人发展计划，目标与标准是否明确。	1. 目标达成情况 （1）学院建立了包括总规划、专项规划、二级学院规划等内容完整的"十三五"规划体系，明确了各领域、各层面的党政工作计划对接也将总的要求逐级落实到部门、个人，年终对任务完成情况进行考核。学院规章制度落实完善，确保了各项工作有标准、有规范。 （2）学院依据专业建设与发展规划，结合优质校和"双一流"建设的要求，制定了 11 个骨干专业建设方案，11 个一流专业（建设、培育）建设方案，各专业都能依据产业发展需要和自身实际确定专业建设标准。 （3）各课程团队根据学院课程建设规划以及专业人才培养方案等，确立了课程建设目标，完善了课程标准。参照在线开放课程技术指标制定了 28 门在线开放课程建设方案，明确了建设标准和要求。 （4）学院制定了师资队伍发展规划，各二级学院结合自身发展目标，规划了师资队伍建设的内容，教师结合所在专业发展目标制定了个人发展规划。 （5）学院制定了学生素质教育发展规划和学生发展评价标准，学生结合学生素质培养目标要求，在教师团队的指导下制定个人成长规划、职业生涯规划。 2. 存在的问题及原因分析 （1）标准的科学性还需要进一步加强。	1. 对学院"十三五"规划执行情况进行专题数据分析，结合高职教育发展变化，适时调整发展规划内容，增加新的发展指标。 2. 加强调查研究，各层面的目标、标准要根据外部需求和内部发展需要不断调整，适时进行更新完善，确保学院发展持续推进，实现螺旋式上升。

续表

诊断项目	诊断内容	诊断结论	拟采取的改进措施
	确、具体、可检测，与自身基础适切。 5.学生是否制定有个人发展计划，个人发展目标的确定是否与学校人才培养方案及素质教育相关要求相适切。学校是否建立了指导学生制定个人发展计划的制度。	（2）量化指标的数量还需增加。	
"螺旋"建立——学校层面	1.学校是否建有规划和年度目标任务分解、实施、诊断、改进的诊改运行机制。实施过程是否有监测预警和改进机制，方法与手段是否便捷可操作。 2.是否建立了学校各组织机构履行职责的诊改制度，方法与手段是否是否有效运行。 3.诊断结论是自我诊断数据和事实获得，自我诊断报告的陈述是否明确、具体，改进措施是否有效。	1.目标达成情况 （1）学院建立了按自然年为周期的诊改工作机制。规划部门上一年末依据"十三五"规划整体要求，编制学院年度工作计划，印发学院年度党政工作要点，将各项工作分解到部门，由部门按重点工作分解责任到人。实施过程中，通过重点工作督办机制、校园巡查机制以及质量监控分析平台的监测预警，及时督促改进。每年9月对确需进行调整的重点工作任务，经学院党委会研究同意后，办理任务变更手续。年终，基于所有部门目标达成度进行考核。 （2）学院内设机构部门健全，有岗位职责标准，并编制了质量手册，当年重点工作任务完成情况进行自我诊断，每年提交自诊报告，对上年发现问题的改进效果、各部门根据自身实际，并能根据学院发展需要适时完善。各部门根据自身实际，并能根据学院发展需要适时完善。 （3）学院依据各系统汇总数据，开展专题分析，对存在的问题向相关业务部门提出改进措施。	1.进一步加强对部门的检查、督导，为各业务部门工作开展诊改提供有效指导，把控工作方向，确保工作目标予以实现。 2.挖掘校本数据平台潜力，实现对成成目项目任务目标达成度，实现及时预警反馈。

第二部分　陕西省高职试点院校自我诊断报告

续表

诊断项目	诊断内容	诊断结论	拟采取的改进措施
"螺旋"建立 — 学校层面	1. 学校是否建立了专业建设质量诊改运行制度。诊改内容是否有助于目标达成,诊改周期是否合理,诊改方法与手段是否便捷可操作。 2. 现有专业是否都按制度实施诊改。 3. 诊断结论是否依据数据和事实获得,自我诊断报告陈述是否明确、具体,改进措施是否有效。	行动计划、"双一流"建设等重点工作稳步推进。学院"十三五"规划总体推进正常,部分目标已经达到。 2. 存在的问题及原因分析 (1) 在诊改实践过程中,学院诊改制度还需进一步优化、完善。 (2) 对数据分析应用水平还需进一步提升。	
"螺旋"建立 — 专业层面		1. 目标达成情况 (1) 制定了《专业与课程层面诊改实施办法》,明确了专业诊改指标体系,建立了以一年为轮次的专业诊改质量改进螺旋。以专业团队为主体,年初根据上一年诊改情况,明确年度专业建设目标,细化建设标准,夯实责任分工,形成专业年度目标与任务计划表,纳入部门年度对接计划中。利用学院数据平台,结合教学"三查"和学院、教务处、二级单位三级督导、实施监测预警,诊断存在的原因,查找存在的问题,激励学习创新,不断改进提升。年末,开展自我诊改,纳入二级单位考核,总结建设成效。学院将专业建设年度目标达成度纳入二级单位考核中,进行量化考核。 (2) 现有专业全部按照诊改实施方案和相关制度实施诊改,促进专业建设质量持续提升。 (3) 依据专用平台采集数据,加强中心和教务处自我诊改和管理,从10个维度19类诊断指标,对接相关业务系统和专业自我诊断报告,形成专业自我诊断报告。分析目标任务完成情况,并转化为下一轮诊改目标任务。 2. 存在的问题及原因分析 (1) 专业诊改过程实时监测预警数据偏少。 (2) 专业建设相关制度有待进一步完善。	1. 建立专业诊改数据月报制度,加强对数据采集平台、专业资源库平台等系统数据的应用,及时监测预警分析,保证专业建设质量。 2. 继续完善《专业人才培养方案修订意见》等相关专业建设标准,不断规范专业建设过程,提高专业人才培养质量。

续表

诊断项目	诊断内容	诊断结论	拟采取的改进措施
"螺旋"建立 课程层面	1. 学校是否建立了课程建设与课程教学质量诊改运行制度。 2. 现设课程是否都按诊改制度实施诊改。 3. 诊断结论是否依据数据和事实获得，自我诊断报告的陈述是否明确、具体，改进措施是否有效。	1. 目标达成情况 （1）学院制定了《专业与课程层面诊改实施办法》，明确了课程层面诊改指标体系，建立了以课程实施周期为轮次的质量改进螺旋。课程层面诊改以课程团队为主体，以课程建设目标和培养目标初始为起点，制定期初课程建设目标设计，调动现有资源，创造条件，有重点地打造精品和特色课程资源，鼓励教师探索线上线下混合时记录课程教学运行轨迹，实施过程中广泛利用"智慧职教云""蓝墨云班课"等云平台实据反馈分析，监测预警，及时调整课程教学内容，改进课程教学方法。课程结束后，学院对课程建设的完成情况进行评估。 （2）学院现开设课程全部按照诊改实施方案和相关制度实施诊改，不断改进，提升课程建设质量。 （3）借助课程实施相关数据平台，从 8 个维度 40 项诊断指标，对课程诊改情况进行数据分析，开展自我诊断与改进，形成课程自我诊断报告。分析目标任务完成情况和目标达成度，找出问题并剖析原因，提出明确的改进措施，并转化为下一轮诊改目标任务。 2. 存在的问题及原因分析 （1）课程资源建设还不够丰富，线上线下混合式教学模式应用程度不够。 （2）课堂教学质量监控还需进一步完善。	1. 依托学院现有资源库，在线课程、骨干专业建设等项目建设基础上，加强顶层设计，调动现有资源，创造条件，有重点地打造精品和特色课程资源，鼓励教师探索线上线下混合式教学模式改革。 2. 充分发挥信息化在课程改革中的应用，加大教师信息素养能力的培养，不断完善信息化教学督导评价体系，全面监控课程实施质量。
教师层面	1. 学校是否建立了教师个人发展自我诊改制度，周期是否合理，方法是否便捷可操作。 2. 所有教师是否都按运行。	1. 目标达成情况 （1）建立了教师层面的"8 字形质量改进螺旋"，形成了教师发展的目标链、标准链。实施了切实有效有力的诊改工作，保证了教师层面诊改工作的有效运行。	1. 进一步完善教师外部干预机制和激励机制，充分发挥绩效考核、岗位设置、职称评审等指挥棒

续表

诊断项目	诊断内容	诊断结论	拟采取的改进措施
教师层面	3.诊断结论是否依据数据和事实获得,自诊断报告和陈述是否明确、具体,改进措施是否有效。 4.教师在自我诊改过程中是否有获得感。	制度实施诊改。 (2)所有教师以专业发展为依托,按照学院和所在单位的发展目标,并按照发展规划予以实施。 (3)依托数据平台,围绕师资队伍发展状况、对教师个人发展中存在的问题、漏洞进行及时准确的预警反馈及时自我诊断改进。 (4)教师层面成果突出,获得感明显增强。 2.存在的问题及原因分析 (1)教师发展外部干预机制和激励机制基本形成,但还需进一步完善。 (2)教师层面有些数据未完全实现源头实时采集,科研能力方面相对滞后。 (3)高水平的领军人才较少,教师队伍在创新、科研能力方面相对不足。	作用,激发教师的内生动力。 2.不断完善师资管理数据平台,实现数据采集的及时性,通过监测、预警,找准自身定位,找差距,补短板,提升教师个体的积极性,调动教师队伍的整体实力。 3.以人才会议相关精神为指导,有计划地引进和系统培养高水平领军人才,提升创新、科研能力。
"螺旋"建立 学生层面	1.学校是否建立了引导学生进行自我诊改的制度、周期是否合理,方法是否便捷可操作。 2.所有学生是否按制度实施自我诊改。 3.诊断结论是否依据数据和自诊断报告是否明确、具体,陈述是否明确、具体,改进措施是否根	1.目标达成情况 (1)制定了《学生自诊实施办法》《大学生人发展规划制定办法》《学生综合素质测评办法》,以1年为周期,以"8字形质量改进螺旋"基本要求推动学生层面的诊改,保证学生按要求实现自我诊改,自我提高。 (2)2017级学生按照要求按学年制定了个人成长规划,2018级学生制定了个人职业生涯规划。每年底根据个人综合素质测评,结合一年来自身实际表现,分析不足,编写个人规划总结。 对照学生发展质量要求,结合综合测评86个质控点,依托易班平台、教务系统、心理健康测试系统等形成最终综合素质得分,体能测试系统等形成最终综合素质得分。	1.加快学工一体化平台的建设进度,进一步提升学生管理、服务的信息化水平,与易班平台实现对接高度融合,丰富学生发展状态数据的类型,实时采集,实时监测,预警反馈的效性。 2.进一步优化学生综

续表

诊断项目	诊断内容	诊断结论	拟采取的改进措施
学生层面	据自身基础进行改进。	及时反馈，激励学生查漏补缺，取长补短。 2.存在的问题及原因分析 （1）易班平台对学生思想、学习等方面的状态数据挖掘还需进一步加强。 （2）学生综合素质测评部分指标难以量化。 （3）学生个人发展规划还需进一步加强指导。	合素质评价体系，更好地完成学生综合评价，进一步发挥好预警功能，引导学生实现全面发展。 3.对全体学生加强个人规划包括职业生涯规划的指导，及时总结，不断改进，推动学生不断自我完善，自我发展。
"螺旋"建立"文化与机制引擎"	1.学校领导是否重视诊改，扎实推进，师生员工普遍能接受诊改理念，并落实于自觉行动中。 2.学校是否建立与内部质量保证体系相适应的考核激励制度，将考核与自我诊改相结合，体现以外部监管为主向以自我诊改为主转变的走向。 3.各个主体的自我诊改是否逐渐向常态化。师生员工对学校的诊改工作是否满意和有获得感。	1.目标达成情况 （1）由学院党委书记、院长共同牵头的学校质量保证委员会，负责统一指挥、协调，督促全院开展质量保证体系的建设和运行。设置质量管理中心作为日常办事机构，负责全院内部质量保证体系建设的协调和组织。各部门成立质量保证组，检查、督促、落实本部门的质量保证责任。 （2）学院组织教师外出参加专题培训，邀请校外专家作专题报告，发放诊改书籍，建立诊改专题网站提供学习交流平台，开展质量建设案例征集，各部门组织内部学习交流，提升全体师生员工对质量要求的认同感。 （3）2017年，学院持续推进两级管理考核指标体系的改革，对考核指标进一步优化，体现促进改革和成果导向的要求。出台《党政后勤部门考核办法》，实现全院绩效考核全覆盖。启动廉政风险防控体系建设，对照工作职责，查找流程上的风险点，提出改进措施，防范廉政风险。出台《领导干部考核办法》《党政部门实施办法》等考核激励容错纠错，能上能下实施办法，提出改进措施。	1.随着学院所处的不同发展阶段，考核制度指标体系要适应高职教育发展的趋势，实现不断的优化创新，引导教职员工将个人发展更好地融入学院发展之中。 2.奖励体系在重视成果导向的同时，还应进一步加大对踏实青干、默默奉献的一线教职员工的表彰和奖励，让每个岗位都有更强的获得感。

续表

诊断项目	诊断内容	诊断结论	拟采取的改进措施
文化与机制"螺旋"建立"引擎"		制度，全院师生质量主体意识不断强化。 (4)通过诊改的持续推进，师生员工对努力的目标方向更明确，标准要求更清晰，常态化的人才培养质量自主保证机制逐步形成。各二级学院人才培养质量年报发布已成为常态，学院质量报告体系更加完善。修订了《质量工程奖励办法》，制定了《教职工奖励管理办法》等，教职工的发展动力和创新活力进一步被激发，在不同岗位上做出了更多的贡献，为学院"双一流"建设提供了更有力的支撑。 2.存在的问题及原因分析 (1)部门质量环境文化还需进一步加强，要更加凸显自身特色。 (2)内部质量保证运行机制还需要持续优化。	
智能化信息平台建设	1.学校是否按照智能化要求对信息平台建设进行了顶层设计，平台架构是否具有实时、常态化支撑学校诊改工作的以下功能： (1)能够实现数据的源头、即时采集。 (2)能够消除信息孤岛，实现数据的实时开放共享。 (3)能够进行数据分析，并实时展现分析结果。 2.学校是否按照顶层设计	1.目标达成情况 (1)学院制订了《数字校园建设规划》和《"十三五"校园信息化建设发展规划》，成立了信息化建设工作领导小组，依据规划，已建成了支撑诊改工作的信息化环境，基本能够支撑学院的诊改工作。 (2)依据规划要求，大多数部门业务应用信息系统已经基本建设完成并应用。制定了信息规范、信息编码和数据交换标准，建立了校园信息门户平台，实现了大多数业务系统的统一身份认证机制，统一的信息门户平台，建立了校本数据中心，开始消除学院的信息孤岛，逐步实现数据融合与共享。 (3)学院建立了教学质量监控分析平台，可以通过其他信息系统对接采集相关数据，可以对学院"十三五"发展目标完成情况，学院年度重点工作完成情况进行监控预警，督促改进。	增强对信息化系统建设和应用的意识，加紧制定教育信息化2.0新时代下的《智能校园建设规划》。 进一步加强在教育教学信息化方面的统筹规划，建立具有统一标准的开放智慧教室、智慧教学平台，建立多元的虚拟网络综合教育教学环境，改革传统教育教学模式。鼓

续表

诊断项目	诊断内容	诊断结论	拟采取的改进措施
智能化信息平台建设	3. 学校在数据分析、应用方面开展了哪些工作，取得了哪些成效。	蓝图，扎实推进平台建设。 2. 存在的问题及原因分析 （1）部分业务系统的建设和应用还需加强。 （2）在教育教学方面的信息化应用还需进一步统筹规划、完善功能。 （3）教学质量监控分析平台的功能还需要完善细化。	励教师参与信息化教学大赛，提升信息技术素养。 3. 持续丰富教学质量监控分析平台的应用内容，通过深入的数据挖掘来给学院的各项管理服务工作提供决策依据。

校长（签字）：求居礼　　　　　　　　　　　　　　　　　　　　　　　2018 年 12 月 10 日

注：1. 报告内容必须真实、准确，务必写实，尽量不使用形容词和副词。
2. 每一项的"诊断结论"需阐明目标达成情况，尚存在的问题及原因分析，建议在 500 字左右。
3. 每一项的"拟采取的改进措施"需突出针对性，注重可行性，建议在 200 字左右。

陕西国防工业职业技术学院
内部质量保证体系自我诊断报告

一、学校诊改工作概述

(一)总体情况

学校诊改工作自 2016 年 6 月启动以来,经历了 4 个阶段。

第一阶段:2016 年 6 月—2016 年 9 月,学习诊改相关文件,参加诊改培训,统一了思想,提升了理念,初步完善了内部质量保证体系。

第二阶段:2016 年 9 月—2017 年 6 月,展开校内诊改试点,完成 9 个专业、12 门课程、28 个部门的诊改。对诊改实操工作进行了初步探索,明晰了诊改全覆盖的实施路径。

第三阶段:2017 年 6 月—2017 年 12 月,完成学院所有招生专业、所有课程、37 个部门第一轮线下诊改。确定"8 字形质量改进螺旋"运行机制;搭建起学校发展总体目标链、标准链以及五横层面相应的目标链、标准链,梳理了 153 个质控点,按照质量改进螺旋展开自主诊改。

第四阶段:2017 年 12 月—至今,基于教学质量管理平台,完成了 37 个招生专业、499 门课程、37 个部门第二轮线上诊改。运用初步建成的智能校园数据中心、教学质量管理平台等各业务系统,将学校"十三五"规划层层分解,在五横层面线上搭建目标链、标准链,并各自选定质控点,借助平台进行诊改。

(二)诊改成效

1. 学校层面。以学校"十三五"教育事业发展规划发展目标为统领,以 10 个服务保障"十三五"子规划为工作目标,按照一流管理、一流服务、一流保障的目标要求,构建了服务保障层面目标链和标准链。各职能部门提升服务理念、优化服务流程、改善服务环境、理顺服务关系,设计了 19 个通用质控点,聚焦服务教育教学开展自主诊改。

通过诊改,梳理学院制度 356 项,形成激励制度 28 项;制定了 29 个处级部门职责、83 个科室职责、164 个岗位的职责及岗位工作标准,使得职能部门服务教育教学质量的意识不断增强,质量理念深入人心,教职员工质量意识显著提高。学校成为中国高职高专竞争力 50 强院校,荣获 2 项国家级教学成果奖、1 项省级特等奖、1 项一等奖、1 项二等奖。

2. 专业层面。根据学校"十三五"专业建设规划及各专业的软硬件实力,确立了建设校内重点专业/校级特色专业、建设省级一流专业、建成国家骨干专业目标体系。设计了 32 个质量控制点,以年度为诊改周期,按照质量改进螺旋开展自主诊改。

通过诊改,3 年来建成 1 个教育部全国职业院校装备制造类示范专业、1 个全国职业院校健康服务类示范专业点,立项1个教育部"现代学徒制"试点专业、立项建设2个备选国家级专业教学资源库、立项2个教育部与中兴通讯战略合作示范专业;立项14个国家级骨干建设专业、14个省级一流建设专业,建成1个省级综合改革试点优秀专业,立项1个省级专业教学资源库建设。

3. 课程层面。499门课程完成线上诊改。确立了建设一批国家精品在线开放课程/国家行业课程培训包、省级精品在线开放课程/省级行业课程培训包、校级精品在线开放课程/校级课程培训包的建设目标,以学期为诊改周期,设计了35个质控点,围绕"教学团队建设、教学方式改革、教材教辅建设、课程资源建设、教学条件建设"等方面开展诊改。

通过诊改,形成了教师教学工作规范,立项建设19门精品在线开放课程,5门精品在线开放课程已经建成上线;荣获省级三等奖优秀教材2部。

4. 教师层面。聚焦学校"十三五"规划中师资发展目标,形成学校"十三五"师资发展规划、分院(部)"十三五"师资规划和个人发展规划三级目标链,建立了教师整体发展规划、引进和考评标准、分院(部)师资团队建设标准和教师个人发展标准的三级标准链。设计了37个质控点,以年度为诊改周期,制定教师引进标准和培养质量标准,将考核激励机制贯穿教师工作各个层面。

通过诊改,建立了人事管理系统,并和学校数据中心进行了数据对接;新增国务院特殊津贴专家1名、省级以上教学名师2名、二级教授2人、三级教授2名、博士8名;开展教师各类骨干教师专项培训、出国研修交流、企业实践锻炼。

5. 学生层面。由学校"十三五"规划、立德树人子规划、二级学院立德树人规划传达至学生个人职业生涯规划,设计了30个质控点,以年度为单位开展诊改。全体学生制订了职业生涯规划,分析自身的优势和不足,从思想道德、行为准则、身心健康、素质拓展、职业技能方面确立大学阶段的成长目标,分年度设置成长规划,进行自我改进。

通过诊改,在基础建设、军工特色、校园文化、创新创业、技能竞赛、体育素质方面均取得一定成效,学生思想道德、行为准则、身心健康、素质拓展、职业技能获得广泛提升。

6. 信息化建设方面。建成33个信息化业务系统,学校教学质量管理平台上线运行,数据中心与学校相关业务系统进行了数据对接,事务中心已有部分业务流程正在运行,且实现移动端访问。

(三)存在的问题与改进措施

存在的问题:质保体系有待进一步完善,数据支撑有待进一步加强,信息化建设水平有待进一步提升。

改进措施:一是细化五纵系统职能,逐步实现内部治理形态的转变;完善五横层面质控点,形成质量保证的全覆盖;加快教学质量管理平台和相关子系统建设,完善大数据分析和预警功能;持续推进激励制度改革,打造军工特色质量文化。二是持续进行数据清洗和治理;不断完善对通过物联网获取的数据;进一步丰富对数据中心的数据采集和维度。三是加快推进智能校园建设,逐步实现管理现代化;加快职能部门子系统建设,丰富数据中心数据信息;致力信息化资源建设和应用,实现教学形态的转变。

二、学校自我诊断参考表

诊断项目	诊断内容	诊断结论	拟采取的改进措施
"两链"打造	1. 学校发展规划是否构成体系。专业、课程、教师、学生层面，目标是否上下衔接成链。 2. 专业建设规划目标、标准是否与学校规划契合，是否与自身基础适切。 3. 课程建设计（规）划目标、标准是否与专业建设规划契合，是否与自身基础适切。 4. 教师个人发展目标的确定是否与学校师资队伍建设规划及专业建设规划等相关要求相适切。教师是否制订有个人发展计划及与之相应的目标与标准。 5. 学生个人发展目标的确定是否与学生全面发展要求相适切。是否建立了指导学生设计学业生涯规划的制度。学生是否制定有个人发展计划及与之相应的目标与标准。	1. 目标达成情况 （1）以学校"十三五"教育事业发展规划发展目标为统领，制定了学校、专业、课程、教师、学生层面的14个子规划，并形成了五横层面目标的各方面是上下衔接成链、学生基础性素质和发展性素质的各个方面是上下横层面目标与标准链。 （2）专业建设规划以学校"十三五"规划为依据，经广泛调研，制定了学校"十三五"专业建设与发展规划和10个二级学院"十三五"专业建设规划及分年度计划，细化目标体系。结合教育部等高等职业学校专业教学标准、悉尼协定国际专业认证标准推进专业国际认证、陕西省一流专业建设标准等目标，完善了学校专业建设标准。 （3）课程建设规划以学校总规划和学校课程建设子规划为依据进行课程开放课程建设目标、根据不同课程的建设条件，确定了院级、省级、国家级、省级精品在线开放课程建设目标，形成专业课程建设标准链。通过参考国家级、省级精品在线开放课程标准，制订院级开放课程建设标准，形成课程建设标准链。 （4）教师个人对学校和二级学院部教师团队建设、各院部教学团队建设、教师个人发展规划。从学院师资队伍建设、各院部教学团队建设、教师个人发展规划，形成教师发展标准链。 （5）依据学校"十三五"发展规划以及立德树人规划，构建了层级分明的学生全面发展目标与标准体系，在此基础上，结合人才培养需求和个人发展需求，指导学生制定了个人职业生涯规划、细化个人发展目标与标准。 2. 存在的问题与原因分析 （1）对于学生发展目标的确立，来源于自上而下的规划落实，对于不同	1. 完善人才培养方案和综合素质测评标准，完整体现出学生基础性素质和发展性素质的各方面，使学生在目标制订和标准参照方面具有更强的自主性和参与性，完善自我成长的质保体系。 2. 继续推行《学生工作二级管理办法》制度落实，细化管理责任，各二级学院加强制度建设，夯实标准支撑，为学生工作打下良好基础，学生发展打下良好基础。

诊断项目	诊断内容	诊断结论	拟采取的改进措施
"两链"打造	之相应的目标与标准。	学生特性的反映有所欠缺。(2)标准体系中二级院部层级的标准制度支撑较弱,主要依靠学校、职能部门的制度文件进行标准支撑。	
"螺旋"建立 学校层面	1. 学校是否建有规划和年度目标任务分解、实施、诊断、改进的诊改运行机制,实施过程是否有监测预警和改进机制,方法与手段是否便捷可操作。 2. 学校机构职责是否明确,是否建立了岗位工作标准和自我诊改机制,执行是否到位。 3. 诊断结论获得,改进措施是否有针对性,诊改报告的陈述是否明确、具体。	1.目标达成情况 (1)学校建成以年度为诊改周期的诊改运行制度,依据学校"十三五"总规划和分年度计划,制定学校年度诊改工作要点,具体落实到任务承担部门,按照"8字形质量改进螺旋"开展诊改。通过五横层面153个质控点,基于平台开展线上线下混合诊改,使核心指标的过程监测实现预警。(2)学校印发了《关于修订完善机构职责及岗位工作标准的通知》(陕国职党组发[2018]20号),使各部门进一步明确部门职责、岗位职责与工作任务,优化典型工作任务,梳理部门工作标准、岗位标准。通过修订部门工作标准和岗位标准,进一步深化目标实施责任制考核制度,推进诊改工作在全校范围有效开展。通过2017年线下诊改和2018年线上诊改,各部门自我诊改机制已经形成,相关制度调查表,直观反映学校各个部门的服务保障工作质量,并基于教学质量管理平台线上线下混合诊改给出诊断结论。结合诊断结论、分析原因,有针对性地提出改进措施。诊改报告是整合线上诊改和线下诊改生成的自诊报告,陈述明确、具体。 2.存在的问题与原因分析 (1)目前质量管理平台数据的实时性采集不到要求,尚不能实现实时预警。主要原因是数字化校园投入处于试点阶段,诊改相关制度有待加强。(2)学校诊改工作处于试点阶段,诊改相关制度有待进一步完善。	1.进一步加大数字化校园投入,推进一站式办事大厅等信息平台建设,提高广大师生办事的便捷性,提高质量管理平台数据来源的实时性,实现平台数据的实时预警。 2.进一步梳理和完善诊改相关制度,细化制度设计。

第二部分 陕西省高职试点院校自我诊断报告

续表

诊断项目		诊断内容	诊断结论	拟采取的改进措施
"螺旋"建立	专业层面	1. 学校是否建立了"8字形质量改进螺旋"的专业诊改运行机制。 2. 现有专业是否都按运行机制实施诊改。 3. 诊断结论是否依据数据和事实，是否对照目标标准，分析目标达成度，获得动因。改进措施是否有针对性。诊改报告的陈述是否明确、具体。	1. 目标达成情况 (1)按照学校《内部质量保证体系建设与运行实施方案》，基于"8字形质量改进螺旋"，建立了学校"8字形质量改进螺旋"，致力打造专业建设目标链与标准链，通过梳理20余项专业建设相关制度，合理设置了32个专业建设质量监控点，形成基于教学质量管理平台，按照"8字形质量改进螺旋"有效开展以年为周期的专业诊改运行机制。 (2)学校现有专业51个，有毕业生的专业37个。37个专业全部按照"8字形质量改进螺旋"开展了线上线下汇总诊改，并形成各自的自诊报告，专业质量持续提升。 (3)围绕10个二级学院37个专业，基于教学质量管理平台，对标开展线上线下混合诊改，得出建设目标与标准链，结合诊断结论，针对问题，分析原因，制定的改进措施有效。 2. 存在的问题与原因分析 专业发展不均衡，办学实力强的专业能严格对标严格针对诊断所出的问题提出改进措施，个别新兴专业自诊报告针对诊断所出的问题，深入分析不够，措施不全。	1. 要求37个专业严格按照"8字形质量改进螺旋"，通过"目标—标准—实施(一监测—预警—改进—设计)—诊断—激励—学习—创新"的不断循环，分析目标达成度或超越度，避免形成专业建设中的短板。 2. 严格根据专业建设管理办法淘汰与市场结合不紧密的老旧专业，加强新兴专业的基础设施建设和教师的培养。
	课程层面	1. 学校是否建立了"8字形质量改进螺旋"的课程诊改运行机制。 2. 现设课程是否都按运行	1. 目标达成情况 (1)依据学校《内部质量保证体系建设与运行实施方案》，基于"8字形质量改进螺旋"，建立了学校"8字形质量改进螺旋"，致力打造课程建设目标链与标准链，通过梳理22	1. 加大培训力度，以赛促教，从教师培训、企业培训、平台培训4方面入手，积极开展

续表

诊断项目		诊断内容	诊断结论	拟采取的改进措施
"螺旋"建立	课程层面	机制实施诊改。3. 诊断结论是否依据数据和事实,是否对照目标标准,分析目标达成度,获得动因和改进措施是否有针对性,诊改报告的陈述是否明确、具体。	项课程建设相关制度,合理设置了35个专业建设质量监控点,形成基于教学质量管理平台,按照"8字形质量改进螺旋"有效开展以诊改为周期的课程诊改运行机制,经过专家论证和试点后推向本学期学校教务系统所开设的499门课程实施。 (2) 目前本学期按校开设的691门课程,其中499门课程基于教学质量管理平台上线下混合诊改,并形成"8字形质量改进螺旋"开展了课程的诊改。 (3) 诊断结论依据学校教学质量管理平台的相关数据和教务处教学检查相关事实,对照课程层面的相关制度标准,依据教育部和陕西省教育厅相关制度以及我校相关制度标准,按照"8字形质量改进螺旋"开展了线上线下混合度在95%以上。结合诊断结论,形成自诊报告,针对问题,分析原因,制定的改进措施有效。 2. 存在的问题与原因分析 (1) 教师使用信息化手段进行课堂教学的能力有待提升,主要原因是培训力度不够。 (2) 课堂教学监测的手段和方式需要进一步提升。	基于信息化的课堂教学能力培训和相关比赛,带动教师积极利用课程平台开展教学活动。 2. 借助信息化手段,强化学校督导和二级分院督导联动听课机制,增强课堂教学质量效果。
	教师层面	1. 学校是否建立了"8字形质量改进螺旋"的教师诊改运行机制。 2. 所有教师是否按诊改运行机制实施诊改。	1. 目标达成情况 (1) 基于"8字形教师发展质量改进螺旋",建立了学校"8字形质量改进螺旋",通过梳理学校教师发展各环节的内涵,致力打造教师发展目标链与标准链,对照课程相关制度,合理设置了37个教师发展质量监控点,形成基于教师教学质量管理平台,按照"8字形质量改进螺旋"有	鉴于外聘教师工作特点,在推动外聘教师诊改中,采取分批次分步骤的方式,先将长期担任课程教学和实习指导教师纳

第二部分 陕西省高职试点院校自我诊断报告

续表

诊断项目		诊断内容	诊断结论	拟采取的改进措施
"螺旋"建立	教师层面	3. 诊断结论是否对照自设目标，依据自身所获绩效、差距和动因，诊改报告的陈述是否明确、具体。 4. 教师在自我诊改过程中是否有获得感。	效地开展以年为周期的课教师发展诊改运行机制。 (2) 教师按照诊改目标开展诊改。利用SWOT分析手段，结合个人发展情况，在个人能力发展、职称、职务发展、业绩提升等方面进行分析。明确自身未来发展中存在的问题和短板，结合教师个人成长和团队建设标准，合理制定个人发展规划和个人年度工作计划的制定，做好个人工作总结与年度目标，通过对标近期、中期、远期目标，有效提升诊改效果。 (3) 诊断结论是依据中、省及学校发展相关制度，对照教师发展层面目标链和标准链，通过合理设置教师发展质量控点，按照学校"8字形质量改进螺旋"开展了线上线下混合诊改。针对所发现的问题，进行分析，制定改进措施有效。 (4) 通过个人分析和比对差距，教师个人在成长中不断取得成绩。从学校师资层面看，各类高层次人才不断取得成绩，如国务院特殊津贴专家、教学名师、二级和三级教授等。教师方面开展人职培训、企业实践、骨干教师专题培训、出国研修学习等，各类发展形式不断丰富，教师的获得感明显。 2. 存在的问题与原因分析 外聘教师未进行全面诊改。主要原因在于外聘教师分布范围广，主要从事学生实践实习指导等工作，一般不集中在校，因此全面推进外聘教师诊改需要一个过程。	人诊改体系当中，在运行中探索外聘教师参与诊改的最佳方式，方便外聘教师参与诊改；在成熟的基础上，对于新聘的外聘教师从开始就纳入教师诊改的范畴，逐步实现教师层面诊改的全覆盖。
	学生层面	1. 学校是否建立了"8字形质量改进螺旋"的学生诊改运行机制。 2. 所有学生是否按运行机	1. 目标达成情况 (1) 基于"8字形自我诊断改进螺旋开展质量改进。以立德树人为根本任务，确立"十三五"规划和年度目标，构建中省、学校、二级学院、学生四级目标体系和标准体	1. 进一步规范学生诊断报告的数据，事实数据来源，全面系统地进行数据采集，不断优化激励机制，对

续表

诊断项目	诊断内容	诊断结论	拟采取的改进措施
学生层面	3.诊断结论是否依据数据和事实获得,诊断报告的陈述是否明确、具体,是否根据自身基础进行改进。	系,制定了《大学生职业生涯规划》范式,保证了学生诊改,保证学生诊改螺旋改进实施运行。 (2)所有学生按照质量改进实施螺旋,依据大学生综合素质测评标准,开展专业学习、社会实践、体育锻炼等;通过日常观测成绩,综合测评、质控点进行诊断、创新,在专业教师和辅导员的帮扶下,进行自我改进与革新。 (3)学生诊断结论以日常、阶段采集在校期间具体开展的学业学习、活动经历、获奖记录基本事实中产生。依据上述数据,从30个质控点进行分析,提供预警。学生结合系统出具个人画像,明确个人现状,根据预警信息开展自我改进。 2.存在的问题与原因分析 基于平台的自诊报告还有待完善,学生管理系统数据尚不完善,对于螺旋的理解有待提高。	目标达成度进行系统分析,综合考虑,生活状态等行为规范,生活状态等活动查找不足。 2.进一步加快完善学生管理系统,完善数据采集实时预警功能,完善学生行为规范、生活状态等数据采集的软硬件建设。 3.加强学生质量文化理念的培养,提升对质量改进的螺旋深层学习,创新平台,引导学生在诊改的过程中基于自主诊改实现质量提升。
文化与机制建立"螺旋"引擎"	1.学校领导对诊改的重视度与推进力度,师生员工接受诊改理念的广度和深度。 2.学校是否建立了与内部质量保证体系相适应的运行机制,体现以外部监管为主的自我诊改为主转变的走向。	1.目标达成情况 (1)学校成立了"内部质量保证体系诊断与改进工作领导小组",由书记、院长任组长,校级领导任成员,全面协调、统筹推进诊改工作;定期召开诊改工作例会,研究诊改工作中的重大问题;额外划拨15万专项经费用于诊改与探索;为每位教师配发了诊改学习书籍,编印了学习资料,组织相关人员多轮次进行校内外培训和学习交流;分层召开诊改交流汇报会,统一认识,提升理念,提升质量意识深入人心。	1.多层次全方位宣传现代质量文化观,弘扬"忠、博、武、毅"的国防职业教育精神,进一步加大军工特色的校园文化建设,利用学校的国防展馆大力弘扬军工特色质量文

第二部分 陕西省高职试点院校自我诊断报告

续表

诊断项目	诊断内容	诊断结论	拟采取的改进措施
文化与机制"螺旋""引擎"建立	3. 各个主体的自我诊改是否逐渐趋向常态化。师生员工对学校诊改工作是否满意和有获得感。	(2) 学校出台《校属单位"追赶超越"季度考核奖励办法(试行)》《党政干部鼓励激励、容错纠错、能上能下实施办法》等激励制度28项。修订了工作标准,进一步细化了岗位分工,规范了工作流程,各部门、各部门岗位责任和工作的质量主体意识不断提升。 (3) 目前已经形成自我诊改的常态化机制,全校各层面以"8字形质量改进螺旋"自主开展诊改,各质量主体责任已经全覆盖。各位教师都制定了教师个人发展规划,每位学生员工的自觉行为,诊改与改进已经成为师生员工的自觉行为,师生员工的满意度和获得感不断增强。 2. 存在的问题与原因分析 质量环境文化建设有待进一步加强,部门岗位工作标准有待进一步优化。	化,通过文化引领,把立德树人贯穿至人才培养的始终。 2. 进行充分调研论证,优化绩效分配制度,进一步实现量化考核,进一步优化部门职责和岗位工作的考核指标,建立更加有效的考核激励制度体系,充分调动广大教职员工参与学校教育教学改革的积极性、主动性和创造性。
智能化信息平台建设	1. 学校是否按智能化要求对学校信息平台建设进行了顶层设计,所设计的信息平台是否具有实时、常态下支撑学校诊改工作的功能。 2. 学校是否按照顶层设计蓝图扎实推进平台建设。 3. 学校在数据分析、应用方面开展的工作,取得的成效。	1. 目标达成情况 (1) 学校制定了《教育信息化建设实施方案》,对身份信息整合、数据融合、应用服务整合等功能进行了顶层设计,主要包括分用户管理的基础系统、全过程管理的支撑系统、全数据治理的扩展系统,是支撑学校诊改工作的重要数据展现平台,以数据为核心,对接数据中心及其他应用系统数据,从五横层面业务源头采集数据,诊断、改进。 (2) 目前,学校教学质量管理平台已经上线,数据采集工作已经与数据中心对接,通过数据交换,已经与学生管理系统、资产管理系统等业务系统实现了信息共享。数据中心统一身份认证、一站式办事大厅等业务系统实现了信息共享。	1. 加大数字化校园建设的软硬件投入力度,扩充学校数据采集中心的数据采集来源,进一步实现数据中心数据源头采集、实时采集。 2. 进一步挖掘平台功能,并根据学校实际化需要进行完善,不断增强信息化对五横层面的支撑。

87

续表

诊断项目	诊断内容	诊断结论	拟采取的改进措施
智能化信息平台建设		厅、数据采集、综合分析和校园移动端也已上线,实现数据源头采集,提供个性化信息展示和移动式信息查询。 (3)在数据融合的基础上,利用大数据分析技术,基本消除了信息孤岛,对学校、专业、课程、教师、学生五横层面进行画像,具有数据分析、数据预警、状态报告等功能,可以常态化支持学校诊改工作。 2.存在的问题与原因分析 平台建设投入不足,推进速度有待加快,平台数据的采集尚需全面,预警功能尚需进一步开发,数据清洗和治理仍需持续进行。	3.加快职能部门子系统建设,丰富数据中心数据信息,进一步完善数据清洗功能,细化数据分析,实现数据钻取和清洗,实现业务流程的再造。
			2018年12月10日

校长(签字):刘敏涵

注:1.报告内容必须真实、准确,务必写实,尽量不使用形容词和副词。
2.每一项的"诊断结论"需阐明目标达成情况,尚存在的问题及原因分析,建议在500字左右。
3.每一项的"拟采取的改进措施"需类出针对性,注重可行性,建议在200字左右。

陕西职业技术学院
内部质量保证体系自我诊断报告

一、学校诊改工作概述

(一)学院简介与质量文化

学院在教育部高职高专人才培养工作水平评估中获优秀等次,是陕西省首批示范院校、国家示范性骨干高职院校、国家优质高职院校建设单位,2016年完成西安外贸职工大学整合工作,2018年获得陕西省"一流学院"建设培育单位。学院遵循"立德树人、质量强校,校企合作、促进就业,创新发展、服务地方"的办学理念,紧紧围绕教书育人、立德树人这一人才培养质量目标,形成了"人人心中有'质量',校园处处是'质量'"的质量文化,不断彰显"低重心、综合性、基地式"的办学特色。

(二)质量保证体系建设与诊改工作实施概述

2016年3月,学院被确定为陕西省第一批试点院校,启动诊改工作,围绕教学工作以及追赶超越和创新发展行动计划、双一流建设等重大项目,结合常规教学检查,检查院系自我诊断专业、课程,教学运行环节、实训室、教室6S管理等情况,包括专业人才培养方案、课程标准、授课计划、班级教学日志等资料,11月制定了学院诊改实施方案。

第一轮诊改试点,2017年1月到2017年12月,从部门、院系工作以及专业、课程核心质控点开始诊改。2017年6月全面启动,先后举办培训、动员会、省内外调研共计4次,印发了《内部质量保证体系诊断与改进文件汇编》,8月启动部门、院系及专业、课程诊改试点工作,部门对照学院发展目标、年度工作计划,梳理管理制度、工作职责、目标责任、工作计划。与此同时,11月再次修订学院诊改实施方案,11月29日,学院实施方案经省诊改专委会审核通过,在省职教学会官网对外公布。

第二轮诊改,2018年1月到12月,在第一轮诊改试点的基础上,完善了内部质量保证体系架构和诊改组织体系,建立了较为完善的目标链和标准链,构建了"8字形质量改进螺旋",按照专业人才培养方案修订的原有机制,对照专业发展规划、建设标准、培养目标、适应岗位等,开展2018级人才培养修订前的调研等工作,2018年8月,进行2018年37个招生专业人才培养方案的修订论证工作,发布了专业、课程等诊改实施意见,五横层面全面按照复核工作指引,抓"两链",按照"8字形质量改进螺旋",基于信息平台开展诊改。全院11个教学部门、24个职能部门、37个招生专业(2018年新增专业除外)、课程、全体教职工及学生全部参与。各级质量主体责任不断加强。

1.学院层面。进一步梳理了学院诊改目标链和标准链,优化和完善了各级规划、计划和制度、标准、规范、工作流程等,建立了规划和年度目标任务分解、实施、诊断、改进的运行机制。形成了"学院—部门—院系—教研室(科室)—教师(个人)"五级质量管理,教职工的质量意识明显提高。

优化了学院内部质量保证机构设置,明确了部门、岗位职责,完善了相关制度。共梳理制度276项,修订、新出台86项。进一步完善了五横层面的质量保证制度,质量管理更具系统性。优化了"8字形质量改进螺旋",进一步明晰螺旋的内涵,诊改运行流程更加清晰、合理。

2. 专业层面。建立了专业发展目标链和标准链。结合学院"十三五"专业建设发展规划,37个专业制定了发展规划,不断优化人才培养方案,通过调研分析,制定了学院专业建设标准,按照国家骨干、省级一流、院级标准3级建设,形成了专业标准链,构建了"8字形质量改进螺旋",依据学院的专业诊断实施意见,基于信息平台自主进行专业诊断与改进工作,形成二级院系各专业诊改报告。紧跟市场需求,优化调整学院专业结构,2017年、2018年新增面向信息产业、通用航空以及陕西产业发展需求的新专业8个,撤销5个,推动电子商务、物流管理、学前教育、旅游管理优势专业凸显特色、创新发展,向国家示范、特高专业目标迈进,推进计算机应用技术、会计、动漫制作技术、工程造价、建筑工程技术、汽车检测与维修、技术、汽车营销与服务、空中乘务、市场营销、国际经济与贸易等省级一流专业建设,加强建筑工程类、金融商贸类、艺术设计类、电子通信类、制造运输类、文化教育类专业院级标准化建设。

按质量改进螺旋开展专业诊改的流程更加完善,形成了专业诊改工作机制。旅游管理专业获批全国职业院校旅游类示范专业,学前教育等14个专业立项为国家"骨干专业",14个专业同时入选陕西省"一流专业"建设项目,其他专业按照院级特色、标准专业进行建设。我院主持的旅游管理专业省级教学资源库已完成建设任务,参与的导游、会展策划与管理、投资与理财专业3个国家资源库正在建设中,参与的省级电子信息工程技术资源库在建设中。

3. 课程层面。根据学院"十三五"专业、课程建设规划,各专业制定了课程建设规划,明确了课程发展目标,形成了目标链。各课程依据学院课程建设规划制定了相应的课程标准,按照国家、省级、学院3级标准建设,形成了标准链。对所有必修课程构建了"8字形质量改进螺旋"。依托"职教云"等平台及其移动学习软件,要求全院所有授课教师的课程在"职教云"平台中进行课程资源建设与教学,创新发展行动计划中课程项目按照团队进行课程资源建设上传,具备信息化教学条件的应用平台开展混合式教学;不具备信息化教学条件的其他课程进行资源建设并对授课学生公开,课程资源包括:课程介绍、课程标准、授课计划、电子教案、教学课件(微课)、作业(习题库)、辅助资源等,所有资源必须是教师个人或团队自主开发,无版权争议。要求各二级院部利用平台进行不定期检查、监测、预警,督促授课教师进行课程建设、课程教学方式方法的改进提升,利用平台自主进行课程诊断与改进工作,依据学院的课程诊断实施意见,形成二级院系课程诊改报告,学院每学期进行一次课程建设、课程教学情况的检查评比,促进学院课程教学质量的提升。本年度立项建设课程95门,其中在线开放课程42门,应用课程平台开展混合式教学的人数达到346人。

4.教师层面。制定了学院"十三五"师资队伍建设规划。以"追赶超越"各项指标为目标,以"加强引进、重在培养、改善结构、提高水平"为建设原则,围绕学院建设"全省第一、全国领跑"的奋斗目标,坚持引进和培养并重,使用和管理并举,坚持以师德为先、优化教师队伍结构为重点。完善师资质量标准,构建了"8字形质量改进螺旋",开展教师层面的诊改工作。

完善师资队伍建设各项制度,建立教师考核评价体系,改进绩效考核评价机制。加大师资培训、高层次人才引进力度,着力于专业带头人、中青年骨干教师和教学团队的选拔和培养,建立一套有利于拔尖人才和教学名师脱颖而出的机制体制。加大教师下企业力度,提高"双师型"教师比例,力争建设一支数量充足、结构合理、师德高尚、专兼结合、教育观念新、实践能力强、综合素质高的适应高职教育发展需要的师资队伍。

5.学生层面。制定学生全面发展规划,建立了学生工作目标链和标准链。指导学生制定了《大学生个人成长规划》。加强学生思想政治教育阵地建设和教育载体建设,与预备役高炮师一团军民共建无人机分队,拓宽了学生爱国主义教育和国防教育的途径,同时实现学生国防教育军训从半自训到完全自训的转变。建立了学生安全与生活保障体系,建立了特殊学生资助与服务体系,初步形成了学生教育管理(服务)、学生个人诊断与改进的机制。

(三)聚焦数据支撑,构建校园共享数据中心

围绕"优化信息化软硬件环境、实现业务覆盖、依托数据支撑人才培养"对智能校园建设进行顶层设计。完善了信息化软硬件设施,建成了数字化校园平台及共享数据中心,建设和整合了迎新系统、教务管理系统、数字化学习平台、图书管理系统、学工管理系统、人事管理系统、财务信息查询、资产查询、一卡通系统、OA系统、班牌系统、门禁系统、多媒体设备管理系统、校情分析等14个业务系统,基本实现了学院业务系统全覆盖。打通了数据孤岛,实现了单点登录,统一了数据来源,梳理了中间库数据流向,逐渐形成规范、通畅的业务系统数据流转。数字化校园平台初步具备了5个层面诊改的源头实时采集、监测、数据分析功能。

(四)诊改运行工作机制

各层面建立了以"8字形质量改进螺旋"为运行单元的诊改工作机制,明确各层面诊改周期,学校以年度为周期,部门以年度为周期,专业以学年、三年培养期为周期,课程以学期或者学年为周期,教师以年度、学生以学期为周期,各质量保证主体自我诊改为主,师生员工的质量意识和内生动力进一步强化,建立了持续运行、长效的诊改机制。

(五)成效与存在的问题

学院各层面建立了目标链和标准链,落实了各层级的质量主体责任;建立了诊改运行制度,完善了学院激励考核机制,推动各层面质量改进螺旋的持续运行,促进了日常工作和重大项目进度,取得了一定的成效。学院成为"国家优质高职院校"立项建设单位、陕西省"一流学院"立项培育单位。承接了教育部《高职教育创新发展行动计划》中

的45个任务、12个项目和40个子项目。2018年学院获职业教育省级教学成果奖一等奖1项、二等奖1项。职业院校学生技能大赛,2017年获省赛二等奖12项、三等奖22项,2018年获国赛二等奖1项、三等奖2项,获省赛一等奖2项、二等奖10项、三等奖18项;教师参加信息化教学比赛,2017年获省赛三等奖1项,2018年获省赛一等奖1项、二等奖4项、三等奖15项;教师参加微课比赛,2017年获省赛一等奖3项、二等奖1项,2018年获省赛三等奖2项。"互联网+"大学生创新创业大赛,2017年获省级铜奖3项,2018年获金奖1项、银奖1项、铜奖2项。2018年获批教育部第三批现代学徒制试点项目。学院将诊改工作与其他重大项目协同推进,相互促进,提升学院教学水平和整体办学实力。

存在的问题:师生员工的质量意识有待进一步增强;彰显教育教学质量的品牌特色还不突出;信息化技术水平有待进一步提高。

二、学校自我诊断参考表

诊断内容	诊断内容提示	诊断结论	拟采取的改进措施
"两链"打造	1. 学校发展规划是否成体系，学校发展目标是否传递至专业、课程、教师层面，目标是否上下衔接成链。学校机构职责是否明确，是否建立了岗位工作标准，制度、标准和制度的执行是否有效机制。 2. 专业建设规划目标，标准是否与学校发展规划契合，是否与自身基础适切。目标与标准是否明确、具体，可检测。 3. 课程建设设计（规）划目标、标准是否与专业建设规划契合，是否与自身基础适切。目标与标准是否明确、具体，可检测。 4. 教师个人发展目标的确定是否与学校师资队伍建设规划及专业建设规划等相关要求相适切，教师是否制定有个人发展计划，目标与标准是否明确、具体，可检测。	1. 目标达成情况 （1）以学院"十三五"发展规划为依据，制定了专业、课程和师资队伍建设等10个专项规划，分年度进行任务分解，明确了实施部门及责任人，保证了任务的层层落实。35个部门职责明确，并有个人岗位职责（工作标准）和工作流程，制度、标准和标准都能有效运行。 （2）依据学院"十三五"发展规划，结合创新发展行动计划、双一流建设任务，编制了学院专业建设规划，依此各二级学院编制了专业建设发展规划和各专业建设规划，细化年度工作任务，形成专业建设目标链。依据创新发展行动计划并结合陕西省一流学院专业建设标准，完善了专业建设标准链。学院草拟了专业群带头人遴选及考核管理办法，加强专业的整合管理。目标与标准明确、具体，可检测。 （3）依据学院（部）各专业二级课程建设规划，结合院级、省级、国家级在线课程、课程建设要求及评审标准，学院混合式教学课程建设与应用管理暂行办法，修订了教师教学工作规范，学院教学任务安排管理规定等文件，全面推进课程建设与教学运行。目标与标准明确、具体，可检测。 （4）以学院"十三五"发展规划为统领，逐层分解目标规划，形成学校的二级学院编制了专业课程建设规划，各二级学院在线开放课程建设规划和课程建设规划。各课程结合自身基础和项目任务，细化分解了建设目标。各课程在线级、省级、国家级在线建设目标。先后出台了900多门课程标准。制定课程建设标准及课程建设方案。	持续推进诊改，将目标链、标准链的打造作为工作重点，设计更加实用的工作流程，不断完善工作标准，设计层面设计出更加合理和便于操作的质量控制点。

续表

诊断内容		诊断内容提示	诊断结论	拟采取的改进措施
"两链"打造		确,具体,可检测,与自身基础适切。5.学生是否制定有个人发展计划,个人发展目标是否与学校人才培养方案及素质教育要求相适切。学校是否建立了指导学生制定个人发展计划的制度。	目标体系。将目标层层分解落实,责任到人,教师个人结合学院、二级学院(部)和各专业三级师资队伍建设规划和专业、课程建设规划,制定了个人发展规划,形成了教师层面目标链。根据教师层面目标链,形成"引人一培养一发展一成熟"等4个发展阶段,构建"青年教师一骨干教师一专业带头人一教学名师"阶梯式发展标准,制定了教师发展标准,从教师引人、师德发展、激励、职称评聘,考核等6个方面形成了教师层面的标准体系建设和教师个人成长目标清晰、标准明确,可检测。(5)学院制定了育人发展规划,细化了个人发展标准,学生结合专业人才培养目标要求,制定个人发展规划,出台了学生个人发展规划教育指导意见等制度,帮助指导学生进行职业生涯规划设计。2.存在的主要问题及原因 有些标准的量化程度和质控点设置的科学性需进一步加强。	
"螺旋"建立	学校层面	1.学校是否建有规划和年度目标任务分解、实施、诊断、改进的诊改运行机制,实施过程是否有监测预警和改进机制,方法与手段是否便捷可操作。2.是否建立了学校各组织机构履行职责的诊改制度,方法与手段是否可操作,是否有效运行。	1.目标达成情况 (1)各层面年度目标依据学校发展规划和年度目标任务分解形成,按照"8字形质量改进螺旋"实施诊改,"目标一标准一设计一组织一实施一监测一预警一改进一诊断一创新一改进"开展工作的运行机制已经形成。 (2)完成了制度建设的顶层设计,共梳理制度276项,修订新出台了86项,并建立了学校各层面周期性诊改制度机制并有效运行。学校35个部门职责明确,职责和制度都能有效运行。自我诊断与改进的机制已经形成。 (3)以各业务系统数据为支撑,全方位进行监测与预警,线	1.通过优化顶层设计,分层逐步推进,进一步完善相关制度。2.加大"三全"育人理念的培训力度,将"8字形质量改进螺旋"融人工作流程中,持续办好学院教学工作诊断与改进专题网站。针对教学实际,为广

第二部分 陕西省高职试点院校自我诊断报告

续表

诊断内容		诊断内容提示	诊断结论	拟采取的改进措施
"螺旋"建立	学校层面	3. 诊断结论是否依据数据和事实取得，自我诊断报告的陈述是否明确、具体，改进措施是否有效。	上线下相结合，数据和事实相结合，全面开展各层面诊断工作，有效监控各质量主体的运行情况。形成各层级各方面自我诊断报告，内容具体、明确，改进措施有效。 2. 存在的问题与原因分析 (1) 构建了质量改进螺旋，通过运行，还存在着工作流程和工作措施不得力，各层面质量控制点设置还不够科学等问题。 (2) 开展了制度梳理工作，但相关制度仍需要进一步完善。 (3) 围绕教育教学全员全方位全过程的"三全"育人理念需要持续深化。	大师生提供一个学习交流的平台。
	专业层面	1. 学校是否建立了专业建设质量诊改制度。诊改内容是否有助于目标达成，诊改周期是否合理，诊改方法与手段是否便捷可操作。 2. 现有专业是否都按运行制度实施诊改。 3. 诊断结论是否依据数据和事实取得，自我诊断报告的陈述是否明确、具体，改进措施是否有效。	1. 目标达成情况 (1) 按照《陕西职业技术学院内部质量保证体系诊断与改进工作实施方案》，制定专业诊断与改进工作实施意见。明确专业诊改以学年和3年培养周期为诊改周期，分解细化学期、学年工作目标任务，教学过程即时监测、预警、调整，按照"8字形质量改进螺旋"开展诊改工作。 (2) 37个招生专业全部按照诊断改方案和管理制度运行和教学管理系统，从专业建设内容和教学运行多方位监控专业建设、发展以及教学过程中存在的问题。 (3) 诊改结果以业务系统为支撑，注重过程实结合，基于调研和数据分析，撰写诊改报告，总结发现问题，改进发现问题，改进措施，取得成效。	1. 加大专业结构优化调整力度，主动适应经济社会发展，以需求为导向，完善专业设置和退出的调研论证机制。 2. 深化校企合作，广教融合，一院一企，适应产业人才培养目标规格，加强专业课程体系和教学内容改革。 3. 以国家级、省级专业教学资源库建设，精品在

续表

诊断内容		诊断内容提示	诊断结论	拟采取的改进措施
"螺旋"建立	学校层面	1. 学校是否建立了课程建设与课程教学质量诊改运行制度。 2. 现设课程是否都按制度实施诊改。 3. 诊断结论是否依据数据和事实获得，自我诊断报告陈述是否明确、具体，改进措施是否有效。	2. 存在的问题与原因分析 (1)专业发展不均衡制约了学院专业整体水平，个别专业间的培养目标相似度较高，导致资源分散而缺乏竞争力。 (2)专业建设与产业发展的契合度有待提升。 (3)教学资源建设、教学方式方法不适应自主学习的需求。 (4)系统平台关于专业的数据较少，监测预警数据偏少。	线开放课程建设为抓手，加强优质教学资源建设，推进以学为中心的混合式、慕课等信息化教学方式改革。 4. 将专业建设任务细化、量化、定性与定量结合，定期监控和预警建设任务。
	课程层面		1. 目标达成情况 (1)按照《陕西职业技术学院内部质量保证体系诊断与改进工作实施方案》，制定课程诊断与改进工作实施意见，课程以学期、学年为诊改工作实施周期，按照"8字形质量改进螺旋"开展诊改工作。全院参与的946门诊改课程制定了相应的课程教学目标标准和课堂教学内容和教学方法等更加规范，课堂教学目标与课程目标有机衔接贯通，课堂教学方法较好地支持了课程目标与课标的达成，目标标准明确、具体，可检测。 (2)梳理了6个方面的标准，印发了《陕西职业技术学院混合式教学质量改进螺旋》，二级学院2个层级课程层面质量保证机构以及3个层级6个层面的标准、《陕西职业技术学院课程建设要求及评审参考标准》《陕西职业技术学院混合式教学课程建设与应用管理暂行办法》，完善了课程建设、课堂教学质量改进的诊改运行制度，对所有必修课程构建了循环上升的"8字形"质量改进螺旋，设置6大关键要素33个质控点，以质控点上升作为诊改实施的依据，使课程诊改内容有助于目标达成。	1. 加强课程资源建设，培育在线开放课程资源库，实现国家、省级在线课程项目的突破。 2. 落实混合式教学课程建设与应用管理暂行办法，加大建设和奖励力度，全部课程运用教学平台开展教学，基于平台开展学生比赛和评价，线上线下结合开展教学督导，增强质

续表

诊断内容		诊断内容提示	诊断结论	拟采取的改进措施
"螺旋"建立	课程层面		(3) 实施基于教学平台的课程诊改，使诊改方法与手段便捷目可操作性强。为保证平台实施诊改，课程对接一卡通考勤系统，依托"职教云"和"蓝墨云"教学平台以及"智慧树"教学资源平台，利用"职教云"和"蓝墨云"等移动学习实施信息化教学软件实施教学数据采集和事实获取，各课程自我诊断报告内容数据明确具体，诊断结论根据采集数据分析和措施有效。 2. 存在的问题与原因分析 (1) 校内综合实践、定岗实习教学目标、标准、考核需要完善，质量保证机制需进一步加强。 (3) 在线开放课程的数量较少。目前立项在建的在线课程仅有 42 门。 (3) 数字化课程应用不足。引进优质在线必修课 4 门，引进公共选修课数量较少。部分课程教学团队信息化技术能力不高，课程资源种类较单一，资源运用不足。部分课程缺乏优质教学信息化资源，需要进一步对信息化教学资源进行整合、丰富、完善与应用。 (4) 教师课程覆盖全部课程，在线教学与线下混合式教学能力有待提升，教学平台使用未能应用到线上质量监控。	量监控评价的时效性。 3. 继续与陕西师范大学教师发展中心、清华大学工业基础培训中心开展合作，拓宽培训教师层面，开展基于信息化的课堂教学能力，教师职业能力培训，以青带老，带动年龄较大的教师积极利用课程平台开展教学活动。 4. 加强实习实训课程教学平台的应用力度，实现线上质量监控。
	教师层面	1. 学校是否建立了教师个人发展自我诊改制度，周期是否合理，方法是否便捷可操作。 2. 所有教师是否都按诊改制度实施诊改。	1. 目标达成情况 (1) 建立了教师层面的"8字形质量改进螺旋"，依据学院"十三五"师资队伍建设规划，同时完善了教师发展激励与考核机制，出台《教师层面诊改实施方案》，保证教师层面诊改工作的有效运行。同时完善了教师发展激励与考核机制，将教师个人诊断与评优评先中，推动了教师不断自我改进效果应用到职称晋升、年度考核和评优评先中，推动了教师不断自我改进	1. 通过修订完善各项关于教师的奖励激励机制，目标责任考核办法和制度等，充分发挥制度的引导作用。

续表

诊断内容	诊断内容提示	诊断结论	拟采取的改进措施
教师层面"螺旋"建立	3. 诊断结论是否依据数据和事实获得，自我诊断报告的陈述是否明确、具体，改进措施是否有效。 4. 教师在自我诊改过程中是否有获得感。	和发展。 (2) 所有教师按照教师层面的诊改要求，以年度为周期开展诊改工作，按照学院、二级院（系、部）和专业的师资规划，结合个人实际，制定 5 年发展规划，按照标准逐步落实。 (3) 依托人事管理系统，实时监测预警，及时指导教师改进，围绕师资队伍建设和教师个人发展设定了目标值、标准值和预警值，并对其中的 6 个关键指标设定了 14 个质控点，依托校本数据平台，实时呈现教师在个人发展、教科研等方面的发展态势，对教师间的多维度进行对比和信息预警来促进教师不断寻找差距，反时改进发展。 (4) 通过诊改，教师的质量主体意识进一步提升，主动关注个人发展绩效并及时改进，成效显著，获得感明显增强。 2. 存在的主要问题及原因分析 (1) 教师发展外部干预机制和激励机制基本形成，但还进一步完善。 (2) 由于人事管理系统部分功能未充分开发，教师层面部分数据还未实现源头实时采集，监测与预警略显滞后，教师的发展轨迹变化体现不足。 (3) 教师个性化发展需求无法全部满足，分层、分类培训机制不健全，培训的精准度不够。	2. 强化人事管理系统功能。充分利用人事管理系统，采集师资监测大数据，借助数据平台对实施环节中的过程数据进行分析研判，提供预警反馈和决策依据。 3. 完善教师培训管理办法，逐步做好教师分层、分类培训，建立岗前培训、青年教师培训、专业带头人骨干教师培训等各级各类培训，不断提升师资培养的精准度。
学生层面"螺旋"建立	1. 学校是否建立了引导学生进行自我诊改的制度，周期是否合理，方法是否便捷可操作。 2. 所有学生是否按制度实	1. 目标达成情况 (1) 学生工作诊改以学年（学期）为周期开展，以"8 字形质量改进螺旋"运行诊改机制已经形成。结合学生个人基本情况，指导 2017 级、2018 级全体学生制定了个人成长规划，明确了成长目标。 (2) 围绕学生工作和学生个人发展，从学生思想品德、行为规范、身心	1. 全面加强学生综合素质的培养。通过特色化国防教育、高雅艺术进校园、校园文化艺术节、"三下乡"实践、心理健康教育

第二部分 陕西省高职试点院校自我诊断报告

续表

诊断内容	诊断内容提示	诊断结论	拟采取的改进措施
"螺旋"建立 学生层面	3.诊断结论是否依据数据和事实获得,自我诊断报告陈述是否明确,具体,是否根据自身基础进行改进。	素质、专业技能、职业素养、创新创业意识等6个方面,设置质量监控点,依托"钉钉"、教务系统,实时采集学生状态数据,对比分析,促进学生查找差距,改进提升。每学期基于学生平台数据和事实,学生对目标达成度进行总结分析,不断改进,推动学生不断发展。针对问题制定的改进机制和措施有效。 (3)建立了由学生工作部、二级院系、一线辅导员组成的诊改组织体系;修订了学生管理(服务)制度,优化了学生发展的奖励机制;改进学生自我管理模式,让学生参与到学生管理服务中,建立了国防教育学生早操、宿舍管理学生参与机制、周日返校等方面规范机制实施自我诊改。 2.存在的主要问题及原因分析。 (1)学生综合素质部分指标难以量化。 (2)学生管理信息系统尚不完善,自我管理、自我教育部分数据采集软硬件设施不够完善。 (3)学生综合素质差别大,自我管理、自我教育的思想状况随社会不良影响的波动起伏较大,表现为多元文化影响,部分学生对政治理论学习不积极,政治修养不够,个人言行容易受网络影响。对自己的发展不能客观认识,学习主动性不够,自我诊断与改进激励措施不够完善。	活动季、汉字听写大赛、读书月、中华诵、红歌赛等大学生活动,提高学生的综合素质。 2.创新学生党团活动载体。通过"社团建设"主题团日等活动,抓学生党团员、学生骨干教育管理工作,发挥优秀学生的示范引领作用。 3.加强学生工作管理系统的应用和数据监控。
文化与机制建立 "引擎"	1.学校领导是否重视诊改工作,扎实推进,师生员工普遍能接受诊改理念,并落实于自觉行动中。	1.目标达成情况 (1)学院建立质量保证委员会、党委领导,院长指挥,负责学院层面质量保证决策工作。成立学院诊改专家组,成员由中学院质量办公室、教学工作部、学生工作部,人力资源部等部门人员及校外专家构成,负责诊改	1.以质量文化为主题加强学校教学、工作等场所的环境营造,构建职业特色的现代大学质量文化,

续表

诊断内容	诊断内容提示	诊断结论	拟采取的改进措施
"螺旋"建立文化与机制"引擎"	2. 学校是否建立了与内部质量保证体系相适应的考核激励制度,将考核与外部监管结合,体现以自我诊改为主的走向。 3. 各个主体的自我诊改是否逐渐趋向常态化。师生员工对学校诊改工作是否满意有获得感。	务指导,质量体系的设计与考核诊断,制定质量保证体系建设方案和具体工作计划,保障诊改机制的持续有效运行,推广经验,监督执行,督办落实改进,向学院提出质量管理改进意见。 学院质量管理办公室协调质量保证体系运行以及质量诊断与改进工作的组织开展。定期召开诊改专题会议,研究解决诊改中存在的问题;每年划拨专项建设经费50万元,保证体系建设经费到位;为每位教师配发了诊改学习专刊书籍,编印了学习资料,组织各部门人员开展多轮次的校内外培训,学习和交流研讨活动,分层组织开展诊改交流汇报会,提升广大师生对诊改的认知水平。 (2)学院出台了《鼓励激励实施办法》《容错纠错实施办法》《干部约谈和函询制度》等考核激励制度。修订了教职工考核实施办法,处级干部和科级以下管理服务岗人员考核,主要从德、能、勤、绩、廉5个方面进行考核,重点考核工作实绩。教师考核主要从师德师风、教育教学、科学研究及其他4个方面进行考核,从教学工作量、教科研工作量进行考核,并予以量化,按年度和聘期进行考核。 (3)随着目标责任的不断落地,师生员工的工作目标标准更加清晰,质量主体责任更加明确。随着制度的不断完善,常态化自主保证人才培养质量的机制正在逐步形成,师生员工的自主生动力、自主满意度和获得感得到不断加强。 2.存在的主要问题及原因分析 (1)质量意识和文化还需进一步加强。 (2)激励机制还需要进一步健全。	引导全体师生员工将个人的质量意识和质量目标融入学院的质量目标和质量观念中,让广大师生在潜移默化中自觉以质量为标准。 2.进一步完善激励机制,充分调动广大职工参与学院教育教学改革的积极性、主动性和创造性,服务学生成才、服务教师发展。

续表

诊断内容	诊断内容提示	诊断结论	拟采取的改进措施
智能化信息平台	1. 学校是否按智能化要求对平台建设进行了顶层设计，平台架构是否具有实时、常态化支撑学校诊改工作的以下功能： （1）能够实现数据的源头即时采集。 （2）能够消除信息孤岛，实现数据的实时开放共享。 （3）能够进行数据分析，并实时展现分析结果。 2. 学校是否按照顶层设计蓝图，扎实推进平台建设。 3. 学校在数据平台应用方面开展了哪些工作，取得了哪些成效。	1. 目标达成情况 （1）学院制定了"十三五"信息建设发展规划（2016—2020），围绕"优化信息化软硬件环境，实现业务系统全覆盖，依托数据支撑人才培养"对智能校园建设进行了顶层设计。制定了《数据平台建设方案》，建成了能够实时、常态化支撑诊改工作的信息化环境。 （2）按照信息化建设规划，无后完善了信息化建设公共基础环境，建成了14个管理应用系统，实现在线办理、在线监控一站式服务。 （3）制定了信息规范，信息编码和数据交换编码，建立数据库，构件共享数据中心，统一身份认证平台和统一信息门户平台，与共享数据中心实时对接，基本能够消除信息孤岛，与共享数据中心实时对接，基本能够消除信息孤岛。 （4）建成数字化校园平台综合分析的数据分析功能。 2. 存在的问题及原因分析 （1）校情分析系统功能需要完善细化。 （2）部分教师和管理人员信息化素养有待进一步提升。 （3）信息化建设规章制度建设有进一步健全。	1. 继续深化平台功能开发，细化数据分析，完善平台预警机制，加强对5个层面的支撑。 2. 加大师生信息化应用培训，提高师生的信息化素养。 3. 完善学院层面和业务层面的规章制度，健全体制机制，实现信息化建设和教学管理工作的有机结合，提升学院现代化治理能力。

校长（签字）：刘胜辉　　　　　　　　　　　　　　　　　　　2018年12月10日

注：1. 报告内容必须真实、准确，务必写实，尽量不使用形容词和副词。
2. 每一项的"诊断结论"需阐明目标达成情况，尚存在的问题及原因分析，建议在500字左右。
3. 每一项的"拟采取的改进措施"需突出针对性，注重可行性，建议在200字左右。

西安铁路职业技术学院
内部质量保证体系自我诊断报告

一、学校诊改工作概述

西安铁路职业技术学院是一所轨道行业特点突出,国际合作优势明显的市属高职院校。学院创建于1956年,共有3个校区,占地700余亩,目前设有9个教学院部,31个职能处室,开设37个高职专业,教职工总数680人,全日制在校学生12 602人。自2016年9月启动内部质量保证体系诊断与改进工作(简称诊改工作)以来,认真落实教育部和陕西省教育厅有关诊改工作文件精神,遵循"需求导向、自我保证,多元诊断、重在改进"的工作方针,按照"系统设计,分层实施,全员参与,力求实效"的工作思路,以精准打造目标链和标准链为起点,扎实推进质量保证体系建设、机制建设和诊改工作,逐步形成了常态化、网络化、全覆盖,具有较强预警功能和激励作用的内部质量保证体系及运行机制,有效保证了"双一流"高职院校建设和人才培养工作质量。具体做法主要体现在以下几个方面。

(一)领导重视,强化组织,扎实推进

学院把建立系统化质量保证体系,形成常态化诊改工作机制作为一把手工程,成立了由学院党委书记、院长、副书记、副院长及相关部门负责人等组成的诊改工作领导小组,设立质量管理办公室,将学院"五纵五横一平台"质量保证体系诊断与改进工作实践与理论研究相结合,开展理论研讨,融入专家智慧,保证了内部质量保证体系建设和运行质量的科学性、系统性与针对性。

学院重视现代质量管理理念的引领作用,将学习培训贯穿于诊改工作全过程。通过多角色、多批次、多形式、多内容的学习、培训、调研走访等环节,使广大教职员工领会了精神、明确了思路、掌握了方法、营造了氛围。近两年来,参加诊改工作分类培训达1 300余人次以上。

学院施行领导分工督查制度,建立了诊改工作月例会制度、专题审议制度、三级考核制度等,强有力的组织领导和系统化的学习培训相结合,保证了各职能部门、二级院部按照建设要求和时间节点,高质量、高效率完成体系建设与运行机制建设相关工作。

(二)精准打造"两链",提升治理能力

学院把精准打造学校、专业、课程、教师、学生5个层面(简称各层面)的目标链和标准链建设作为诊改工作的切入点,将两链建设与组织运行作为诊改工作的切入点,围绕教育教学中心构建学院目标体系和标准体系。

1. 建设发展目标链，落实质量主体责任

学院以创建陕西省"双一流"学院和国家优质高职院校为目标，以"十三五"发展规划为统领，制定了学院层面的专项发展规划、部门发展规划、专业建设规划、课程建设规划、教学团队发展规划和个人发展规划，将目标具体化成项目，项目分解成任务，提出了每项任务的质量标准和控制点信息要求，通过任务分解表将任务层层落实到个人，形成了各层面相互独立又互为支撑的目标任务体系。在此基础上，学院组织将发展目标任务体系录入《西铁院目标任务管理系统》，通过数据平台实现了全院建设目标任务管理全覆盖，保障了自主诊改与绩效考核的常态化。

2. 健全发展标准链，提升发展内生动力

（1）完善现行管理制度体系。学院以构建现代大学制度体系为目标，从五纵机制和五横层面重新审视现行管理制度体系，立项研究各层面管理制度体系，开展了管理制度废改立工作，通过废除一批制度、修订完善一批制度、补充一批制度方式，形成了由国家及行业相关制度规范、学院基本制度、二级院部、处室管理制度以及各科室、年级（班级）制度等组成的制度体系。

（2）修订学院部门及岗位工作职责。学院以全员竞聘上岗为契机，成立专家组，系统化设计学院内控体系，细化工作任务，明确工作流程，进一步厘清部门职责，从细节上落实质量主体责任，并将目标链和标准链建设、质量改进螺旋建立与运行以及常态化诊断与改进工作纳入部门职责，从制度层面落实了质量主体责任，确保了诊改工作长效机制的建立和完善。

（3）制定各层面建设与发展标准，完善标准体系。学院各层面标准体系主要由发展性标准和程度性标准组成。其中，发展性标准主要是规范和引导质量主体发展过程的重要标尺，程度性标准主要是衡量质量主体发展程度的重要标尺。学院成立了各层面标准链研发团队，历经学习调研、起草、修订、征求意见、试运行等环节，补充制定了各层面建设发展及考核标准。在此基础上，学院相关职能处室、二级院部依据学院标准，完善各层面质量主体教学、工作、管理、考核等标准，从而完善了学院标准体系。

（三）分层推进，建立常态化的诊改工作机制

学院紧扣"8字形质量改进螺旋"（简称"质量螺旋"）的建立与运行机制建设，分层推进、分类指导、全员参与、层级考核，逐步形成各层面常态化诊改工作长效机制。一是加强学习培训，分层组织建立了多主体质量螺旋，建立了全过程管理工作机制，指导各级质量主体在做中学、学中做，做实"质量螺旋"各环节工作，保证诊改工作切实有效；二是建立全要素控制，实时信息反馈机制。学院运用质量螺旋工作方法，对重点工作流程进行了再造，运用平台数据实现了各层面质量主体数据管理、分析预警，实现了事前、事中、事后全要素质量控制与持续提升；三是建立常态化自主诊改与阶段性分级考核与激励机制。在日常工作中，各层面质量主体基于状态数据信息，对照工作目标与标准，常态化开展自我检查—自我诊断—自我反馈—自我整改。在此基础上，建立了学院、职能部门、二级院部、教研室、年级（班级）等分级诊改考核与激励机制。建立全院年度目标

任务绩效考核机制、激励机制和定期复核工作机制,从而形成了具有学院特色的质量保证体系诊改工作机制。

(四)建设智能化校园,打造综合信息管理平台

学院以建设智能化校园为目标,以诊改工作为契机,提出了"围绕核心、以线带面、纵向互通、数据共享"校本平台建设理念,融入"8字形质量改进螺旋",初步建成具有学院智能化的校本综合信息管理平台。

1. 统一数据标准,建设共享数据中心

建立学院共享型校本数据中心是开展诊改工作的基础保障。学院依据国家高等学校管理信息标准,制定了学院基础数据标准等,整合了现有业务系统,开发了数据仓库,逐步消除了信息孤岛,建成了校本数据信息中心,为智能化的管理信息平台建设打好基础。

2. 紧扣诊改需求,开发相关信息管理系统

学院紧扣各层面质量主体诊改信息需求,融入目标、标准体系、实施保障体系及考核评价体系主要指标和关键要素,相继开发了《学院目标任务管理系统》《专业发展信息管理系统》等6个信息管理系统,从信息化管理、信息化资源、信息化数据等方面实现各层面发展过程信息,推送与实时采集、共享与管理。各信息系统嵌入质量考核标准计算公式,随时掌控工作任务时间维度和进度维度,并比较分析工作任务完成的质量,形成了各业务系统之间信息传递及响应机制,为智能化综合信息管理平台建设奠定了基础。

3. 基于状态数据分析,建设智能化管理信息平台

学院基于校本数据中心,整合相关业务系统质量控制点状态数据,建成了具有实时数据监测、分析预警等功能齐备的校本综合信息服务平台,满足了不同角色质量管理需要和不同层面质量主体诊改需求,有效支撑了常态化开展诊断与改进工作,使"8字形质量改进螺旋"的工作方法融入综合管理信息平台,并在诊改工作中落地生根。

截至2018年11月20日,学院《内部质量保证体系诊断与改进运行实施方案》基本实现,5个层面质量管理信息系统基本健全,基础数据全面采集,状态数据实时采集,多主体诊改工作及考核全面完成,诊改制度业已建立,全院"十三五"发展目标项目共计1 302项,目标任务共计4 278项,总体完成率达79.98%。

二、学校自我诊断参考表

诊断项目	诊断结论	拟采取的改进措施
1.学校层面	1.围绕教育教学中心建立了学院发展目标链。学院以创建省级"双一流"和国家级优质高职校为目标,修订学院"十三五"发展规划,并制定了7个专项规划,将目标具体化成建设项目,项目分解成任务,任务落实到部门。全院31个院部,处全围绕教育教学中心明确建设任务,制定了部门发展规划,形成了学院层面建设发展目标链。 2.整章建制,压实质量主体责任,细化职责,构建学院管理运行标准链。学院成立了11个课题组对学院近10年(2006—2016年)发文颁布的350多项规章制度进行全面系统筛查,废弃落后制度130余项,修订完善了制度73项,补充了《教师发展指导委员会制度》《学生全面发展指导委员会制度》等37项管理制度。规范工作流程完善了学院内控制度体系,形成了以学院章程为总纲,由上级行政部门,学院基本制度以及部门管理制度组成的三级制度体系。 3.以聘四轮全员竞聘上岗为契机,制定了部门、科室及岗位工作职责,明确工作任务,细化工作职责,划分管理权限,厘清部门职责,细化工作任务,明确工作标准,明确工作方式,建成《西铁院目标任务及绩效考核办法》,建立部门工作质量主体责任,为全面质量管理和诊改工作奠定了坚实的基础。 4.依据"8字形质量改进螺旋",建立学院诊改"8字形质量管理全覆盖,将诊改工作制度融入平台,在此基础上,学院将"8字形质量改进螺旋",运用平台实现了全院建设目标任务及绩效考核的常态化。 5.存在的问题及分析。一是《目标任务管理系统》的运用,改变了传统工作方式,运用平台管理任务的习惯没有养成;二是平台数据在管理和考核工作中的作用发挥得还不够;三是运用平台自动实现移动端预警提示等功能还需进一步加强。 6.学院层面"十三五"发展目标项目共计804项,目标任务项目共计2 243项,当前完成率达63.3%。	1.将学院中长期建设任务、重点建设任务、年度目标任务以及临时任务等,全面实现平台管理,明确工作职责,加强平台数据监测,过程管理。 2.完善学院年度目标任务考核制度,修订学院绩效考核管理办法,强化运用平台数据开展考核机制。 3.进一步完善学院平台功能、管理系统平台功能,实时预警告知,分析多用户诊断,决策,多场所办公功能。

105

续表

诊断项目	诊断结论	拟采取的改进措施
2. 专业层面	1. 围绕人才培养目标建立了专业发展目标链。围绕学院办学定位和建设目标，制定了专业建设专项规划，二级学院结合自身实际，明确专业群建设发展规划。各专业则依据专业群发展规划，进行SWOT分析，明确专业建设发展规划，校企合作修订了人才培养方案。各级规划通过任务分解表将任务落实到人，建成了专业发展目标体系。 2. 规范专业管理与考核，构建了专业层面发展标准链。完善了专业层面各项管理制度，制定了西铁院专业发展标准，新设专业、一般专业和一流专业、专业群建设标准等，进一步完善专业质量保证体系。在开展专业层面诊改的基础上，总结经验固化成果，制定了专业诊改制度。 3. 遵循质量改进螺旋建立了诊改工作运行机制。建设了校本《专业发展信息管理系统》平台，完整采集了全院开设专业发展信息，各专业则在此基础上按照规范及标准开展质量改进螺旋，建立了专业层面质量改进螺旋，二级学院专业群建设质量改进螺旋运行机制。制定了《学院专业建设改实施办法》。 4. 存在的问题及分析。一是对全院专业群结构整体规划不足，存在个别专业建设重复现象，使各专业集群优势不明显；个别专业人才培养目标不明确，校企合作育人机制不完善，专业抗风险能力差。二是专业发展之间的不平衡，实践中存在重立项专业建设（点），轻非立项专业建设（面）的现实，个别专业优势不明显，内涵发展滞后。 5. 专业层面"十三五"发展目标项目共计156项，目标任务项目共计739项，当前完成率达84.1%。	1. 建立健全专业动态调整机制，激励机制，预警机制。 2. 加强专业顶层设计，重视专业集群发展规划，打造集群优势。 3. 完善专业发展状态数据，重视数据在专业发展中的作用，加强专业发展过程监管和成效评价。 4. 以重点专业建设为抓手，辐射带动相关专业与专业协调发展，不断优化专业结构。
3. 课程层面	1. 围绕教学目标建立了课程发展目标链。在明确专业建设与发展目标任务的基础上进行SWOT分析，明确各门课程定位和教学目标，遵循SMART原则，制定每门课程建设发展规划，细分建设任务，形成课程层面目标链。 2. 规范课程管理，构建了课程层面发展标准链。学院全面修订完善课程建设标准、课程核心课建设标准、专业核心课建设标准、精品在线开放课程建设标准、基础课建设标准、课评价等制度，制定了学院课程发展标准链。	1. 以一流专业与专业群建设为龙头，以网络公开课程建设为抓手，创新课程建设模式，完善课程建设机制。 2. 进一步完善平台功能，运用

续表

诊断项目	诊断结论	拟采取的改进措施
3. 课程层面	程资源建设标准等,各门课程围绕课程教学目标,全面修订完成了全院649门课程的教学标准。 3. 遵循质量改进螺旋建立了诊改工作运行机制。学院于2014年建成了《课程建设与网络教学综合平台》,按照课程诊改要求,进一步完善课程与校企合作共建课程,共建网络教学资源运行机制,基于平台开展了课程网络教学。建成了实时课堂视频监控与质量评价系统。按照规范建立了全院、二级院部和各门课程质量改进螺旋,建成了《教学质量监控与录播系统》。课程诊断说课,核心课程建设基础上,组织开展非核心课程诊改工作,建立了三级考核机制,制定了课程层面的诊改制度,形成长效机制。 4. 存在的问题及分析。一是由于开设课程数量大,整体设计不足,存在重立项课程建设、轻非立项课程建设的现象。二是存在课程建设的组织、实施、信息管理、预警机制、激励机制不够完善,影响课程全面持续发展质量。 5. 课程层面"十三五"发展目标项目共计246项,目标任务共计765项,当前完成率85.3%。	数据平台实现全部课程的实时状态数据管理。 建立完善课程建设质量考核机制。
4. 教师层面	1. 紧扣学院发展定位,建立了教师发展中心。学院设立了教师发展指导委员会,加强顶层设计。各教学团队发展规划等。学院制定了师资队伍发展专项规划、二级院部师资队伍发展规划,明确自身发展定位确定个人发展目标,并将建设发展任务落实到人。在此基础上,每位教师遵循SMART原则,制定教师层面目标链。 2. 规范教师管理,构建了教师发展标准链。全面修订了教师队伍管理相关制度,按照教师职业成长五级递进规律,制定了有关教师发展和认定标准,系统性地补充了10项管理制度,教学团队和教师个人按照学校职业成长自我诊改工作。建立起学院、二级院部教师发展信息管理系统,实现了教师发展信息的实时采集与管理。建立起学院、二级院部教学团队和教师个人多主体多形质量诊改工作,建立起名师培养梯队,实施"8字形质量改进螺旋"。颁布《关于开展教师发展质量诊改工作的文件》,开展三级(教研室,二级院部,学校)教师发展质量诊改工作,并建立了教师队伍诊改三级(教研室,二级院部,学校)考核机制。及时	1. 完善教师建设体制机制,稳定教师队伍,引导青年教师进修,提高干部兼课比率。 2. 建立企业专家进课堂、专业教师下企业实践锻炼机制,促进校企专业技术人员对接交流,提升教学团队综合实力。 3. 按照专业发展战略,优化教学团队结构与数量,建立名师培养梯队,激发教师发展的动力。

续表

诊断项目	诊断结论	拟采取的改进措施
4. 教师层面	总结诊改工作成效,建立了师资层面的诊改制度。 4.存在的问题及原因。一是专任教师数量不足,整体上专任教师比例偏低,特别是专业教学团队教师数量和结构不均衡,引进新教师的体制机制还需进一步完善;二是专业领军人物缺乏,发展梯队不明显,五级递进机制不够完善,特别是由于中青年教师占学院教师总数的72%以上,教学任务繁重,对青年教师培养的力度还需要进一步加强;三是教师服务社会的能力有待进一步提高。 5.教师层面"十三五"发展目标项目共计79项,目标任务共计471项,当前完成率达83.9%。	
5. 学生层面	1.服务学生全面发展,建立了目标链。学院成立了学生工作指导委员会,加强学生全面发展顶层设计,制定了学生学院全面发展专项规划,各职能处室制定了服务与保障教学规划,各二级学院整体策划学生工作规划,各年级、各班级和每位学生明确自身发展目标,制定个人3年备斗目标规划。学院整体策划学生教育、发展组织、管理服务、系列活动等方案,分解工作任务,实施了10大工程39项任务,突出了学生教育管理中心地位。 2.规范学生管理,构建了学生发展标准。补充并修订了学生发展制度,制定了《西铁院学生全面发展与考核标准》,优秀学生评选标准等,出台了一系列激励学生成长进步的规章制度。 3.遵循质量改进螺旋,建立了学生全面发展质量管理信息系统平台。建立起学生发展信息管理平台,学生个人自诊,二级学院、年级、班级学生进步,有序开展班级、年级周期性的发展质量诊改工作。通过主题班会、二级学院及学校等多主体的发展质量诊改工作,并建立起学生层面诊改工作制度,开展月系列活动。红五月活动和志愿者活动等13项主体化,系统性地开展文明卫生月活动,科技文化月活动。运用平台数据加强学生综合素质考核,实现了学生素质教育有提升,学风建设有成效,营造了良好的育人环境。心理健康教育有突破,管理有创新,奖惩助贷全覆盖的建设目标和管理队伍建设有载体,安全管理事故零发生。 4.存在的问题及原因。一是半军事化管理制度和运行机制不完善,特色不突出。二是学生系列	1.整体构建德育体系,系统策划学生教育教学活动,学生课外活动、文体活动,创先争优活动,社会活动等,引导学生全面参与、共同发展,营造良好的育人环境。系统设计系列活动,提升活动的有效性和参与面。 2.完善学生发展信息管理平台功能,开发移动端数据采集及预警功能。 3.构建激励学生全面发展的考核评价机制。

第二部分 陕西省高职试点院校自我诊断报告

续表

诊断项目	诊断结论	拟采取的改进措施
5. 学生层面	活动规划体系不健全，针对性不强，学生参与的广度与深度不够，教育引导作用不突出。三是学生全面发展信息管理平台在教育和管理中的作用不突出，运用平台数据考核和激励学生发展的机制还不够完善。 5. 学生层面"十三五"发展目标项目共计 17 项，目标任务共计 60 项，当前完成率达 83.3%。	
6. 文化与机制"引擎"	1. 学院全面提升质量文化意识作为内部质量保证体系诊断与改进工作的核心和灵魂，强化质量文化建设的顶层设计，制定了质量文化建设规划，构建了由质量物质文化、质量精神文化和行为文化组成的现代质量文化体系。 2. 学院将质量文化建设贯穿诊改工作的全过程，通过不断完善五纵五横系统运行机制，实施各层级管理和各层级目标管理体系间的质量管理依存关系，建立了绩效导向的质量管理机制，激励各级质量主体的积极性、能动性，让制度运行成为机制，让能力坚持成为文化，让文化自觉成为行动，引导全员牢固树立质量意识。 3. 在日常工作中注重质量文化宣传，通过质量文化宣传活动、开展质量文化研究、学术交流等活动，促进教师、管理人员及教辅人员全员质量文化理念更新，树立立足本位全方位创新发展的责任意识，树立服务需求，与时俱进的现代质量文化理念，将学院特色的质量文化"内化于心，外化于行"，使其成为全体教职工的一种生活方式和精神追求。 4. 存在的问题及原因。一是基于学院发展目标链、标准链整体构建的绩效考核体系和各层面质量主体诊改工作的结合还不够紧密。二是科学合理地运用平台数据开展各层面业绩效考核结果的运用和激励作用不突出。三是各层面考核针对性和科学性不够，科学性和针对性相对不突出。	1. 随着学院诊改工作的深入推进，在学院整体构建目标链、标准链的基础上，配套制定学院绩效考核链，使得内部质量保证体系更加完善，更加科学。 2. 不断强化平台数据的实时性、科学性和真实性，研究制定基于平台数据的常态化绩效考核机制和激励机制。 3. 随着质量主体责任的落实，研究制定学院责、权、利结合的管理权限划分机制和利益分配机制。
7. 智能化信息平台	1. 智能校园建设规划。按照学院诊改要求，制定了《学院智能化校园建设规划》，将现代质量管理理念和智能化管理信息平台纳入智能校园建设规划，开始分期建设、不断完善信息化基础设施，升级改造原有业务系统，调研、开发相关信息管理系统，初步形成了具备学院特色的校本综合信息管	1. 要明确基础共享数据的唯一源头提供部门，并制定数据更新管理办法，完善运行机制，确

109

续表

诊断项目	诊断结论	拟采取的改进措施
7.智能化信息平台	1.建设校本基础数据中心。依据国标制定了《西铁院基础数据库信息标准》，开发校本数据库等管理平台。2.建设校本基础数据中心，引入技术公司参与实施《内部质量诊断与改进平台建设方案》。整合了现有教务管理系统（青果系统）、人事管理系统，建成校本基础数据信息中心，为基于状态数据分析的管理信息平台建设打好基础。3.建设各层面建设与发展信息管理系统。学院按照目标链、标准链、保障链等环节进行工作流程的分解，系统设计并相继开发了各层面建设与发展质量信息管理系统，实现各层面发展过程信息推送实时采集、归集、共享考核标准，随时掌控工作任务完成时间维度和进度维度，并比较各层院基础数据中心，数据纳入学院基础数据中心，实务系统之间信息传递及响应机制，为智能化综合信息管理平台建设奠定了基础，使"8字形质量改进螺旋"的工作方法融入质量管理及实时监测平台，在诊改工作中落地生根。4.基于各层面数据中心建设了学院智能化管理信息平台。平台数据来源于学院校本数据中心，实现了各层面质量主体质量状态数据的展示、分析、监测、预警等功能，为劳考核、绩效考核、数据的共享提供了支持。5.存在的问题及原因分析。一是相关业务系统还不够健全，存在核心数据（学生、人事、财务）共享不全面的问题。二是校本数据中心刚刚建立，基础数据的共享数量和维护机制还不健全，自动化程度不够。三是运用数据考核5个层面建设与发展质量方式还比较单一，共享方式不够。	保数据共享、数据安全等。2.按照智能校园建设目标，不断完善业务管理系统，完善网上办事大厅。3.系统修订相关业务考核办法、资格认定办法、评先评优考核办法等，最大限度运用平台实现常态化考核。

校长（签字）：田和平   2018年12月10日

注：1.报告内容必须真实、准确，务必写实，尽量不使用形容词和副词。
2.每一层面的"诊断结论"需阐明目标达成程度，已取得的成效，尚存在的问题及原因分析，建议在500字左右。
3.每一层面的"拟采取的改进措施"需突出针对性、注重可行性，建议在200字左右。

渭南职业技术学院
内部质量保证体系自我诊断报告

学校积极贯彻落实《教育部办公厅关于建立职业院校教学工作诊断与改进制度的通知》(教职成厅〔2015〕2号)、《关于印发〈高等职业院校内部质量保证体系诊断与改进指导方案(试行)〉启动相关工作的通知》(教职成司函〔2015〕168号)、《关于印发陕西高等职业院校内部质量保证体系诊断与改进实施方案的通知》(陕教高〔2016〕3号)等文件精神,制定了渭南职业技术学院内部质量保证体系建设与运行实施方案,2016年6月启动诊改工作,2017年3月至2018年3月实施全面诊改,2018年4月至2018年10月开展诊改评价,2018年11月至2018年12月进行诊改工作总结。现将学校内部质量保证体系诊断与改进工作报告如下。

一、学校诊改工作概述

(一)"两链"的打造

1. 目标链的打造

以学校"十三五"发展规划、部门和二级学院发展规划、专业建设、课程建设、师资队伍建设、学生发展等各专项规划为依据,分别打造学校、专业、课程、教师、学生5个层面的目标链。学校层面的目标链为:省级示范校→国家优质校;专业层面的目标链为:一般专业→校级重点(特色)专业→省级一流专业→国家骨干专业;课程层面的目标链为:一般课程→校级优质课程→校级在线开放课程→省级在线开放课程→国家级在线开放课程;教师层面的目标链为:新手型教师→成熟型教师→骨干型教师→专家型教师(教学名师);学生层面的目标链为:专项发展(学业发展、学生个人、职业发展、社会能力)→学生全面发展(立德树人、精技强能)。

2. 标准链的打造

针对各层面建设发展目标,按照中、省相关政策文件规定,学校相关制度,确定各层面建设发展标准和运行管理标准等。

(二)"螺旋"的建立与运行情况

1. 学校层面

目标:依据"十三五"规划,制定年度工作要点,分解形成全年目标考核任务,印发到所有部门。

标准:学校制定了年度目标责任考核规定,相关职能部门制定了重点工作考核标准(如教务处制定了专业、课程建设考核标准,人事处制定了教师队伍建设考核标准等),二级学院制定了本单位实施细则。

考核点与权重设计：按考核内容、工作重要程度、任务完成难易程度等进行指标权重赋分。考核点因各二级学院、部门职能的不同而有所差异，每个考核点赋以相应的分值。

组织、实施：各单位将目标责任细化分解，任务到人，明确完成的时限。考核工作实行统一管理、分级单项负责制。各职能部门负责分管线上单项目标责任的监管实施，二级学院负责本单位目标责任落实工作。

督查通报：学校建立了月工作例会和督办通报制度，分管领导结合年度和常规工作安排当月工作，校长安排全校月重点工作，纪检监察处联合督查室按月督办。

考核：学校考核办实施季度考核、半年督查、年终考核评比。

激励：按照目标责任考核的规定，依据年度综合评定结果，使用考核奖励基金对各单位进行奖惩。同时，将综合评定结果作为人员聘用、干部使用、评优、奖惩的依据。

创新改进：根据上年度的考核情况，调整考核点，修订考核权重等，使考核指标体系更加科学。

2. 专业层面

目标：以专业质量工程为依托，重点专业牵动，优化专业布局，全面建设、打造省级一流专业。

标准：在专业建设规划、人才培养模式改革、专业课程体系、专业教学团队、实践教学条件、校企合作和国际交流、教学管理和专业建设成效等8个方面设定相关标准。相关标准的设置满足教育部对专业设置的文件要求，符合创新发展行动计划中骨干专业和陕西省一流专业建设项目标准。

设计：2017年和2018年各实施一轮。共涉及8个诊改项目、15个诊改要素、28个质量控制点、61个诊断点，其中2017年有32个诊断点、2018年有29个诊断点，并建立了专业层面的质控指标体系。

组织、实施：成立了专业层面的诊断与改进工作领导小组，对诊改工作实行统一领导、统一组织、统一协调、分工负责、动态检查、目标考核。各专业根据学校专业层面诊改实施方案，依据"重点专业先行、全面带动"的原则，结合建设实际，确定2017年和2018年各专业年度建设计划，依照设置的质控点和诊断点内容予以实施，确保专业层面内部质量保证体系有效落实，推动专业诊改工作按计划进行。

监测、预警、改进：实施过程中，通过相关业务系统和教学督导检查、常规教学检查、年终绩效考核、毕业生跟踪调查等手段，对8个诊改项目中的28个质量控制点进行监测，对不满足预设条件的监测结果进行预警，实时反馈至相关负责人，随后制定某一问题的改进措施，并对设计、组织、实施3个环节的问题与偏差进行实时纠正与调整，促进预警信息的及时处理。

诊断：2017年32个诊断点中，完成了30个，2个未完成，目标达成度93.75%，其中10个诊断点超额完成了诊断工作。2018年的29个诊断点中，截至11月底，完成了26个，3个未完成，目标达成度89.66%，其中9个诊断点超额完成了诊断工作。2017年未完成的2项工作,2018年完成了1项,未完成的工作仍需改进。

激励、学习、创新:对专业层面诊改中存在的国家级质量工程项目申报积极性不高、未完成招生计划和学生"双证书"获取率呈下降趋势等3个问题,提出了相应的整改措施。

改进:对问题进行了梳理、分析,提出了相应的改进措施。

3. 课程层面

目标、标准:依据学校确立的四级课程建设目标(一般课程→校级优质课程→校级精品在线开放课程→省级精品在线开放课程→国家级精品在线开放课程),计划到2018年年底,建设58门校级优质课程、18门校级在线开放课程,达到教学资源更丰富,教学改革有成效,课堂教学有提升,教学评价更科学的目标。确定了课程设计标准、课堂管理标准、课程教学标准、课程实践教学条件标准4大标准体系。

设计:精心设计了31个质控点,确立了标准值、目标值和预警值。

组织、实施:成立了以主管教学副校长为组长的课程诊改领导小组,全面负责课程层面的诊改工作。课程诊改共完成了两轮,第一轮试点32门课程,第二轮试点48门课程,合计80门课程。正在开展第三轮全面课程诊改工作。

监测、预警、改进:依托教学检查制度、教师准入制度、听课制度、教师考核制度、信息反馈制度、教学事故认定处理制度、毕业生跟踪调查制度等7个方面的教学质量监控制度,实施任课教师自主性诊改、课程团队常态性诊改、二级学院考核性诊改,从纵向、横向2个体系开展常态化监测。

诊断:两轮诊改统计未达标共性诊断点3个,平均目标达成率90.3%,主要体现在教师应用信息化教学的积极性不高、课程信息化教学资源建设缓慢、过程化考核方式不达标等方面。

激励、学习、创新:学校组织教师外出培训信息化教学3批次;依托校级微课大赛、多媒体课件大赛等,开展经验交流4次,开展蓝墨云班课平台使用培训2批次,修订激励文件2个,出台教师教学工作考核评价标准1个,调整年度教学工作考核点5个,调整考核权重比例4点。

改进:出台了一批改进措施,细化课程目标培养要求,修订课程标准,加大线上线下混合式教学培训,加强课程资源建设,形成建设的长效机制,开展课堂有效性教学改革。

4. 教师层面

目标、标准:依据学校"十三五"师资队伍建设发展规划,从师德师风、教育教学、科学研究、社会服务等方面确定了教师队伍总量目标、结构目标、素质目标。根据教师成长规律,规划教师职前—入职—职后成长发展路径,构建新手型教师(新进教师)→成熟型教师→骨干型教师→专家型教师(教学名师)阶梯式教师发展标准体系。

设计:根据学校教师层面诊改实施方案,完善教师发展标准,设计达成目标的实施路径,从教师引进、培养、成熟、发展4个方面,梳理教师队伍诊改的25个质控点。

组织、实施:教师层面的诊改工作由组织人事处牵头,质评处、教务处、科研处配合,各二级院(部)具体落实。梳理人才录用、教师职称评聘、学历进修等管理性制度25项,为诊改工作的开展提供了组织与制度保障。

监测、预警、改进:依托各类教学检查,在诊改工作过程中以教师层面的质量监控点为主,对整个诊改过程及环节进行监测,及时发现问题与偏差,为预警提供反馈内容。以反馈会、访谈、交流等形式,对问题及时提醒,起到预警和改进作用。

诊断:检查各项实施内容的落实情况及实施过程中存在的问题和漏洞。对照目标及各项标准,发现在教师数量、实践能力、专业结构等方面存在较为突出的问题。

激励、创新、学习:建立了《年度目标责任考核工作规定》《校内专业带头人、中青年教学骨干选拔管理办法》《学术带头人、中青年学术骨干选拔管理办法》等多项激励政策,逐步将考核激励与诊改工作相结合,通过激发内生动力,提升教师的教学能力。

改进:科学合理地引进教师,壮大师资队伍。建立"双师型"教师培养基地,加大教师在企业实践锻炼、挂职锻炼、职业资格证培训的力度,构建"双师型"教学团队。均衡师资队伍整体发展,形成"双带头人"机制,加强校内专业带头人的培养,提高教师研发和实践动手能力,更好地促进教育教学水平的提升。

5. 学生层面

目标、标准:围绕学校"十三五"发展规划,制定学生发展子规划和学生发展标准,确定了学生发展的总目标:"立德树人,精技强能,培养学生全面发展"。从学业发展、个人发展、职业发展、社会能力发展4个方面制定总目标和分学期计划。立足学生工作实际,梳理和完善了47项标准。

设计:依照总目标,从4个方面标准出发,设置了12个诊改要素、51个质量控制点。要求学生围绕学校相关标准来制定个人发展标准。

组织、实施:学生工作由1名校党委副书记分管,下设学工部(学生处)和校团委,按照内部质量保证体系工作路径,抓好全校学生层面各项工作的统筹安排、组织协调和检查。各二级学院抓好组织实施工作。

监测、预警、改进:围绕诊改要素和质控点,依托学校信息系统管理平台,结合学生管理工作的各项检查,采集数据,为预警提供反馈内容。对照设置的预警值,及时发现学生层面存在的问题。学生围绕自我量表进行自查,将测试得分与设立的预警值对比,进行自我预警,为下一步的发展提供参考依据。

诊断:参照目标标准,以质控点为衡量依据,对学生层面的工作进行分析,检查学生教育、管理、服务等实施情况。学生将学期初目标值和期末实际值进行对比,对完成情况进行诊断,制定改进措施。

激励、创新、学习:完善激励措施,对表现突出的辅导员和班主任等学管人员,在选拔、任用及职称评定等方面予以优先考虑。对表现突出的学生,除给予一定的物质奖励外,在全国职业技能大赛中取得优秀成绩的学生可留校工作。

改进:根据诊断结果全面分析学生在学业发展、个人发展、职业发展、社会能力发展4个方面存在的13项问题和不足,剖析以上问题产生的原因,创新工作思路,改进工作方式方法，针对性地采取了改进措施。

（三）学校智能化信息平台建设总体情况

完善网络基础平台。建设标准化网络与数据中心机房，统一网络出口，实现有线、无线一体化管理与认证。校园网络出口带宽扩容为5G。加强网络安全、数据安全，实行三位一体的智能化网络运维管理。多媒体教室全覆盖并实现集约化管理。

建好业务系统。建设OA、教务、迎新、离校、招生、学工、团委、心理、就业、图书、财务、一卡通等业务系统并正常运行。

推进数据融合。建设校本数据中心，实现业务系统的数据融合，消除信息孤岛，共享数据，实现教学过程数据的源头采集和实时采集。

建设数据监测预警分析平台。从学校、专业、课程、教师、学生5个维度进行数据建模，实现数据提取、分析、预警和可视化。

（四）学校诊改工作所取得的成效

1. 质保体系基本建立，质量意识明显增强

职能部门不断健全，职责和岗位标准进一步明确。成立了学工部、教师发展中心、教学质量监控与评估处、网络与信息中心、教学设备与实验实训室管理处、对外交流与合作处等职能处室，制定了相关职责和岗位标准。

废、改、立制度70多个，重点制定、修订了《专业设置与管理办法》《在线开放课程和双语教学示范课建设与管理办法》《教师职称评审办法》《学术和专业带头人、学术和教学骨干遴选和管理办法》《学生技能大赛奖励办法》《国家励志奖学金、助学金实施细则》等质量核心环节文件。

立足学校实际，不断完善质量标准，"五纵五横一平台"内部质量保证体系基本建立。组织开展了学校、专业、课程、教师、学生等层面的自我诊断、自我改进，大大增强了师生的质量意识。

2. 大数据中心初步建成，信息化水平快速提升

信息化建设投入资金2 000余万元。所有教室都安装了多媒体教学设备。校园无线网络实现全覆盖。教务、学生、财务、图书、一卡通、OA等业务系统运行良好。安防系统、大数据运维中心建成并投入使用。

3. 基础设施建设加快，教学条件得到极大改善

教学仪器设备增加资金7 000余万元。新增校内生产性实训基地2个，改扩建实训室39个，新建实训室76个。附属医院创建三级医院，附属幼儿园建成投入使用。

4. 内生动力得到激发，常态化考核机制基本形成

结合诊改完善了目标责任考核办法，加大了专业、课程、教师队伍建设和学生管理等工作的考核权重。对学术、专业带头人等的绩效管理和目标考核夯实了在专业、课程建设方面的责任。人事与分配制度改革进一步激发了工作活力。

5. 质保主体责任意识增强，人才培养质量稳步提升

学校质量保证的主体作用逐步加强，质量提升已经成为师生员工的共同追求。师

生员工对诊改工作的满意度逐步提升,获得感不断增强。2018年,毕业生就业率达到98%以上,用人单位对毕业生的满意度持续提高。近3年,学生参加各级各类技能竞赛共获得省部级以上奖项115个。其中,国家级一等奖4项、二等奖7项;省级一等奖14项、二等奖30项,银奖3项、铜奖3项。尤其是学生参加全国职业技能大赛的成绩逐年上升,参赛获奖率为100%。2016年名列全省第12位,2017年名列全省第10位,2018年名列全省第6位。

(五)存在的瓶颈或短板

内部质量保证体系理论的学习理解还需深化,目标链、标准链延伸度不够,梳理不够精细,有待优化;校本数据平台开发建设速度较慢,业务系统不全,需要加快进程。

二、学校自我诊断参考表

诊断项目	诊断内容	诊断结论	拟采取的改进措施
"两链"打造	1. 学校发展规划是否成体系，学校发展目标是否传递至专业、课程、教师层面。学校构机构职责是否明确，标准和制度的执行是否有效机制。 2. 专业建设规划目标是否与学校建设规划契合，目标与标准是否明确、具体，可检测。 3. 课程建设计（规）划目标、标准与专业建设规划契合，是否与自身基础适切。目标与标准是否明确、具体，可检测。 4. 教师个人发展目标的确定是否与学校教师资队伍建设规划及专业建设规划等相关要求相适切，教师是否制定有个人发展计划，目标与标准是否明确、具体，可检测，与自身基础适切。 5. 学生是否制定有个人发展目标与标准是否明确、具体，可检测。	1. 学校发展规划包括18个子规划，分别是校园建设规划、专业建设规划、课程建设规划、学生工作发展规划、科研发展规划、校园文化建设规划、附属医院发展规划，及10个教学单位发展规划；学校发展目标传递至专业、课程、教师层面，目标上下衔接成链；学校机构职责明确，设立了岗位工作标准，标准和制度的执行是否有有效机制。 存在的问题及原因分析：目标上下衔接需进一步准确，标准和制度还不够完善。 2. 专业诊改工作中，专业建设规划工作。 3. 课程建设规划目标、标准与专业建设规划及专业建设规划相关的课程层面的相关性，具体，可检测性。 4. 教师个人发展与学校教师资队伍建设规划及专业建设规划相关要求相适切，教师制定有个人发展计划，目标明确、具体，与自身基础适切。 5. 我校根据学生实际情况，从学业发展、个人发展、职业发展、社会能力发展4方面来进行总体设计，确定学生发展目标，制定指导学生个人发展的相关制度。学生从学业发展、个人发	1. 针对目标标准的制定，进行针对性培训，对各职能部门、教学单位制定的目标、标准进行逐级审核；完善学校标准和制度，加强执行。 2. 继续优化学校专业层面一二级学院专业层面一专业教研室之间的协调机制，精准打造专业发展目标链，规范学校一般专业一校级重点（优势）专业一省级一流（骨干、重点）专业一国家级骨干专业四级梯队的专业建设相关标准，力求使专业诊改工作与学校实际结合得更加紧密，以推动专业改革。 3. 继续优化学校课程层面的诊改要素和诊断点，细化目标方案，依托相关教学实际，加快信息化学校建设和应用，推动课程改革取得新的成效。 4. 依据学校师资队伍建设规

续表

诊断项目		诊断内容	诊断结论	拟采取的改进措施
"两链"打造		计划,个人发展目标的确定是否与学校人才培养方案及素质教育相关要求相适切。学校是否建立了指导学生制定个人发展计划的制度。	展,职业发展,社会能力发展4个方面未设计制定总目标和分学期计划,将总目标和分学期计划在《学业规划自我规划设计书》中予以具体体现。	划,引导教师制定个人发展规划,并完善学校教师层面的诊改激励制度。 5.针对学生个性化发展的指标设置将进一步优化。
"螺旋"建立	学校层面	1.学校是否建有规划和年度目标任务分解、实施、诊断、改进的运行机制。实施过程是否有监测预警和改进机制,方法与手段是否便捷可操作。 2.是否建立了学校各组织机构履行职责的诊改制度,方法与手段是否有效运行。 3.诊断结论是否依据数据和事实获得,自我诊断报告的陈述是否明确、具体,改进措施是否有效。	1.学校建有规划和年度目标任务分解、实施、诊断、改进的运行机制。实施过程中有监测预警和改进机制,方法与手段便捷可操作。 2.建立了学校各组织机构履行职责的诊改制度,方法与手段便捷可操作。 3.诊断结论依据数据和事实获得,诊断、改进措施有效、具体,改进措施有效。存在的问题及原因分析:一与年度目标对应的标准不完善,待进一步完善,实施过程中的监控,预警数据依据数据和事实获得,但数据获取的信息化程度低,做不到实时获取。	1.继续完善目标任务的标准链打造工作,加快信息化建设,加强监控的高效性和准确性。 2.加强制度建设,逐步完善各项工作,有规可依,有标准可查。
	专业层面	学校是否建立了专业质量诊改运行制度。诊改内容、诊改周期是否合理,诊改方法与手段是否便捷可操作。现有专业是否都按运行制度	1.学校建立了专业质量的诊改运行制度。诊改工作中设置的质量监控点有助于目标的达成,诊改周期合理,诊改方法与手段便捷可操作。 2.现有专业均按运行制度实施诊改。 3.诊断结论根据各诊断点工作完成情况,依据数据和事实获得,自我诊断报告的陈述明确、具体,改进措施有效。	1.继续完善专业质量诊改相关制度。 2.继续完善,凝练专业建设质量监控点,继续细化各诊断点,力求全面覆盖,客观检测,便于采集,增大多源数据的采集比例。

续表

诊断项目		诊断内容	诊断结论	拟采取的改进措施
"螺旋"建立	专业层面	实施诊改。 3. 诊断结论是否依据数据和事实获得，自我诊断报告的陈述是否明确、具体，改进措施是否有效。	4. 本次诊改完成情况：本次诊改，2017年和2018年各实施一轮。共涉及8个诊改项目，15个诊改要素，28个质量控制点，61个诊断点，其中2017年有32个质量控制点，29个诊断点。2017年诊断点完成了30个，有2个未完成，完成率为93.75%，其中10个诊断点超额完成诊改任务。2018年诊断点，截至12月5日，完成了26个，3个未完成，完成率为89.66%，其中9个诊断点超额完成诊改任务。2017年未完成的2项工作，在2018年完成1项。 存在的问题及原因分析： (1) 专业质量诊改工作中质控点还不健全。在诊改要素设计中没有兼顾教学工作全要素建设，致使相关质控点有缺失。 (2) 专业差异化诊改不明晰。由于专业建设基础不均衡，在设计相关质控指标体系时，不能兼顾基础差的专业合理实施。	3. 继续指导校内各专业根据专业发展现状，量身定制差异化的质量监控和专业质控指标体系，促进学校各专业教学质量整体提升。
	课程层面	1. 学校是否建立了课程建设与课堂教学质量诊改运行制度。 2. 现设课程是否都按运行制度实施诊改。 3. 诊断结论是否依据数据和事实获得，自我诊断报告的陈述是否明确、具体，改进措施是否有效。	1. 学校建立了课程建设与课堂教学质量诊改运行制度。诊改工作中设置的质控点和诊断点，有助于目标的达成，诊改周期合理，诊改方法与手段便捷可操作。 2. 现有课程均按诊改运行制度实施诊改。 3. 诊断结论根据各诊断点完成情况，依据数据和事实获得，自我诊断报告的陈述明确、具体，改进措施有效。 存在的问题及原因分析： 2017年首轮32门课平均有3个诊断点（质控点）未完成，完成率为93.5%。2018年第二轮诊改中，微课数量和"蓝墨云班课"使用次数两项仍未完成。	1. 继续完善专业质量诊改相关制度。 2. 继续完善课程质量监控点，加大调研，分析力度，力求使目标值更加科学，便于客观检测和采集。 3. 继续加大教师教学能力的培训，提升教师的信息化教学水平；加大信息化教学平台建设，继续加强教学方法和教学过程的考核改革。

续表

诊断项目	诊断内容	诊断结论	拟采取的改进措施
"螺旋"建立 教师层面	1. 学校是否建立了教师个人发展自我诊改制度，周期是否合理，方法是否便捷可操作。 2. 所有教师是否都按制度实施诊改。 3. 诊断结论是否依据数据和事实获得，自我诊断报告的陈述是否明确、具体，改进措施是否有效。 4. 教师在自我诊改过程中是否有获得感。	1. 建立了教师"8字形质量改进螺旋"体系。以学年为周期，按照"目标—标准—设计—组织—实施（一监测—预警—改进）—诊断—激励—学习—创新—改进"循环过程中以教师自我诊改。 2. 是。关于改工作，学校成立了由党委书记、校长任组长的诊改工作委员会及各专项质量工作组，全面领导学习诊改工作，并印发了实施方案。在全校范围宣传学习诊改精神，体现全员、全过程、全方位的原则。 3. 是。诊断结果均来自线下数据和事实获得，陈述具体，改进措施得力。 4. 是。在诊改过程中，教师感受到了教师职业的幸福、有成就感。明确了自己今后努力的方向，更好地服务学校发展。 存在的问题及原因分析： 教师层面的质控点有待优化，缺乏人事管理系统。	1. 加强依托各类教学检查，在诊改工作过程中以教师层面质量监控点为主，对整个诊改过程及环节进行监测。 2. 完善教师发展标准，教师职称晋升、骨干教师、专业带头人聘任、名师评选与发展标准融为一体。 3. 探索建立人事管理系统。探索完善数据系统，筛选合理科学的质控点，使质量监控平台更加科学客观，精准把脉，精准施策，为教师发展提供全方位服务。 4. 完善诊改常态化建设，建立健全基于数字化信息平台的预警机制，完善动态监测，及时筛选合理科学的质控点，使质量监控平台诊断结果更加科学客观，精准把脉，精准施策，为教师发展提供全方位服务。

120

续表

诊断项目	诊断内容	诊断结论	拟采取的改进措施
「螺旋」建立 学生层面	1. 学校是否建立了引导学生进行自我诊改的制度,周期是否合理,方法是否便捷可操作。 2. 所有学生是否按照制度实施自我诊改。 3. 诊断结论是否依据数据和事实获得,自我诊断报告的陈述是否明确、具体,是否根据自身基础进行改进。	1. 围绕学生成长,从学业发展、个人发展、职业发展、社会能力发展 4 个方面设计了"454"标准(四维度五要素四指标),并进行了量化。同时设计了《大学生学业规划自我设计书》,指导学生从学业发展、个人发展、职业发展、社会能力发展 4 个方面来制定总目标和分学期计划。每学期对自己的学习、生活等情况进行合自查量表,进行对照检查,分析自身的优势和不足,围绕本专业的人才培养方案,纠正不足、扬长避短,进入下一轮的循环中。对学生工作层面来说,每年是 1 个诊改周期,对于学生个人来说,全校学生参与,每学期是 1 个诊改周期。 2. 学生层面的"8字形"质量改进工作已全面开展,覆盖我校全体在校生。 3. 参照质量控制点及质量衡量依据,依托诊改平台数据,结合企业人才需求调研和学生学习、生活环境的满意度测评等方面,开展诊改工作。学生层面自我诊断报告以我校学生工作实际情况为依据,撰写规范、明确具体,改进机制和措施翔实。	1. 进一步优化对于学生发展标准的考核和评价方式,对于难以定量化的指标,不断研究和改进评定办法。 2. 对学生工作管理系统进行二次开发,增加功能模块,提高系统与现有工作流程的匹配度。 3. 完善学生管理改革的内生动力。
文化与机制引擎	学校领导是否重视诊改工作,扎实推进,师生员工普遍能接受诊改理念,并落实于自觉行动中。学校是否建立了与内部质量	存在的问题及原因分析:对学生考核评价方式的创新不够,学工系统功能不能完全满足我校学生考核激励制度的需求。 1. 学校领导重视诊改工作,扎实推进,师生员工普遍能接受诊改理念,并逐步融入工作、学习、生活中。 2. 学校建立了与内部质量保证体系相适应的考核激励制度,将考核与自我诊改工作相结合,逐步以外部监管向自我诊改	1. 加强诊改理论宣传,引导师生参与诊改工作,促进师生掌握诊改的基本方法和理念,加强引导,完善诊改实施的保障条件。

续表

诊断项目	诊断内容	诊断结论	拟采取的改进措施
"螺旋"引擎建立文化与机制	保证体系相适应的考核激励制度，将考核与自我诊改相结合，体现以外部监管为主向以自我诊改为主的转变的走向。各个主体的自我诊改是否逐渐趋向常态化。师生员工对学校诊改工作是否满意和有获得感。	存在的问题及原因分析：各个主体对诊改工作的改认识水平参差不齐，自我诊改参与程度不一，自主自觉诊改积极性有待提高。	2. 将诊改工作融入学校日常工作中，切实从全员、全过程、全方位开展诊改工作。3. 完善与内部质量保证体系相适应的考核激励制度。
智能化信息平台	1. 学校是否按智能化要求对平台建设进行了顶层设计，平台构架是否具有实时、常态化支撑学校诊改工作的以下功能： (1) 能够实现数据源头，即时采集。 (2) 能够消除信息孤岛，实现数据的实时开放共享。 (3) 能够进行数据分析，并及时展现分析结果。 2. 学校是否按照顶层设计蓝图，扎实推进平台建设。 3. 学校在数据分析、应用方面开展了哪些工作，取得了哪些成效。	1. 学校信息化围绕学校顶层实际规划推进建设。 (1) 部分数据实现了数据源头并实时采集。 (2) 消除了部分信息孤岛。 (3) 目前，因数据源还有待完善，学校数据分析与决策有待于下一阶段完善。 2. 在资金缺口较大的情况下，学校依照顶层设计，扎实推进学校信息化建设。 3. 在数据分析方面，开展了网络运维、网络安全、课堂质量监控等方面的数据分析。近3年来，学校围绕教育教学相继建设了站群管理系统，分类考试招生报名系统、OA智能办公系统、招生、迎新、离校、团委、学工、就业、资产管理、图书馆管理系统，自助借还系统、教学资源管理平台、混合式在线教学平台等应用建设。 存在的问题及原因分析： 1. 校内数据建设相对缓慢。 2. 教职员工缺乏信息化职业素养与职业能力。	1. 加大资金投入，保障学校教育教学信息化建设。 2. 加大数据资源建设力度，加快推进数据融合工作。 3. 加快学校教职员工信息化建设，消除信息孤岛，实现资源共享。 4. 加大教职员工职业素养培训，能力与职业素养观念，提升有效推进教育教学信息化。

第二部分　陕西省高职试点院校自我诊断报告

续表

诊断项目	诊断内容	诊断结论	拟采取的改进措施
智能化信息平台		3. 教育教学信息化建设缺乏必要的奖惩制度保障。 4. 学校资金缺口大。 5. 一些业务部门信息化业务系统建设的数据源建设。 6. 学校虽然有信息化建设顶层设计，但广大教职员工信息化职业素养与职业能力尚待提高，需加大力度促进教育教学信息系统的应用推广。 7. 学校层面缺乏教育教学信息化应用相关奖惩制度作保障，不利于教育教学信息化的推动。	

校长（签字）：张雄　　　　　　　　　　　　　　　　　　　　　　　　2018 年 12 月 10 日

注：1. 报告内容必须真实、准确，务必写实，尽量不使用形容词和副词。
　　2. 每一层面的"诊断结论"需阐明目标达成情况，尚存在的问题及原因分析，建议 500 字左右。
　　3. 每一层面的"拟采取的改进措施"需突出针对性、注重可行性，建议在 200 字左右。

延安职业技术学院
内部质量保证体系自我诊断报告

一、学校诊改工作概述

（一）学院建设与发展历程

我院办学的历史起点是我党于1937年创建的鲁迅师范学校。进入新世纪，自2005年合校建院以来，经过"十一五"的"校际整合、规范办学"，"十二五"的"示范引领、内涵提升"，实现了从规模扩张到内涵建设的跨越发展。"十三五"期间，学院继续履行"延安精神立院，德能并重育人"的办学使命，弘扬"传承枣园灯火、培育能工巧匠"的学院精神，秉持"服务转型、助力发展"的办学定位，确立了创建"国内一流、特色鲜明"优质高职院校的奋斗目标，形成了"助力发展建专业，传承基因育品德，军民融合铸军魂，服务社会树形象"的办学特色。

（二）质量保证体系建设与运行

2016年3月，我院被列入全省高职院校内部质量保证体系诊改第二批省级复核院校。学院围绕"十三五"发展规划、创新发展行动计划承担的项目（任务）、优质校建设和追赶超越目标任务，制定了《学院内部质量保证体系建设与运行实施方案》。目前，初步建立起以"五纵五横"为架构，"智能化信息平台"为支撑，"文化与机制"为引擎，"8字形质量改进螺旋"为实施路径的内部质量保证体系和常态化诊改运行机制。

1. 确定办学目标，科学设计"两链"

在总结"十二五"发展成果、分析存在的主要问题、研判"十三五"面临的机遇与挑战的基础上，科学制定学院"十三五"发展规划，实施"国内一流、特色鲜明"高职院校建设计划、创新发展行动计划、管理水平提升行动计划、追赶超越实施方案、"五新战略"实施方案，将总目标划分为15项支目标和51项重点任务，各项任务按照"五横"层面分解到系（部门）、科室（教研室）、教师（职工）和学生，形成纵向贯通的目标链；围绕质量生成，对应规划目标，建立健全各个工作环节的制度体系；对照学院制度体系和质量标准，明确了部门和岗位职责，确定了工作标准，形成了有效检测目标达成度的标准链。

2. 健全组织体系，落实责任主体

建立健全"党委行政统筹协调、质量管理办公室组织实施、诊改专家团队业务指导"的质量保证组织体系，以各质量保证主体自我诊改为主，形成了"学院—系部（部门）—教研室（科室）—教师（个人）"四级质量管理层级。

3. 构建质改螺旋，推进诊改运行

构建"8字形质量改进螺旋"，以智能化信息平台为支撑，指导"五横"层面开展自我诊断与改进。

(1)学校层面。以学院"十三五"发展规划为指导,分别制定14个专项规划和对应的实施方案,每年年初制定学院党委工作要点和学院行政工作计划。2018年,将年度计划分解为11个方面、32个项目、100项具体工作任务。将年度目标责任考核内容分解为8个方面、15项目标任务、43项分解指标。累计修订制度149项,新建和完善23项,现有10大类172项制度。全院35个部门(单位)制定了明确的岗位职责、工作标准、考核标准和工作流程。梳理全院业务工作流程88项,OA办公系统上线66项。以年度为周期,依托智能化信息平台大数据分析与监控,从21个维度、103个观测点(含23个质控点)采集分析数据,线上监控工作过程。通过签订目标责任书,周安排检查、中期考核、年终述职,强化线下过程监控,诊断问题,及时创新改进。

2018年建设任务目标达成度为96.5%,"十三五"规划建设任务总目标达成度为63.12%。

(2)专业层面。制定"十三五"专业建设规划,确立了"院级重点(特色)、省级一流(含省级综改专业)、国家骨干"三级专业建设目标。编写各专业建设规划,落实建设任务;制定(颁布)专业建设标准、专业运行标准、专业动态调整标准等;设计专业建设实施方案,优化资源配置,责任到岗到人。以年度为周期,以质量监控平台为支撑,以大数据分析为手段,聚焦专业建设的8个二级指标23个三级指标,设计78个观测点(其中26个质控点),对专业建设与人才培养过程进行监测预警,及时创新改进。

入选省级一流专业(培育)5个,培育国家优质校骨干专业5个,建成省级综合改革专业3个;建成省级专业教学资源库1个,立项建设院级专业资源库9个,获省级教育教学成果二等奖1项。3个专业被确定为海军、空军和武警部队定向培养士官专业。航海类专业按照《国家船员教育和培训质量管理体系》要求,建立了鲜明的行业质管机制。

(3)课程层面。制定"十三五"课程建设规划,制定各门课程建设方案和年度目标任务,建立国家、省级、院级三级精品在线开放课程建设目标链。围绕课程设计、课程教学、课程考评三个环节制定课程建设标准、教学设计标准、教学运行标准、课程管理标准,构建课程建设与教学运行标准链。课程层面以年度为周期,从5个维度设计了39个观测点(其中18个质控点);具体课程以学期为周期,以课程教学运行过程和目标达成度为关注点,借助职教云、顶岗实习管理系统等信息技术手段,实现课堂教学和顶岗实习教学过程数据的源头即时采集,实时监控预警。

2018年,在全国职业院校教学能力比赛中获二等奖1项,在全省高职院校信息化教学比赛中获一等奖6项、二等奖3项、三等奖7项,居陕西省高职院校前列。在全省高校青年教师教学竞赛中获三等奖1项,在全省高校教师微课比赛中获三等奖3项;立项建设精品在线课程60门。

(4)教师层面。制定"十三五"师资队伍建设规划、年度工作计划及教师个人发展规划,设置了"新入职教师、合格教师、骨干教师、专业带头人、教学名师、专家"6个层级的教师发展目标链;针对教师的引进、培养、成长和发展4个阶段,制定教师任职标准、教师发展标准、团队建设标准,形成了教师阶梯式发展标准体系。师资队伍建设以年度为周期,教师个人发展以学期为周期,按照"8字形质量改进螺旋"开展自主诊改。围绕师资队伍年度工作任务和教师学期工作计划,针对60个观测点进行监控,并对其中的23个质控点进行预警。

引进技能大师、骨干教师30人,聘请校外兼职教师153人,进修培训教师472人次。培育省级教学名师5名,省级优秀辅导员4名,陕西省师德先进个人、思政课教学标兵各1名,2人分获陕西省科技成果二等奖和三等奖。3人获得教学能力国赛二等奖,18人获得信息化教学省赛一等奖。

(5)学生层面。制定学生"十三五"发展规划,指导学生制定成长规划和学习计划,从思想品德素质、科学文化素质、身心健康素质和职业能力素质4个维度关注学生成长成才,制定相应标准,指导学生工作和学生个人发展。学生工作及学生个人发展以学期为周期,依托大数据分析与质量监控系统,对50个观测点(其中7个质控点)进行监测和预警,建立了学生工作及学生个人发展常态化诊改机制。

"六维"育人工程全面实施,学年不间断开展校园科技文化艺术节,为学生搭建了"参与就在眼前、参与就有快乐、参与就能提高"的成长平台。周一升国旗、天天集体出早操成为学生养成教育常态化行为。2018年,学生技能竞赛获奖74项,其中国赛获奖6项、省赛获奖24项。被评为陕西省高校学生公寓管理先进单位,建成省级示范心理素质发展中心。

(三)智能化信息平台建设

制定"十三五"智能校园建设规划和实施方案。建成有线无线一体化的高速泛在校园网,形成合理的网络及安全架构,实现了数据资源自助化、智能化调度;建成智能校园信息化基础平台,融合了教务、学工、OA办公、人事、图书、资产及网络认证、校园一卡通等19个应用管理系统,消除了信息孤岛,实现全院数据互联互通共享,为全院师生建立了一站式综合服务平台。

建成了大数据分析与质量监控系统,实现了对5个层面的多维度画像、数据分析和监控预警。

(四)诊改成效与主要问题

1.诊改成效

一是确定了办学定位与发展目标,打造了目标链和标准链,夯实了各层级质量主体责任;二是建立了智能化信息平台,构建了"8字形质量改进螺旋",形成常态化诊改工作机制;三是凝练形成了具有延职特色的校园质量文化,完善奖励激励机制,构建了文化与机制双引擎驱动的内部质量保证体系和常态化运行机制。专业结构调整效果显著,招生就业形势良好,校企合作、产教融合更加深入,办学特色突显,服务能力增强,国际交流实现新突破,社会美誉度不断提升。

2.主要问题与改进措施

(1)主要问题。一是新型的内部质量保证体系有待进一步完善;二是智能化信息平台功能尚需进一步改进和优化;三是绩效分配制度改革有待进一步推进;四是常态化诊改运行制度有待进一步健全。

(2)改进措施。一是加强质量管理研究与实践探索,在运行中不断健全和完善内部质量保证体系;二是完善智能化信息平台功能,全面实现内部质量诊改数据的实时采集、动态预警、有效分析;三是加快人事分配制度改革,建立健全绩效考核机制,进一步激发内生动力;四是完善现代大学制度,形成与现代治理体系相适应的内部管理制度体系及工作规程。

二、学校自我诊断参考表

诊断项目	诊断内容	诊断结论	拟采取的改进措施
"两链"打造	1. 学校发展规划是否成体系。学校发展目标是否传递至专业、课程、教师等层面，目标是否上下衔接成链。 2. 专业建设规划目标，是否与学校发展规划契合，标准是否与学校专业建设规划契合，是否与自身基础适切。 3. 课程建设设计（规）划目标标准是否与专业建设规划契合，是否与自身基础适切。 4. 教师个人发展目标的确定是否与学校师资队伍建设规划及专业建设规划等相关要求相适切。教师是否制定有个人发展计划及与之相应的目标与标准。 5. 学生个人发展目标的确定是否与学校人才培养的要求相适切。是否建立了指导学生设计学业（职业）生涯规划的制度。学生是否制定有个人发展计划及与之相应的目标与标准。	1. 目标达成情况 目标达成。 （1）制定了学院"十三五"发展规划及专业、课程、师资、学生等14个专项规划。 （2）依据学院专业建设规划，确立了"院级重点（特色）、省级一流（含省级综改专业）、国家骨干"三级专业建设目标，编写各专业建设规划，落实建设任务，制定（颁布）专业建设标准、专业运行标准、专业动态调整标准等，设计专业建设实施方案，优化资源配置，责任到岗到人。 （3）依据学院总规划和专业建设规划编制了课程建设规划，构建三级精品在线课程建设目标，制定或颁布了相关课程建设标准，出台相关课程建设与运行规范和制度，指导课程建设。 （4）制定了学院"十三五"师资队伍建设规划和年度工作计划以及教师个人发展规划，针对教师的引进、培养、成长和发展4个阶段，制定教师任职标准、教师发展标准、团队建设标准。师资队伍建设规划和教师个人发展相互支持，协调一致，目标清晰，标准明确。 （5）制定了学生"十三五"发展规划，指导学生制定成长规划和学习计划，从思想品德素质、科学文化素质、身心健康素质和职业能力素质4个维度关注学生成长成才，制定相应标准，指导学生工作和学生个人发展。 2. 存在的主要问题 （1）目标、标准的科学性、准确性还需要进一步改进。 （2）"五横"层面质量控制点的数量和有效性需要在实践中进一步完善。	1. 根据诊改实践经验，结合专业行业岗位工作的目标和相关需要，不断调整目标和标准。 2. 根据诊改运行实践，动态调整质控点设置，提高目标链、标准链预警的准确性和实效性。

续表

诊断项目		诊断内容	诊断结论	拟采取的改进措施
"螺旋"建立	学校层面	1. 学校是否建有规划和年度目标任务分解、实施、诊断、改进等诊改运行制度。实施过程是否有监测预警和改进机制,方法与手段是否便捷可操作。 2. 学校机构职责是否明确,是否建立了岗位工作标准和自我诊改制度,执行是否到位。 3. 诊断结论是否依据数据和事实表得,改进措施是否有针对性,诊改报告的陈述是否明确、具体。	1. 目标达成情况 目标达成。 (1) 编制了学院"十三五"发展规划实施方案,每年印发党委工作要点、行政工作计划,并分解任务,签订目标责任书,工作细化到周、到月。 (2) 建立以"三项机制"为统领的奖励激励机制,全院35个部门(单位)制定了明确的岗位职责、工作流程、考核标准和工作细则。梳理全院业务工作流程88项,OA办公系统上线66项。 (3) 以年度为周期,依托智能化信息平台大数据分析与监控,从21个维度,103个观测要素(其中质控点23个),采集分析数据,线上监控工作过程。通过签订目标责任书,周安排,周检查,中期考核,年终述职,强化线下过程监控,诊改的运行质量有待提高。 2. 存在的主要问题 (1) 工作任务纷繁,量大面宽,有些工作实施量化考核有一定的难度。 (2) 制度监测预警和标准难以全部覆盖,系统监测要素有待完善,诊改的运行质量有待提高。	1. 进一步加强对目标任务的科学化设计和分解,完善考核制度和办法,推进信息化管理。 2. 完善诊改相关制度和标准,加强精细化、科学化设计,推进"8字形"质量改进螺旋质量的提高。
	专业层面	1. 学校是否建立了"8字形质量诊改螺旋"的专业诊改运行制度。 2. 现有专业是否都按运行制度实施诊改。 3. 诊断结论是否依据数据和事实,是否对照目标标准,分	1. 目标达成情况 目标达成。 (1) 学院制定了专业诊改实施方案。 (2) 各专业按照诊改方案和相关制度,围绕年度建设目标任务,依照建设标准开展诊改工作。 (3) 从专业内涵建设的关键要素出发,以年度为周期,以大数据分析与	1. 对接区域经济发展需求,修订学院专业设置管理办法。实施文理兼招、减免学费、订单培养等举措。 2. 加大教学名师、专业带头人、骨干教师的培养

续表

诊断项目		诊断内容	诊断结论	拟采取的改进措施
"螺旋"建立	专业层面	析目标达成度,获得动因。改进措施是否有针对性。诊断报告的陈述是否明确、具体。	质量监控平台为支撑,将专业建设目标转化为8个二级指标,23个三级指标按照主要观测要素转化为78个量化指标(其中26个质差点),对专业建设进行监测预警。 2. 存在的主要问题 (1)专业发展不均衡问题依然存在。部分专业招生困难,"大产业"与"小专业"不匹配。 (2)教职工队伍的结构性矛盾仍然存在,高层次领军人物和专业拔尖人才不足,"双师"素质教师比例有待提高。 (3)专业教学资源库、在线开放课程等教学资源有待丰富,现有教学资源数量不足,质量有待进一步提升。 (4)产教融合、校企合作有待深化,"专创融通""双证融通"有待加强,技能大赛成绩有待突破。 (5)国际交流有待加强,特别是要在深度合作上发力用功。	力度,积极引进高层次和紧缺专业人才,严格落实专任教师下企业锻炼制度。 3. 加快推进专业教学资源库和在线开放课程的建设和应用。 4. 建立、健全高校创新创业教育体系,建设校内创新创业孵化基地,建好一批大学生校外实践教育基地,设立创业基金,加大对各系及学生创新创业项目的支持力度。 5. 积极推进与国际知名院校(教育机构)在师生交流、课程建设、资源共享等方面的实质性合作。
	课程层面	1. 学校是否建立了"8字形质量改进螺旋"的课程诊改运行制度。 2. 现设课程是否都按运行制度实施了诊改。 3. 诊断结论是否依据数据	1. 目标达成情况 目标达成。 (1)根据学院的专业人才培养方案,完成了全院771门课程的"两链"(目标链和标准链)打造工作。注重课程教学目标与课堂教学目标相契合,课程教学内容与职业岗位需求相契合,目标明确,标准适度,形成课程诊改制度。	1. 制订课程团队发展规划,通过自我学习,"青蓝工程"结对子,外出培训,下企业锻炼等途径全面提升教师的教育教学能力和课程建设水平。

续表

诊断项目		诊断内容	诊断结论	拟采取的改进措施
"螺旋"建立	课程层面	和事实,是否对照目标标准,分析目标达成度,获得动因,改进措施是否有针对性。诊改报告的陈述是否明确,具体。	(2)所有课程均构建了"8字形质量改进螺旋",形成了一年一度的以教育教学为中心的"课程建设要素(其中18个关键点),设置5个维度39个观测要素"和以智能化信息平台为中心的"监测预警环"和"课程自诊工作机制"。 (3)课程诊改责任主体职责明确,取得初步成效。 (4)立项建设了60门院级在线开放课程。 2.存在的问题与原因分析 (1)课程团队能力偏弱。主要是因为专任教师数量不足;青年教师教学能力有待提高;课程建设团队能力较弱,"双师"素质有待加强。 (2)教学资源不够丰富。主要是因为教学资源种类单一,数字化教学资源相对不足。 (3)课程特色不突出,亮点不多。	2.加大课程数字化教学资源的建设力度;鼓励教师利用现代化信息技术开展教学活动。 3.鼓励教师不断更新教学理念,创新课程教学模式,积极开展"云课堂""课堂派"等新的教学尝试。
	教师层面	1.学校是否建立了"8字形质量改进螺旋"的教师诊改运行制度。 2.所有教师是否按制度实施诊改。 3.诊断结论是否对照自设目标,依据自身所获绩效,分析差距和动因,诊改报告的陈述是否明确,具体。 4.教师在自我诊改过程中是否有获得感。	1.目标达成情况 目标达成 (1)根据学院内部质量保证体系建设与运行实施方案,建立了教师层面的诊改运行制度。遵循"8字形质量改进螺旋",针对60个观测要素进行监控,并对其中的23个质控点进行预警。建立师资队伍和教师个人自主诊改制度。 (2)全院教师严格遵循"8字形质量改进螺旋",制定了自我诊改方案,开展自我诊改工作。 (3)对标准,分析原因,创新改进,取得了良好效果。 (4)通过制定个人发展规划,明确奋斗目标,科学设计工作方案,及时发现问题,改进提高,加快成长步伐,有效地提升了广大教师的自信心,体验到成功的快乐,找到了自我发展的差距和前进的方向。	1.采取"外引内培"方法解决教师队伍的结构性矛盾问题,强化教师继续教育;积极引进拔尖人才,部分骨干专业和特殊专业,采取年薪制等办法引进。 2.根据延安市委关于进一步深化人才发展体制改革的实施意见,落实柔性化人才政策,人在编在,人走编去,采取退一进一的办法解决编制问题。

续表

诊断项目	诊断内容	诊断结论	拟采取的改进措施
教师层面		2. 存在的主要问题 (1) 十校整合,导致教师队伍结构性短缺,受编制制约,人才引进的难度较大。 (2) 教师队伍的综合素质、教学科研水平和创新能力有待进一步提高。 (3) 从企业行业一线外聘教师数量不足,"双师型"教师比例有待提高。	3. 鼓励教师积极进行各种形式的学历学位提升,加大国际、国内交流学习力度。 4. 多渠道聘任企业、行业一线教师,完善优化相应的管理激励制度。
"螺旋"建立 学生层面	1. 学校是否建立了"8字形"质量改进螺旋的学生诊改运行制度。 2. 所有学生是否按运行制度实施诊改。 3. 诊断结论是否依据数据和事实表得,诊断报告的陈述是否明确、具体,是否根据自身基础进行改进。	1. 目标达成情况 (1) 学生工作及学生个人发展以学期为诊改周期,建立了以"8字形质量改进螺旋"为路径的学生诊改运行制度。 (2) 组织全院学生制定了个人发展规划和学年、学期学习计划,明确目标任务,及时开展自主诊改,促进学生健康成长。 (3) 依据学院的智能化信息平台,实时采集学生学习生活信息,指导学生规范行为,设计50个观测要素(其中质控点7个)进行监测和预警,建立了学生工作及学生个人发展常态化诊改机制。 2. 存在的主要问题 (1) 学生综合素质考评部分指标量化的难度较大,学生创新创业学分积累与转换制度尚未建立,创新创业激励措施不够完善,自我诊改意识需要进一步加强。 (2) 学生自主诊改的激励措施建立,创新创业意识有待增强。 (3) 学工队伍结构性问题依然存在,学生管理的方式、方法需进一步创新。 (4) 部分学生存在自卑、不自信等心理问题。大部分学生自小在大人心目中不是好学生、好苗子,使学生的自尊心受到伤害。	1. 分层次制定出不同的培养目标和标准,分类设计教育教学活动。 2. 对特殊学生建立"一对一"结对帮扶机制。 3. 推行学生自主管理改革,优化"四自"育人机制。 4. 加强学生创新创业指导,建立激励机制,提供良好的创新创业平台。 5. 发挥主官主导的引领示范作用,全面实施学院特色素质教育。

续表

诊断项目	诊断内容	诊断结论	拟采取的改进措施
质量文化与机制"引擎""螺旋"建立	1. 学校领导对诊改的重视度与推进力度，师生员工接受诊改理念的广度和深度。 2. 学校是否建立了与内部质量保证体系相适应的考核激励制度，将考核与自我诊改相结合，体现以外部监管为主向以自我诊改为主的转变。 3. 各个主体的自我诊改是否逐渐趋向常态化。师生员工对学校诊改工作是否满意和有获得感。	1. 目标达成情况 目标达成。 (1) 建立了诊改运行组织体系，明确了全院各级各部门和全体师生的诊改责任主体地位；建立了党委、行政统筹协调，质量管理办公室组织实施，诊改专家团队业务指导的质量管理机制。邀请国家诊改委、省诊改委知名专家全员培训，派出100多人次出外考察学习，每位教师配发了诊改书籍制度学习资料；分层面举行诊改交流汇报会，定期召开诊改专题会议，省诊改书办每月深入处、系检查指导诊改工作，推动诊改工作顺利推进。年初设立诊改专项预算，保障诊改工作顺利推进。 (2) 学院出台了贯彻落实"三项机制"相关文件，教学质量工程和技能大赛奖励办法等考核奖励制度。按照学院章程和"八定"方案，科学设置机构，明确岗位职责，细化落实质量保证体系的建立，质量保证责任人员的确立，常态化自主诊改实施，质量责任意识和责任主动力，师生员工的主人翁责任感和获得感持续增强。 (3) 随着新型质量保证体系的建立，质量保证体系人员的确立，常态化自主诊改实施，质量责任意识和责任主动力，师生员工的主人翁责任感形成，形成了以弘扬延安精神和传承红色基因为特色的现代质量文化体系。 (4) 经过长期办学实践和文化积淀，有效地激发了各类人员的内生动力，师生员工的主人翁责任感形成，形成了以弘扬延安精神和传承红色基因为特色的现代质量文化体系。 2. 存在的主要问题 (1) 激励制度和机制有待进一步完善。 (2) 质量文化需要进一步凝练、升华、固化。	1. 不断健全激励机制，充分调动广大师生员工参与学院质量保证体系建设的积极性、主动性和创造性，为建立"三全"育人机制奠定基础。 2. 加强物质层面、行为层面、制度层面和道德层面全方位的质量文化建设，凝练、升华、固化金字塔形的现代质量文化育人体系。

续表

诊断项目	诊断内容	诊断结论	拟采取的改进措施
智能化信息平台	1.学校是否按智能化要求对平台建设进行了顶层设计,所设计的平台是否具有实时、常态化支撑学校诊改工作的功能。 2.学校是否按照顶层设计蓝图扎实推进平台建设。 3.学校在数据分析、应用方面开展的工作,取得的成效。	1.目标达成情况 基本达成。 (1)制定了智能校园建设规划和实施方案。投资3 000多万元建立了基于大数据技术的智能化信息平台,实现教学和服务保障工作数据的源头即时采集与处理,有效地支撑了诊改工作的常态化运行。 (2)按照顶层设计扎实推进智能化信息平台建设,实现了数据交换共享,消除了信息孤岛,建立了一站式服务门户。 (3)完成了19个业务系统的实时共享数据平台的对接融合,初步实现了顶岗实习、"云课堂"等数据的实时采集与大数据分析与质量监控系统,实现对"五课堂"层面的多维度画像,数据分析和过程监控预警功能。 2.存在的主要问题 (1)大数据分析应用功能尚需继续改进。 (2)部分教师和管理人员的信息化素养有待提升。 (3)信息化建设规章制度有待完善。	1.继续推进智能化信息平台的建设和升级,开展基于大数据的全量数据治理,完善指标管理、绩效管理和过程监控系统功能,实现对"五横"层面的大数据决策支撑。 2.加强培训,提升教职员工的信息化素养,增强适应信息化管理的能力。 3.逐步制定、完善信息化管理制度,健全体制机制,保证信息安全,服务质量管理,提升学院现代化治理能力。

校长(签字):高福华　　　　　　　　　　　　　　　　　　　　2018年12月10日

注:1.报告内容必须真实、准确,务必写实,尽量不使用形容词和副词。
2.每一项的"诊断结论"需阐明目标达成情况,尚存在的问题及原因分析,建议在500字左右。
3.每一项的"拟采取的改进措施"需突出针对性,注重可行性,建议在200字左右。

陕西能源职业技术学院
内部质量保证体系自我诊断报告

一、学校诊改工作概述

以立德树人为根本,以服务发展为宗旨,坚持"质量立院、人才强院、特色铸院、创新兴院、依法治院"的办学理念,按照"需求导向、自我保证、多元诊断、重在改进"的工作方针,以服务"学生成长成才"为核心,建立、完善内部质量保证体系,切实履行人才培养工作质量保证主体责任,积极推进诊改工作,并取得了初步成效,学校治理能力和人才培养质量显著提升。

(一)建立、完善目标体系

在科学论证的基础上,结合学校发展特色,建立了由"十三五"事业发展规划、4个专项规划、11个二级学院(部)规划、专业规划、课程规划、教师个人规划和学生个人规划构成的远近呼应、纵向衔接、横向支撑的目标体系。通过15个实施方案和学校年度党政工作要点将学校目标任务细化分解至各二级单位。

(二)建立、完善标准体系

根据国家政策文件,国家及行业相关标准,陕西省"一流院校、一流专业"标准等,建立了符合学校发展的"九优一流"建设标准。并以此为依据,完善了专业标准、课程标准、教师标准、学生标准和工作标准等,形成与学校发展目标相匹配的标准体系。

(三)建立"三循环"的"8字形质量改进螺旋",完成自我诊断与改进

结合学校实际,建立"三循环"的"8字形质量改进螺旋",制定了《陕西能源职业技术学院内部质量保证体系诊断与改进管理办法》,持续进行5个层面的诊改工作。

1.学校层面。学校层面的诊改以5年规划为大循环,年度为小循环,实时监测预警为微循环,持续推进诊改工作。主要针对规划目标落实不到位、部门职责不清等问题,以学校"十三五"事业发展规划为引领,实施"十大行动计划",编制15项任务实施方案,印发党政工作要点,落实目标任务。梳理了部门职责、岗位职责,完成了28个部门,843个岗位的工作标准制定。梳理了学校的制度,共"废改立"201条制度,形成了以"一章八制"为核心的制度体系。

2.专业层面。专业层面的诊改以专业建设周期为大循环,年度为小循环,实时监测预警为微循环,设计质控点39个,35个招生专业进行了诊改。编制了教学改革与专业建设规划,并制定了专业建设实施方案,形成了专业建设规划体系和校级合格专业、校级品牌专业、省级一流专业和国家骨干专业的专业发展目标体系,完善了相应的建设标准。各专业结合其发展特色,对接行业发展,建立了各专业发展规划,编制了专业教学

标准,修订了专业人才培养方案。通过诊改,不断调整和优化专业结构,新增专业7个,暂停招生专业10个,建设了6个国家骨干专业,4个省级校企共建生产性实训基地,2个省级校外创新创业实践基地,专业建设的综合实力和整体水平不断提高。

3. 课程层面。课程层面的诊改以建设周期为大循环,年度为小循环,实时监测预警为微循环,设计了29个质控点,持续推进诊改工作,835门课程进行了诊改。主要针对部分课程定位不准确、课程内容不能完全符合岗位能力要求等问题,根据学校"十三五"事业发展规划,编制了专项规划,形成了课程建设规划体系和合格课程、优质课程、精品课程和在线课程等课程发展目标体系,建立了相应的课程建设标准,完善了学校课程管理制度体系。各二级教学单位结合其服务面向,对接行业企业需求,编制了课程建设规划和课程标准。

4. 教师层面。师资队伍的诊改以5年建设周期为大循环,年度为小循环,实时监测为微循环。教师个人的诊改以3年发展规划为大循环,年度为小循环,实时监测为微循环,共设计了64个质控点,持续推进诊改工作。主要围绕教师发展不平衡、实践能力不足、制度不完善等问题进行诊改。建设、完善了师资队伍建设规划体系,以提升教师专业化水平为目标,规划"合格教师→骨干教师→教学名师→品牌名师"成长路径,建设了教师个人发展目标体系,完善了教师发展标准。各专业编制了师资队伍规划,并指导教师编制了个人发展规划。建立了学校教师发展制度体系,制定了《陕西能源职业技术学院教职工积分制管理与考核实施办法》《陕西能源职业技术学院处级单位绩效考核管理办法》和《教科研奖励办法》等激励与考核制度。

5. 学生层面。学生工作的诊改以5年规划为大循环,年度为小循环,实时监测为微循环。学生个人的诊改以3年规划为大循环,年度为小循环,实时监测为微循环,共设计了71个质控点,持续推进诊改工作。主要围绕学生评价体系不完善、心理健康教育体系不完善等问题进行诊改。编制了学生工作专项规划、"三全育人"工程实施方案及学生素质教育实施方案;编制了二级学院学生工作规划,指导学生制定了个人全面发展规划和职业生涯规划。制定了学生全面发展目标和标准,建立了学生管理制度体系,制定了《学生职业生涯规划教育实施办法》,修订了《学生综合素质测评实施办法》《校内奖学金评选办法》等考核激励制度。

6. 信息化平台建设。制定了《陕西能源职业技术学院智慧校园建设方案》,对信息化平台建设进行顶层设计,形成了学校智慧校园建设框架。完成了统一信息门户、统一身份认证、统一数据中心3大平台建设;完成了现有业务系统的统一身份认证和单点登录,建成网上一站式办事服务大厅;新建和升级学工管理系统、人事管理系统、混合式教学平台等6个业务系统;制定了学校统一的数据标准,完成了业务系统数据融合工作,逐步消除信息孤岛;逐步实现无线网覆盖和一卡通工程;即将建设完成由画像系统和绩效管理系统组成的内部质量监控管理平台。

(四)存在的主要问题

1. 内生动力不足。仍有部分教职工和大部分学生缺乏主观质量自觉,导致诊改内生动力不足。

2.信息化建设滞后。学校目前的信息化建设为诊改工作奠定了一定的基础,但在智能化管理、大数据应用方面仍相对滞后,基本数据不全,未能实现所有数据的源头和即时采集。

3.第三方机构参与不够。在内部质量保证体系的评价机制建设中,用人单位和行业企业参与度不够。

二、学校自我诊断参考表

诊断项目	诊断内容	诊断结论	拟采取的改进措施
目标、标准体系（"两链"打造）	1. 学校发展规划是否成体系。专业、课程、教师层面，目标是否上下衔接成链。学校机构职责是否明确，是否建立了岗位工作标准，标准和制度的执行是否有效机制。 2. 专业建设规划目标、标准是否与学校规划契合，与自身基础适切。目标与标准，可检测。 3. 课程建设计（规）划目标与学校课程建设规划契合，是否与自身基础适切。目标与标准是否明确、具体，可检测。 4. 教师个人发展目标的确定是否与学校师资队伍建设规划及专业建设规划等相关要求相适切，教师是否制定有个人发展计划，目标与标准是否明	一、目标达成情况 1. 建立了由学校"十三五"事业发展规划、教学改革与专业建设规划、师资队伍建设规划、学生工作规划和党建与思政规划4个专项规划，11个二级学院（部）规划，各专业规划、课程规划、教师个人规划和学生个人规划组成的目标体系，并形成与目标链相配套的标准体系。厘清了17个职能部门的目标职责，是否建立了11个二级学院（部）的部门职责，制定了岗位工作标准。 2. 根据"十三五"事业发展规划、省级一流品牌专业发展规划，完善了校级合格专业、校级品牌专业和国家骨干专业建设规划，明确年度目标任务；各专业根据学校专业建设规划在充分调研、专业自评的基础上制定了各专业建设规划，修订、完善SMART原则，完善了专业建设标准，标准量化和具体化。 3. 根据"十三五"事业发展规划，明确合格课程、优质课程、精品课程、校级精品在线课程、省级精品和国家精品在线课程建设规划，结合自身基础，各课程根据专业建设规划，结合自身基础，制定分课程建设规划，根据SMART原则，修订完善相关标准。 4. 设计了"合格教师、骨干教师、教学名师和品牌名师"的教师个人发展目标路径和相应标准，教师根据学校师资队伍建设规划和专业建设规划，从师德师风、教育教学、教研科研、社会服务和实践锻炼等方面制定个人发展3年规划和年度计划；根据SMART原则，制定与目标相适应的达成标准。可量化，可检测，可操作。	1. 加大专业调研力度，从产业发展趋势、毕业生跟踪调查和在校学生学情分析、专业办学条件与社会需求的匹配度、省内外同类专业比较等4个方面进行深入调研，进一步完善专业建设规划，明确建设目标。 2. 根据国家标准、省级标准、行业标准等，学校实际，进一步完善基本质量标准。

第二部分 陕西省高职试点院校自我诊断报告

续表

诊断项目	诊断内容	诊断结论	拟采取的改进措施
目标、标准体系（"两链"打造）		5. 学生是否制定有个人发展计划，个人发展目标的确定是否与学校人才培养目标及素质教育要求相适切。学校是否建立了指导学生制定个人发展计划的制度。	确、具体、可检测，与自身基础适切。 5. 制定了学校学生工作专项规划，"三全育人"工程实施方案，学生素质教育实施方案及配套的学生发展标准，制定了《学生职业生涯规划管理办法》，指导学生根据专业培养目标和素质要求，结合自身实际，制定个人全面发展规划和职业生涯规划。 二、存在的主要问题 1. 部分专业规划还有待进一步完善，专业调研还需进一步加大范围和力度。 2. 校本质量标准还不完善。	
"螺旋"建立	学校层面	1. 是否建有规划和年度目标任务分解，实施、诊断、改进的诊改运行机制，方法与手段是否便捷可操作。 2. 是否建立了学校各组织机构履行职责的诊改制度，方法与手段是否可操作，是否有效运行。 3. 诊断结论是否获得，自我诊断报告的陈述是否明确、具体，改进措施是否有效。	一、目标达成情况 1. 制定了《陕西能源职业技术学院中长期规划管理办法》，明确了规划任务分解、实施、诊断、改进的方法与方案进行了分解落实，月度反馈纠偏改进，季度追赶超越考核，年度总结反思。 2. 对学校机构职责进行了梳理，明确了各部门职责，岗位工作标准与流程，建立了各部门履行职责的自我诊改制度，年度诊改与半年度诊改相结合，年度诊改为大循环，半年度实施监测改进为小循环，平台对照工作计划和标准进行诊改。 3. 学校层面的诊改通过月度汇报和检查等方式，层层落实各层面的诊改工作，通过各业务系统数据，实现工作状态监测，围绕各工作质控点的数据和事实，全校17个职能部门，11个二级学院（部）对自身任务的完成情况进行自诊，并在调研与科学论证的基础上，提出了有针对性的改进措施。 二、存在的主要问题 信息化建设滞后，业务系统尚不能覆盖所有工作任务，大数据分析平台	加快学校信息化建设，实现业务系统全覆盖，即时和各类数据的源头，加快内部质量监控管理平台建设，实现对数据的分析质量，提高数据分析和预警功能。

139

续表

诊断项目		诊断内容	诊断结论	拟采取的改进措施
「一」螺旋建立	学校层面	1. 学校是否建立了专业建设与课改运行质量诊改制度。诊改内容是否有助于目标达成，诊改周期是否合理，诊改方法与手段是否便捷可操作。 2. 现有专业是否都按制度实施诊改。 3. 诊断结论是否依据数据和事实获得，自我诊断报告的陈述是否明确、具体，改进措施是否有效。	初步建成，数据质量较差，功能不全，各部门数据采集、报送的时效性有待进一步提高。	
	专业层面		一、目标达成情况 1. 制定了《陕西能源职业技术学院内部质量保证体系专业层面诊改实施细则》，专业层面诊改以专业建设周期为大循环，年度为小循环，依据数据实时监测预警为微循环，设计了39个质控点，对照专业规划和标准，实现专业人才培养质量的不断提升。 2. 学校35个招生专业在充分调研的基础上，完善、确定了专业建设目标和建设标准，明确了建设任务和建设内容，按照诊改制度运行和"8字形"质量改进螺旋"进行了诊改，完成了专业诊改报告。 二、存在的主要问题 各专业无法充分利用学校人才培养工作状态数据采集与管理平台、第三方评价数据、毕业生跟踪调查数据、相关职能部门统计的专业实际运行数据等，对与专业相关的数据指标进行归类梳理，深入开展专业诊改，发现问题，找出差距，寻求突破。	1. 全面分析学校现设专业基本情况，合理设置专业监控点和预警质量监控点，引导专业突出特色，良性发展。 2. 即将建设完成内部质量监控管理平台，实现线上监测向线上监测转变，定性分析和定量分析相结合，对专业建设过程进行监测和诊断。
	课程层面	1. 学校是否建立了课程建设与课程教学质量诊改运行制度。 2. 现设课程是否都按制度运行。	一、目标达成情况 1. 制定了《陕西能源职业技术学院内部质量保证体系课程层面诊改实施细则》，课程建设的诊改以课程建设规划（方案）实施期为大循环，年度诊改为小循环，实时监测预警改进为微循环，按照"8字形"质量改进螺旋 1. 专业质控点的设计有待进一步完善。 2. 专业质控点的预警值的设定有待进一步商榷。	1. 建设混合式教学平台，支持线上线下结合的混合学习，逐步形成教、学、做一体化的线上支持

续表

诊断项目	诊断内容	诊断结论	拟采取的改进措施
"螺旋"建立 课程层面	3. 诊断结论是否依据数据和事实获得，自我诊断报告的陈述是否明确、具体，改进措施是否有效。	制度实施诊改。课程教学质量的诊改以学期为大循环，课后诊改为微循环，按照"8字形质量改进螺旋"进行诊改。 2. 现设835门课程按照"8字形质量改进螺旋"进行诊改中平台实时监测反馈循环，学期结束自动形成各类课程的质量报告，细化年度建设任务，完善了课程建设规划，强化过程实时监控，实施课程诊改。 3. 根据人才培养数据平台数据，结合课程建设具体情况，依照标准对目标任务进行诊断，撰写自诊报告，查找、分析问题，改进措施有效。 二、存在的主要问题 1. 教师"雨课堂"等课堂教学软件使用率较低，课堂教学实时监测数据较少，监控力度不够。 2. 课程信息化资源较少，尚不能完全支持线上线下混合式教学方法的全面改革。	平台，实现实时诊断和及时改进。学期结束自动形成各类课程的质量报告，二级学院以及全校的课程教学状态数据，为课程诊改提供依据。 2. 积极推进专业教学资源库、精品在线课程等项目建设，鼓励教师建设微课、视频、动画等颗粒化信息化资源，促进信息化教学手段、方法和学习方式的变革。
教师层面	1. 学校是否建立了教师个人发展自我诊改制度，周期是否合理，方法是否便捷可操作。 2. 所有教师是否都按制度实施诊改。 3. 诊断结论是否依据数据和事实获得，自我诊断报告的陈述是否明确、具体，改进措施是否有效。	一、目标达成情况 1. 建立教师层面"三循环"的"8字形质量改进螺旋"，制定了《陕西能源职业技术学院教师层面诊断与改进实施细则》，保障教师层面的诊改有序开展。教师层面的诊改以教师个人为质量主体，以3年规划为大循环，年度目标任务为小循环，实时监测为微循环。以目标和标准为起点，按照"三循环"的"8字形质量改进螺旋"进行诊改。 2. 全校11个二级学院（部），44个专业，361名专任教师按照教师层面的诊改制度开展个人诊改工作，通过制定个人3年发展规划及年度计划，明确个人发展标准，依照计划予以实施。对标年度目标诊断达成情况，基于问	1. 在学校积分制考核管理办法实施框架指引下，建立面向教师个人专业化发展的实施考评细则，落实各项个人积分任务，关注教师发展有关的积分工作，实现双向激励。 2. 建设好教师培养培

续表

诊断项目		诊断内容	诊断结论	拟采取的改进措施
"螺旋"建立	教师层面	4. 教师在自我诊改过程中是否有获得感。	题导向，分析原因，查找不足，制定改进措施，完成个人自我诊改报告。 3. 教师依据年度发展目标，对标教师个人发展的42个质控点，分析自身绩效完成情况，从发展基础、自我诊断、组织实施、自我诊改等方面编制教师个人自诊报告。自我诊断主要从师德素养、教育教学、教育科研、社会服务等方面查找问题，分析原因，提出改进对策，及时调整目标以改进。 4. 通过诊改，教师个人发展规划更加明晰，自我管理能力得到提高，业务能力和个人素质得到有效提升，得到更为有力的资源保障和更加明确的发展指引。 二、存在的主要问题 1. 教师个人发展的激励机制有待完善，科学性指导专项服务项目。 2. 面向教师个人发展的系统性、科学性发展专项指导服务项目。 3. 教师个人发展服务机构有待完善，现有的教师发展中心专项工作室工作分工不明确，服务设施亟需增补。	训平台，按照分类型、分方向原则对新入职教师、教育教学方向教师、实践技能方向教师、教育科研方向教师实施分类培养，按照分层级原则对合格教师、骨干教师、教学名师、品牌名师实施分级培养，着力培养教师的创新思维能力、专业知识拓展能力、信息技术应用能力和教育科学研究能力。 3. 对学校教师发展中心组织机构的设置进行优化，增设面向教师心理咨询、专业咨询、职业规划、技术培训、服务指导等专项工作室及补充教师发展中心服务机构建设。
	学生层面	1. 学校是否建立了引导学生进行自我诊改的制度，周期是否合理，方法是否便捷可操作。	一、目标达成情况 1. 学生层面建立了以3年为周期，以"三循环"的"8字形质量改进螺旋"为运行方式的诊改工作机制。出台了《内部质量诊断与改进学生层面的考	1. 修订《学生综合素质测评实施办法》，进一步优化对学生综合素质的考

142

续表

诊断项目	诊断内容	诊断结论	拟采取的改进措施
学生层面	2. 所有学生是否按制度实施自我诊改。 3. 诊断结论是否依据数据和事实获得，自我诊断报告陈述是否明确、具体。是否根据自身基础进行改进。	实施细则》《学生职业生涯规划教育实施办法》等制度，保证了学生个人自诊改自我运行。 2. 在专业教师和辅导员的辅助指导下，大一、大二学生制定了 3 年个人发展规划，学生在日常学习生活中对标完成 3 年规划自身基础分解成年度目标任务和标准，学生在日常学习生活中对标年度目标主动完成。大数据分析与质量监控平台记录学生成长轨迹并及时预警，帮助学生分析不足，改进目标任务达成方式成方法，完成了年度诊改。 3. 围绕学生个人全面发展，从学业素质、品德素质、身心素质、职业素质 4 个维度，22 项指标要素设计 44 个质量监控点，对目标达成度进行总结、分析、查找问题，分析原因，针对问题提出改进举措，制定下年度目标任务。 2. 存在的主要问题 (1) 学生综合素质测评部分指标难以量化。 (2) 学生成长数据采集、部分数据采集的软硬件设施不够完善。 (3) 学生自我诊断与改进激励措施不够完善，结果运用不够全面。	核和评价方式，减少定性指标项，对定性指标采用综合测评，即"学生自评+班级评议"相结合。 2. 进一步完善学生工系统功能，逐步完善数据集实时预警功能，建立一卡通系统，完善学生行为习惯，生活状态等数据采集软硬件设施的建设。 3. 完善学生管理激励机制，充分激发学生内生动力，促进学生全面发展，提升学生诊改的获得感。
文化与机制"引擎"建立	1. 学校领导是否重视诊改工作，扎实推进，师生员工普遍能接受诊改理念，并落实于自觉行动中。 2. 学校是否建立了与内部质量保证体系相适应的考核激励制度，将考核与自我诊改相	一、目标达成情况 1. 学校成立了党组织负责人领导的内部质量保证体系诊断与改进工作委员会，多次组织召开诊改专题会，普及诊改理念和校内专题培训，印发诊改学习资料，推行质量管理思想，普及诊改意识。全体校领导对分管部门负责人的学习情况进行一对一考核，统一诊改思想，强化质量意识。各职能部门、二级学院集中学习，相互探讨，并对教职工诊改学习情况进行考核。教职工对诊改的行有了普遍性认知，诊改对教职工的行有了一定的积极影响。	进一步加大培训的宣传力度，在全校师生员工中采取丰富多样的宣传学习方式，加深师生员工对质量的认识，进一步了解诊改，自觉接受诊改理念并熟悉诊改方法。

143

续表

诊断项目	诊断内容	诊断结论	拟采取的改进措施
文化与机制"螺旋""引擎"建立	结合,体现以外部监管为主向以自我诊改为主的转变的走向。 3.各个主体的自我诊改工作是否对学校诊改工作是否满意和有获得感。	2.学校制定了《教师积分制管理与考核办法》《部门绩效考核制度》等一系列激励考核制度,形成了充分发挥全体教职工创造性和潜在能力的岗位考核激励机制,增加学校各项制度的执行力,同时,将诊改工作与考核相结合,逐步形成以自我诊改为主的内部质量保证体系诊改创新发展,内涵式发展提供内生动力。 3.制定了《陕西能源职业技术学院内部质量保证体系诊断与改进管理办法》及配套的3项诊改实施细则,明确了质量保证主体,各层面诊改方法与手段,诊断内容和诊改要求以逐步形成诊改的常态运行机制。通过诊改,学校的质量文化和诊改更多的资源和支持。无线网覆盖,一卡通工程,业务系统等信息化建设,方便了师生员工的工作和学习生活,提高了广大师生员工的归属感和获得感。 二、存在的问题 仍有部分教职工和大部分学生缺乏主观质量自觉,导致诊改内生动力不足。	
智能化信息平台	1.学校是否按智能化要求对平台建设进行了顶层设计,平台架构是否具有实时、常态化支撑学校诊改工作的以下功能: 能够实现数据的源头,即时采集。 能够消除信息孤岛,实现	一、目标达成情况 1.制定了《陕西能源职业技术学院信息化建设规划方案》。遵循教育信息化"完善环境,拓展应用,深度融合"的三段式推进战略。逐步完善业务系统,核心指标点数据能够实现数据实时采集,建设数据中心,消除信息孤岛,实现数据的实时开放共享;完成统一身份认证和个性化门户,建设混合式教学平台;建设内控质量监控管理平台,实现采集各业务系统运行的过程性数据和关键数据并汇总、统计、分析,为诊改工作的实时、常态化进行提供数据支撑,为学院治理决策提供事实依据。	1.加快部署后勤管理、网络运维、科研管理、实习实训、实验室管理等业务系统,查漏补缺,做到校园业务系统全覆盖,为校本数据中心提供全面、可靠的实时数据。 2.从管理层入手,转

续表

诊断项目	诊断内容	诊断结论	拟采取的改进措施
智能化信息平台	数据的实时开放共享。能够进行数据分析,并实时展现分析结果。 2.学校是否按照顶层设计蓝图扎实推进平台建设。 3.学校在数据分析、应用方面开展的工作,取得的成效。	2.根据平台建设方案,按照计划顺利推进。2017年完成了出口带宽提升及无线网络覆盖、数据中心机房建设、数据中心应用融合平台建设,OA办公自动化系统建设、网站群建设、视频会议系统等建设;2018年完成了人事管理系统、学工管理系统、图书管理系统升级、网络安全设备项目,内部质量监控管理平台及业务系统数据融合工作,逐步消除了信息孤岛。建设了智能化混合式教学平台、一卡通工程和无线网络覆盖二期工程也正在按期施工。 3.建设了内部质量监控管理平台,借助校本数据中心从业务系统实时采集的大量有效数据,从学校层面、专业层面、课程层面,教师层面及学生层面进行指标分析,并进行纵向和横向对比,展示"五横"层面的数据变化,对异常指标发出预警,为各不同角色的人员(决策者、管理者、教师、学生)提供基于大数据分析的决策辅助支持。 二、存在的主要问题 1.业务系统不完善,后勤管理、网络运维、科研管理、实习实训、实验室管理等缺少业务系统支持,无法获取相关业务数据。 2.信息化管理的理念并未深入到教学、科研、生活服务等方面,智能化校园的功能得不到有效发挥。	变管理理念,改变传统的流程化的工作方式,融入数据共享、信息交流的理念,从简单地依靠设备和技术实施管理,到学会利用信息和数据来改变业务开展模式,实现管理的智能化。

校长(签字):刘子东　　　　　　　　　　　　　　　　　　　　　　2018年12月10日

注:1.报告内容必须真实、准确,务必写实,尽量不使用形容词和副词。
2.每一项的"诊断结论"需阐明目标达成情况,尚存在的问题及原因分析,建议在500字左右。
3.每一项的"拟采取的改进措施"需突出针对性,注重可行性,建议在200字左右。

咸阳职业技术学院
内部质量保证体系自我诊断报告

一、学校诊改工作概述

学院内部质量保证体系诊断与改进工作分为以下3个发展阶段。

2016年9—12月是构建体系、制定方案阶段。2016年11月,制定出台了学院《内部质量保证体系建设规划》《内部质量保证体系诊断与改进工作实施方案》等文件,初步完成了"五纵五横一平台"内部质量保证体系的顶层设计,并将诊断与改进工作写入《人才培养质量年度报告(2017年)》。

2017年是试行诊改、修订方案阶段。按照陕西省教育厅和省诊改专委会要求,修订了学院《内部质量保证体系建设与运行方案》。2018年1月通过了陕西省诊改专家委员会审核。制定了学院、专业、课程、教师、学生分层面的实施方案,建立了职能部门归口管理负责制和诊改工作"一把手"负责制。以全院17个职能部门、13个二级院部、9个重点专业(含创新发展行动计划立项的骨干专业和省级一流专业7个)、25门课程、全院专任教师、2017级所有在校高职学生为范围,实施了第一轮诊改。初步打造了目标链与标准链,确定质控点144个,探索运行了"8字形质量改进螺旋",形成了各层级自诊报告90个。建成了简易版数据分析平台。

2018年是全面诊改、优化体系阶段。诊改范围拓展到现设的20个职能部门、13个二级院部、43个现设专业、所有必修课程、全院专任教师以及2017级、2018级所有学生,实现了全覆盖。进一步完善了规划体系和制度标准,做细做实了目标链和标准链。全院细化设置质控点238个。智能信息化平台建设加快升级与完善,初步实现了线上诊改。

(一)学院层面

制定实施《"十三五"事业发展规划实施机制的意见》,建立了规划和年度目标任务分解、实施、诊断与改进的运行机制,形成了学院、层面、各院部处室、科室(教研室)、个人"五级"质量管理体系,打造了纵向"两链"。完善了学院内部质量保证体系总体构架。形成了"诊改专家组宏观指导、工作组统筹规划、质量保证中心总体负责、责任部门具体实施、全员参与"的工作机制。建立了学院内部质量保证体系建设与运行的制度体系。优化明确了各院部处室工作职责、岗位工作标准,搭建了包含部门工作职责、岗位工作标准、工作服务标准、运行流程标准、绩效评价标准等在内的部门工作标准体系。

优化并落实了学院层面的"8字形质量改进螺旋",结合诊改实施要求,去掉了"存储"项,增加了"激励"项。确定了各层面的诊改周期,学院、专业、教师、学生均按照规划落实时段,以自然年为周期。课程以学期为诊改周期。学生个人自诊适应学生综合素质考评需要,以学年为周期。

(二)专业层面

建立、实施专业设置动态调整机制,紧跟市场需求调整专业,近3年新增专业12个,撤销专业8个。建立了专业发展目标链和标准链,结合学院"十三五"专业发展规划,教务处制定了专业建设标准,现有43个专业均制定了专业建设规划,分年度分解了专业发展目标任务。实施定期优化人才培养方案机制,先后修订完善了2017级、2018级专业人才培养方案。按照"8字形质量改进螺旋"实施了专业诊改。7个专业立项为国家骨干专业。2个专业立项为陕西省一流专业建设项目,5个专业立项为培育项目。初步建成8个院级专业教学资源库。

(三)课程层面

根据学院"十三五"课程建设规划,各二级院部制定了院部课程建设规划,各专业制定了专业(课程)建设规划。全院1 074门课程制定了课程标准。以"8字形质量改进螺旋"为驱动,以"智慧职教"、"职教云"、"蓝墨云班课"、清华"雨课堂"等信息教学平台为载体,实时采集数据并进行诊断分析与监测预警,促使教学过程"黑箱白箱化"。立项建设省级精品在线开放课程2门,院级精品在线开放课程27门。立项开发院级规划教材28部,评选院级优秀教材14部,推荐省级优秀教材评审3部。

(四)教师层面

制定、实施学院师资队伍建设规划,建立学院、分层、二级学院、专业、个人"五级"教师发展目标体系。搭建形成"五维度"(师德修养、教学能力、研究能力、服务能力、发展能力),"四阶段"(引入、培养、成熟、发展)的教师发展标准体系。制定、实施教师信息技术应用能力标准。建立师资激励考核机制,按照"8字形质量改进螺旋"开展师资诊改工作。学院领导荣获全国黄炎培职业教育奖杰出校长奖1人次,荣获陕西省杰出校长奖2人次,1名教师荣获陕西省黄炎培职业教育奖杰出教师奖。1名教师被评为省级教学名师。先后荣获陕西省教学成果奖一等奖1项,职业教育国家级教学成果二等奖1项,陕西省高校教师各类教学比赛奖项19项。149名教师获得陕西省高职院校职业技能大赛优秀指导教师,24名教师获得全国高职院校职业技能大赛优秀指导教师。近两年,学生对教师满意度达90%以上。

(五)学生层面

制定了学生全面发展规划,建立了学生工作目标链和标准链。制定、实施《学生发展标准》《学生素质教育方案》,全面落实道德育人、教学育人、实践育人等"十育人"机制,坚持实施学生综合素质考核学分制度,2017级、2018级学生制定了个人发展规划。修订实施学院《辅导员、班主任工作实施办法》《辅导员(班主任)绩效考核管理办法》,完善了辅导员培养培训、激励考核等工作机制。建立健全了学生学习、安全、生活、就业等各种保障体系。建立了校、院、班级、寝室四级心理健康教育体系。学院是陕西省高校心理素质教育研究会常务理事单位。近两年,学生先后荣获职业技能竞赛国赛奖项

13项,省赛奖项98项。组队参加了俄罗斯远东区第五届世界技能大赛,获奖3项。

(六)智能化信息平台

以"建设省内领先、国内一流的智能校园"为目标,精心加强智能校园建设顶层设计,制定学院《"十三五"信息化发展规划》《智能校园建设方案》《数字化校园改造项目方案》。扎实推进智能校园平台建设工作,实施诊改后,实现了校园无线网络的全覆盖,先后完成了有线网络及数据中心机房的升级改造,智慧医教平台和智能化新工科实训基地建设等,升级了教务和图书管理系统,新建OA办公、科研管理、单招报名、站群系统、校园一卡通系统、校园移动门户和智能信息平台等业务系统7个。在建智能校园平台及应用建设等3个项目。现有各类业务系统22个。教务系统等6个业务系统实现了数据源头采集、即时采集。正在逐步消除信息孤岛。智能信息平台等16个业务系统实现单点登录。设立教学工作诊断与改进专题网站。建有智能信息平台进行数据分析,实时展现分析结果。

通过诊改,学院建立了完整的内部质量保证体系,形成上下贯通、左右呼应的目标链和纵横衔接、相互匹配的标准链,构建并运行了学校、专业、课程、教师、学生5个层面的"8字形质量改进螺旋",形成了能有效支撑诊改工作的智能化信息平台,建立了质量改进的长效运行机制,全体师生的质量主体意识和获得感显著提升,学校各方面的工作得到了有效推进。学校成为国家优质专科高职院校立项建设单位,教育部现代学徒制试点单位。承接高职教育创新发展行动计划项目17项、任务37项。

二、学校自我诊断参考表

诊断内容	诊断内容	诊断结论	拟采取的改进措施
"两链"打造	1. 学校发展规划是否成体系，学校发展目标是否传递至专业、课程、教师等层面，目标是否上下衔接成链。学校机构职责是否明确，是否建立了岗位工作标准，标准和制度的执行是否有效机制。 2. 专业建设规划目标、标准是否与学校契合，是否与自身基础适切。目标与标准是否明确、具体、可检测。 3. 课程建设设计（规）划目标是否与专业建设规划契合，是否与自身基础适切。目标与标准是否明确、具体、可检测。 4. 教师个人发展目标的确定及专业建设规划等相关要求相适切，教师是否制定了个人发展计划，目标与标准是否明确、具体、可检测，与自身基础适切。	1. 目标达成情况 （1）以学院"十三五"事业发展规划为统领，制定、实施专业、课程、师资、学生、科研等9个专项规划和13个院部规划。各院部处室职责明确，并编制了包含岗位职责、工作流程、绩效考核标准等在内的部门工作标准。标准和制度能有效运行。 （2）契合学院规划，制定了专业建设标准。制定了专业建设规划，设立明确、具体，根据自身实际，可监测的目标和标准。 （3）契合学院规划和专业建设规划，各课程建设规划、课程标准。各课程结合自身基础，设立明确、具体、可监测的目标与标准。 （4）契合学院规划。教务处制定了《教师职业能力发展标准》等发展规划。规范教师个人发展规划的制定与实施。 （5）契合学院规划，人才培养方案和素质教育要求，2017级、2018级学生制定了《素质教育方案》《学生发展规划》《学生综合素质考评标准》等，学生处制定实施《指导学生制定个人发展计划的制度》。 2. 尚存在的问题及原因分析 （1）目标链、标准链的设置需依据形势发展和实际情况调整完善。 （2）制度梳理还不够到位，制度体系需进一步优化完善。	1. 持续运行诊改，将目标链、标准链的打造作为重点，根据学院实际，不断细化目标、完善标准。 2. 制度建设是一个长期的过程，后续诊改工作要进一步梳理完善相关制度，不断优化制度体系。

高等职业院校教学工作诊断与改进实践探索

续表

诊断内容		诊断内容	诊断结论	拟采取的改进措施
"两链"打造		5. 学生是否制定有个人发展计划,个人发展目标的确定是否与学校人才培养方案及素质教育相关要求相适切。学校是否建立了指导学生制定个人发展计划的制度。		
"螺旋"建立	学校层面	1. 学校是否建有规划和年度目标任务分解、实施、诊断、改进的诊改运行制度。实施过程是否有监测预警和改进机制,方法与手段是否便捷可操作。 2. 是否建立学校各组织机构履行职责是否有效,方法与手段是否可操作,是否有效运行。 3. 诊断结论是否依据数据和事实获得,自我诊断报告的陈述是否明确、具体,改进措施是否有效。	1. 目标达成情况 (1) 建立规划任务分年度分解落实机制,将规划任务分解到各院、部、处落实到各专业、课程、教师、学生各层面。设计了质控点61个,智能信息平台实现了实时监测预警与预警功能。 (2) 学院各院、部、处室职责明确,编制成了包含部门工作职责、岗位工作标准、运行流程标准、工作服务标准、工作服务标准。33个部门编制了岗位工作标准,汇编形成了包含部门工作职责、岗位工作标准、运行流程标准、工作服务标准、绩效评价标准等在内的部门工作标准,完成了周期性诊改制度改订并有效运行。 (3) 以智能信息平台为支撑,建立了诊改制度多维度画像,全方位监测,各质量主体根据监测结果,开展自我诊断并依据诊改报告。自我改进机制已经形成。 2. 尚存在的问题及原因分析 (1) 质控点设置还不够科学,有待于进一步调整优化。 (2) 制度标准的精细化程度不高,细节方面缺乏可靠支撑,可操作性不强。	1. 重新梳理学院人才培养过程中的关键环节和关键影响因素,在各层面设计出更加合理、便于操作的质量管控点。 2. 进一步细化、量化制度标准,在具体细节方面做好优化,提升制度标准的可操作性。

150

续表

诊断内容		诊断内容	诊断结论	拟采取的改进措施
"螺旋"建立	专业层面	1. 学校是否建立了专业建设与质量诊改运行制度。诊改内容是否有助于目标达成，诊改周期是否合理，诊改方法与手段是否便捷可操作。 2. 现有专业是否都按运行制度实施诊改。 3. 诊断结论是否依据数据和事实获得，自我诊断报告陈述是否明确、具体，改进措施是否有效。	1. 目标达成情况 （1）学院制定了《专业诊改实施方案》，建立了"8字形质量改进螺旋"运行制度，从专业定位与规划、招生就业、教学团队、实践条件、校企合作、社会服务等方面确定了诊改内容，设计质控点46个，每个质控点均包含目标值、标准值和预警值。依托智能信息平台对目标达成情况进行监测预警，实施诊断与改进，最后自动生成诊改报告。 （2）各专业按照学院要求编制了诊改实施方案。7个骨干专业分解年度目标任务179条。各专业围绕年度专业建设目标及标准开展诊改工作，对超期限未完成的任务进行预警。各专业智能信息平台进行实时跟踪，注重过程管理及实施环节监控，根据监测结果实时进行改进。 （3）依托智能信息平台，以相关质控点为依据，分析目标达成度，对专业建设情况及专业教学管理进行全面诊断，查找问题和不足，分析原因，制定改进措施，基于相关数据和事实撰写诊改报告。 2. 尚存在的问题及原因分析 （1）专业结构有待于进一步优化。 （2）在线开放课程建设水平有待进一步提升。 （3）混合教学模式的应用需加强。	1. 优化专业结构，不断提高专业与产业对接的吻合度。 2. 以院级专业教学资源库、院级在线开放课程建设为重点，坚持建设与应用并行，不断提升在线开放课程建设水平。 3. 坚持内容与方式并进，不断深化课程教学改革。
	课程层面	1. 学校是否建立了课程建设与课程教学质量诊改运行制度。 2. 现设课程是否都按制定实施诊改。	1. 目标达成情况 （1）学院制定了《课程诊改实施方案》，建立了课程诊改"8字形质量改进螺旋"运行制度，设计质控点40个。 （2）各课程按照学院要求编制了诊改实施方案。29门（含省级2门）精品在线开放课程分解年度目标任务348条，依托智能化信息平台进行实时	1. 对接职业岗位、资格证、技能大赛等，进一步优化课程教学内容。 2. 创新课程教学方法与手段，强化"智慧职教云"

续表

诊断内容		诊断内容	诊断结论	拟采取的改进措施
"螺旋"建立	课程层面	3. 诊断结论是否依据数据和事实获得，自我诊断报告的陈述是否明确、具体，改进措施是否有效。	跟踪，对超期限未完成的任务进行预警。各课程围绕年度建设目标准及课程教学目标标准开展诊改工作，注重过程管理及实施环节的监控，根据监测结果实时进行改进。 (3) 依托智能化信息平台、正方教务系统及"职教云""蓝墨云班课"等教学平台，对照目标控点为依据，对课程建设和课程教学进行全面诊断，查找问题和不足，分析原因，实施改进，基于相关数据和事实撰写诊改报告。 2. 尚存在的问题及原因分析 (1) 课程教学内容与职业岗位、资格考证、技能大赛对接不够紧密，未能充分体现课岗融通、课证融通、课赛融通。 (2) 课程教学模式较为传统，信息化教学手段在教学中的应用不够广泛。 (3) 课程考核评价方式较为单一，在线考核、过程考核、实践考核所占的比例较小。	等在线教学平台在课程教学中的应用。 3. 制定并落实以赛代(证)代考管理办法，增加在线考核、过程考核、实践考核比重，增强课程考核的科学性和实践性。
	教师层面	1. 学校是否建立了教师个人发展自我诊改制度，周期是否合理，方法是否便捷可操作。 2. 所有教师是否都按制度实施诊改。 3. 诊断结论是否依据数据和事实获得，自我诊断报告的陈述是否明确、具体，改进措施	1. 目标达成情况 (1) 制定了学院《教师诊改实施方案》，建立师资建设及教师个人发展"8字形质量改进螺旋"运行制度，设计教师层面的质控点48个。 (2) 学院、院部、专业及教师个人按照"8字形质量改进螺旋"运行制度，全面开展诊改工作。学院、院部、专业围绕师资建设及教师个人发展情况开展诊断，研究能力、服务能力、发展能力人员围绕个人发展情况(师德修养，教学能力，研究能力，服务能力，发展能力)开展自诊，智能信息平台实现了对各层面师资建设及教师个人发展的画像及监测功能。	1. 进一步加大高层次人才引进的力度，强化高层次人才的引领作用。 2. 完善制度，进一步优化教师队伍整体结构(性别结构，年龄结构，学历结构，职称结构，专兼职结构等)。

续表

诊断内容		诊断内容	诊断结论	拟采取的改进措施
"螺旋"建立	教师层面	是否有效。 4. 教师在自我诊改过程中是否有获得感。	相关数据及事实,分别形成了《学院教师企业面诊改报告》《二级院部教师层面诊改报告》《教师个人发展自我诊断报告》。 (4)通过诊改,教师主体意识明显提升,主动关注个人发展状况,改进成效显著,获得感和满意度大幅提升。 2. 尚存在的问题及原因分析 (1)高层次拔尖人才数量不足,严重影响了学院教师队伍的整体素质,师资队伍建设明显存在不足。 (2)师资队伍结构学历结构差异较大,整体上不够平衡,部分院部博士学位教师的人数仍未实现"零"突破。 (3)教师实践能力、创新能力较弱,难以满足目前高等职业教育可持续发展的需要。 (4)随着学院整体招生规模的持续扩大,造成个别二级学院专业教师数量不足。	3. 严格落实教师企业实践相关制度,加强相关能力的培养,全面提升教师的实践能力及创新能力。 4. 通过引进专业人才,招聘青年教师等途径,壮大师资队伍规模。
	学生层面	1. 学校是否建立了引导学生进行自我诊改的制度,周期是否合理,方法是否便捷可操作。 2. 所有学生是否按制度实施自我诊改。 3. 诊断结论是否依据数据和事实表述,自我诊断报告的陈述是否明确具体。是否根据	1. 目标达成情况 (1)学院、二级学院分别制定了《学生诊改实施方案》,建立了学生层面设计质控点43个。 (2)学院、二级学院围绕学生发展平台服务开展诊改,学生层面根据综合素质发展情况开展自诊,智能化信息平台实现了对学生质控点的实时监测及对学生个人综合素质情况的监测与画像,促进了学生工作和学生个人发展、全面发展。 (3)依托智能化信息平台监测结果,围绕学生个人自我发展、学院、二级学院学生个人分别开展自我诊断与改进,依据相关大数据及学工展多维度分析,查找问题和不足,制定改进措施,分别形成了《学院学生层	1. 进一步完善多元育人体系和学生综合素质分认定的依据和办法。 2. 进一步加强创新创业教育,加大学生创新创意项目的培育力度。 3. 进一步提高辅导员队伍专业化和职业化水平,强化培训,形成辅导员

续表

诊断内容		诊断内容	诊断结论	拟采取的改进措施
"螺旋"建立	学生层面	自身基础进行改进。	面诊改报告《二级学院学生层面诊改报告》《学生个人发展自我诊断报告》。 2. 尚存在的问题及原因分析 (1) 全员参与学生思想教育的工作格局需进一步完善。 (2) 创新创业教育需进一步加强。 (3) 制约辅导员队伍建设水平的瓶颈问题仍然存在。	素质能力大赛和辅导员风采展示等辅导员活动品牌,推行辅导员导师制,着力提升辅导员职业素养。
	文化与机制建设"引擎"	1. 学校领导是否重视诊改工作,扎实推进,师生员工普遍能接受诊改理念,并落实于自觉行动中。 2. 学校是否建立了与内部质量保证体系相适应的考核激励制度,将考核与自我诊改相结合,体现以自我诊改为主向以外部监管为主的走向。 3. 各个主体的自我诊改是否逐渐成为常态化。师生员工对学校诊改工作是否满意和有获得感。	1. 目标达成情况 (1) 学院成立了由院党委书记任第一组长,院长任组长,副书记和副院长任副组长,各部门主要负责人为成员的内部质量保证体系建设工作委员会,全面协调、统筹推进诊改与内部质量保证体系建设与运行工作;定期召开诊改工作会议,研究解决诊改中存在的问题;为每位教师配发了诊改专题报告,编印了学习资料;邀请院内外高职院校诊改专家6人来院作专题交流汇报。分层面开展了诊改交流汇报。广大师生对诊改的认知水平大幅提升。 (2) 实施部门年度质量绩效考核制度,初步实现了部门质量由外部监管向自我监管改的转向,各部门满意度大幅提升。落实《优秀教学成果评选办法》《学生职业技能竞赛管理办法》等制度,兑现奖励政策,推进专业建设持续实施。制定《教师绩效考核评价办法》《管理、教辅及工勤技能人员考核评价办法》《科研工作量考核与计算办法》等,将考核结果与教师评优、晋升等挂钩,充分调动教职员工干事创业的激情。持续实施《学生综合素质考核制度》《学生奖励办法》《辅导员(班主任)绩效考核管理制度》,激励学生及	1. 以质量文化建设为抓手,精心组织校园文化活动,使教职员工及学生在潜移默化中将质量意识内化于心外化于行。以社会主义核心价值观为指导,形成全校师生普遍认同的质量文化理念。 2. 进一步完善激励机制,充分调动广大教职员工参与学院管理及教育教学与学生考核管理的积极性及主动性。

续表

诊断内容		诊断内容	诊断结论	拟采取的改进措施
"螺旋"建立文化与机制"引擎"			（3）随着目标标准的持续完善，学院各层面的质量主体责任不断明确，质量意识显著提升，各质量层面的内生动力进一步迸发。常态化的自主保证人才培养质量机制正在逐步形成，师生员工的满意度和获得感不断提升。 2. 尚存在的问题及原因分析 （1）激励机制初步建立，但还不够完善，激励力度有待进一步强化。 （2）质量文化建设有待进一步深化。	学工管理队伍更加重视质量改进工作。
智能化信息平台		1. 学校是否按智能化要求对平台建设进行了顶层设计，平台架构是否具有实时、常态化支撑学校诊改工作的以下功能： （1）能够实现数据的源头、即时采集。 （2）能够消除信息孤岛，实现数据的实时开放共享。 （3）能够进行数据分析，并实时展示分析结果。 2. 学校是否按照顶层设计蓝图，扎实推进平台建设。 3. 学校在数据分析、应用方面开展了哪些工作，取得了	1. 目标达成情况 （1）制定了学院《"十三五"信息化发展规划》和《智能校园建设方案》，以"建设省内领先、国内一流的智能校园"为目标，精心做好智能校园建设的顶层设计、规划好智能校园平台可实时、常态化支撑学校诊改工作。 （2）学院按照顶层设计正在积极推进智能校园平台、安全及硬件建设工作。升级教务、图书管理系统，新建OA办公管理、科研管理、单招报名、智能信息平台和校园移动门户等。现有各类业务系统22个，其中16个业务系统实现单点登录，部分业务系统实现了数据源头采集和实时开放共享，正在逐步消除信息孤岛。 （3）建成智能信息平台，设置质控点238个。通过建立诊改任务实现对5个层面诊改工作的监测，能够推进行数据分析，并实时展现改标准的质控点进行预警，对各个任务中未达到诊改分析结果。对领导决策、教学、管理和后勤服务工作具有一定的指导意义。 2. 尚存在的问题及原因分析 （1）学院系统建设覆盖面不够全面，早期投入运行的部分应用系统功	1. 结合学院实际，加快"五横"层面应用的建设，建设一站式办事大厅，梳理办事流程，定制开发若干碎片化应用，做好业务系统的使用和数据生成工作，真正达到利用信息化促进学院各项建设水平提升的建设目的。 2. 树立全生命周期理念，加快校本大数据中心建设，规范数据治理，打通全部信息孤岛，实现大部分数据的源头、即时采集，让数据动起来、活起来，有

续表

诊断内容		诊断结论	拟采取的改进措施
智能化信息平台	哪些成效。	能比较单一，不足以支撑当前内部质量保证体系构建对数据的要求，亟待升级更换。(2)早期建设的数据中心不能完全满足诊改工作要求，智能校园数据中心已经建立，数据孤岛正在打通，数据治理任重道远，实现全部数据源头即时采集和实时分析仍需时间。(3)智能信息平台支撑度正在不断提升，没有实现所有质控点的实时采集和分析。	效地支撑诊改工作。3.不断完善"五横"层面质控点的设置，立足诊改工作需要，建立大数据支持系统，基于大数据挖掘技术对"五横"层面进行实时展现及分析，有效支持学院党政的科学决策，推动学院治理能力的信息化。

校长（签字）：杨卫军　　　　2018年12月10日

注：1. 报告内容必须真实、准确，务必写实，尽量不使用形容词和副词。
2. 每一项的"诊断结论"需阐明目标达成情况，尚存在的问题及原因分析，建议在500字左右。
3. 每一项的"拟采取的改进措施"需突出针对性，注重可行性，建议在200字左右。

第三部分

陕西省高职试点院校诊改典型案例

陕西工业职业技术学院
工程造价专业诊改案例

一、诊改基础

陕西工业职业技术学院工程造价专业是陕西省高职院校"一流培育"专业。本专业培养服务区域经济发展,具备工程造价及管理基础知识和基本技能,具有较强实际操作能力和创新能力,满足生产一线需求的技术技能人才。

(一)学生规模

截至2018年年末,工程造价专业在校班级21个,在校生1 007人。近年来,毕业生累计2 269人,初次就业率达到98%以上。

(二)师资队伍

本专业专、兼职教师共计49人。其中,专职教师37人,全部为硕士及以上学历。专职教师中,博士2人,在读博士研究生3人。专业带头人1人,专业骨干教师3人。企业兼职教师12人,其中造价工程师1人,高级工程师6人,工程师5人。

(三)实训条件

目前,已建有BIM工作室、管理沙盘模拟等校内实训室22个,主要服务于专业实验及实训教学、职业技能训练、技能大赛训练等实践环节。

为配合教学,学院采购专业预算软件,主要有广联达钢筋抽样软件、图形算量软件、计价软件等。

学院已与陕建十一集团有限公司签署"校企产学研合作协议",与中天集团第五建设公司、陕西鸿宇咨询有限责任公司、广联达股份有限公司等企业保持长期合作,共建设校外实践基地6个,具体情况详见表1。

表1 校企共建实训实习基地情况表

企业名称	服务实训项目	提供资源
陕建十一集团总公司	生产实习、顶岗实习	实体项目、场地
中天集团第五建设公司	建筑认知实习、顶岗实习	实体项目、场地
陕西鸿宇咨询有限责任公司	工程造价管理、工程招投标	实体项目、工程图纸
陕西天润有限责任公司	工程测量、地籍测绘	实训场地
广联达股份有限公司	建设项目预决算	实体项目、工程图纸
陕西祥隆建设有限公司	认知实习、生产实习	实体项目、场地

(四)建设成果

学生专业基础扎实、动手实践能力强,参与大学生创新项目6项。多次参加"全国高等院校广联达BIM算量大赛",均获得一等奖;参加"全国职业院校技能大赛建筑工程识图赛项",获得团体二等奖。毕业生就业质量高,社会声誉好。

近年来,教师共申报教科研项目21项,出版教材15部,发表论文87篇,获得陕西高等教育教学成果一等奖1项。

二、总体设计

对专业进行SWOT分析(图1),明确"内练素质、外塑形象",实施工程造价人才发展战略,加强工程造价专业师资队伍建设,是"十三五"时期的主要目标。

在前期基于线下的诊改工作中,已经编写了专业调研报告,制定了目标链、标准链,完善了专业建设标准、专业建设发展规划,撰写了专业教学诊断与改进实施方案。线下诊改理清思路,夯实基础。

在近期开展的基于平台的线上诊改中,充分发挥大数据统计作用,专业过程数据实时采集、实时监测、实时预警,并实时诊改。

进一步细化目标链、标准链,并设计工作流程,提炼质量控制点,确定实施方案,明确专业诊改以学年为周期,利用诊改平台实行实时预警,分析原因并提出改进措施。

图1 专业SWOT分析图

(一)目标链及学年目标的建立

依据学院"十三五"发展规划、"十三五"专业发展子规划,结合工程造价专业实际,以及工程造价专业市场调研和对毕业生跟踪调查访谈的结果,并根据国家级骨干专业、省级一流专业的要求确定工程造价专业的建设目标,形成以国家级骨干专业→省级一流培育专业→院级重点专业三级层级关系的目标链。

将具体目标分解为8个方面:专业定位与人才培养、师资队伍建设、课程建设、校企合作与国际交流、实践教学、教材与教学资源建设、创新创业与技能大赛、科研与社会服务。进一步制定出2018—2019学年详细的建设目标。如校企合作中,新增订单班1个;实践教学中,建设国家级生产性实训基地;教材与教学资源建设中,建设国家级精品在线开放课程1门,培育院级在线开放课程2门等。这些目标和诊改平台上的质控点相互对应,具体情况如表2所示。

表 2　工程造价专业建设目标链

目标分解	要素	2018—2019学年建设目标(值)
自上而下层层展开　自下而上层层保证（国家级骨干专业—细分化→省级一流培育专业—细分化→院级重点专业；保障措施具体化）	专业定位与人才培养	工程造价专业"二维培养、实境育人"人才培养模式
	师资队伍建设	新增专业带头人1名;专职教师中高级专业技术职务比例达到20%以上;"双师"素质专业教师达到80%
	课程建设	开发课程体系,突出能力本位,实践课学时50%以上
	校企合作与国际交流	新增订单班1个;专职教师参加企业实践锻炼2人;选派1名教师出国研修、培训和开展学术交流
	实践教学	新增校外实训基地1个;建设国家级生产性实训基地
	教材与教学资料建设	编写"十三五"规划教材1部;建设国家级精品在线开放课程1门,培育院级在线开放课程2门
	创新创业与技能大赛	学生参与省级以上技能大赛获得荣誉1项;教师参与省级以上技能大赛获得荣誉2项
	科研与社会服务	专职教师申报教科研项目3项;开展社会培训2次

(二)标准链的建立

专业建设目标确定之后,必须有建设标准予以支撑。只有制定出合理可行的建设标准,才能保证建设目标得以实现,关键是目标和标准之间存在对应关系。在学院总发展目标的指导下,借鉴国内不同地区专业建设经验,制定学院专业建设标准,根据学院专业建设标准,结合专业自身建设实际,按照国家级、省级、院级不同层次,制定本专业建设标准,形成专业建设标准链。

标准链紧扣目标链并与目标链一一对应。建立国家级骨干专业建设标准→省级一流培育专业建设标准→院级重点专业建设标准三级标准链;同样,也分解为8个方面的建设标准,并且每个方面都有相应的制度作为支撑,如图2和表3所示。

(三)质量改进螺旋的构建

以数据平台为支撑,围绕提高人才培养质量,构建"八步一环"质量改进螺旋,通过"目标—标准—设计—组织—实施(—监测—预警—改进—设计)—诊断—创新—改进"的不断循环,形成各自独立、相互依存的质量改进螺旋诊改机制,并以"八步一环"质量改进螺旋为流程开展自我诊改工作。

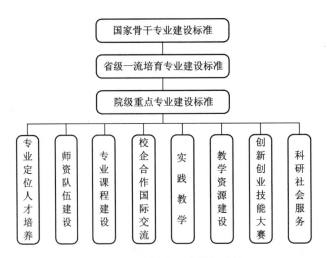

图 2　工程造价专业建设标准链

表 3　专业建设标准

序号	要 素	标准、制度
1	专业定位人才培养	2013 年 25 号　《关于印发陕西工业职业技术学院关于制定人才培养方案的原则意见的通知》 2013 年 42 号　《关于印发院（省）级重点专业建设及管理办法的通知》 2017 年教 6 号　《关于推进学院一流专业建设的通知》
2	师资队伍建设	2013 年 50 号　《关于印发陕西工业职业技术学院优秀教学团队建设及管理暂行办法的通知》 2014 年 129 号　《关于印发陕西工业职业技术学院骨干教师选拔及管理办法的通知》 2016 年 51 号　《关于印发陕西工业职业技术学院名师工作室建设管理办法（试行）的通知》
3	课程建设	2014 年教 5 号　《关于课程改革工作安排的通知》 2014 年教办 10 号　《关于制定课程标准的通知》 2014 年 104 号　《关于进一步深化课程改革的实施意见》
4	校企合作国际交流	2010 年 90 号　《关于印发陕西工业职业技术学院加强校企合作的若干意见的通知》 2016 年 20 号　《关于印发陕西工业职业技术学院教师出国（境）研修管理办法的通知》
5	实践教学	2007 年 1 号　《关于印发陕西工业职业技术学院实践教学中废旧材料处理暂行办法的通知》 2013 年 44 号　《关于印发陕西工业职业技术学院校外实践教学基地建设及管理暂行办法的通知》

续表

序号	要素	标准、制度
6	教材与教学资源建设	2013年39号 《关于印发陕西工业职业技术学院精品资源共享课程建设与管理暂行办法的通知》 2013年53号 《关于印发陕西工业职业技术学院教材评选、建设及管理暂行办法的通知》 2016年98号 《关于印发陕西工业职业技术学院在线开放课程建设管理办法的通知》
7	创新创业与技能大赛	2013年49号 《关于印发陕西工业职业技术学院学生技能竞赛管理办法的通知》 2013年119号 《关于印发陕西工业职业技术学院教师专业技能竞赛管理办法的通知》
8	科研与社会服务	2014年26号 《关于印发教科研项目管理办法(修订)的通知》 2010年47号 《关于印发陕西工业职业技术学院部门服务承诺实施办法(试行)等三项制度的通知》

三、专业自诊

通过数据分析、平台诊断,找出本专业在师资队伍建设、教学资源建设、专业课程建设等方面的不足之处,针对所出现的问题进行改进,最终有效地提高教学水平,提升人才培养质量。充分利用数据平台进行工程造价专业自我诊改,在数据平台中,按学院"八步一环"质量改进螺旋开展诊改,分为目标标准、组织实施、诊断改进3大阶段。

(一)目标标准阶段

将目标链中的具体目标进行展开,形成5个一级目标、16个二级目标,设计27个质控点(表4)。将学院"十三五"发展规划、"十三五"专业发展子规划的要求设定为标准值,根据本专业实际设定目标值。如实践类课程学分比例,标准值为50%,结合工程造价专业人才培养方案,将目标值调整为大于50%;应届毕业生初次就业率,标准值为90%,根据工程造价专业毕业生就业情况统计表,将目标值调整为98%;新生招生计划完成率,标准值为90%,结合往年工程造价专业的招生情况,将目标值调整为100%等。

表4 质控点明细表

序号	一级目标	二级目标	质控点
1	决策指挥	专业开设	专业建设标准
2		专业规划	专业建设规划
3		专业调研	企业需求岗位与专业培养岗位的吻合情况
4		专业人才培养方案	专业人才培养方案

续表

序号	一级目标	二级目标	质控点
5	资源建设	实践条件	实践类课程学分比例
6	资源建设	教学资源	教材选用省级以上精品或规划教材情况
7	资源建设	专业师资	专业专任教师"双师"素质教师占比
8	资源建设	专业师资	专业专任教师高级职称占比
9	支持服务	专业制度	专业人才需求调研
10	支持服务	专业制度	实践基地建设与管理制度
11	支持服务	专业制度	专业建设与管理制度
12	质量生成	在校生及毕业生	应届毕业生毕业率
13	质量生成	在校生及毕业生	学生辍学率
14	质量生成	教学评价	督导听课成绩优秀率
15	质量生成	教学评价	督导听课成绩合格率
16	质量生成	科研与社会服务	年度教师获得教科研项目数
17	质量生成	科研与社会服务	年度专业教师获得教科研成果奖及获得荣誉
18	质量生成	科研与社会服务	年度社会人员培训课时量
19	质量生成	课堂教学	学生缺课率
20	监督控制	教师与经费条件	专业课生师比
21	监督控制	教师与经费条件	专业生均教育经费
22	监督控制	建设效果	毕业生职业资格证书获取情况
23	监督控制	建设效果	应届毕业生初次就业率
24	监督控制	专业目标达成	完成年度专业建设主要任务情况
25	监督控制	专业目标达成	新生招生计划完成率
26	监督控制	专业教学	专业教学计划调整率
27	监督控制	专业教学	应届毕业生核心课程评价

（二）组织实施阶段

目标标准设定好之后，进入组织实施环节，采取有效措施，推进专业建设。

人才培养方面，加强校企合作，成立"正诚"造价订单班，引入职业标准，推进"学做一体"教学模式改革。对毕业设计进行改进，引入多个实际工程项目，按照企业对造价核算与成本管理岗位的能力要求指导学生完成施工图预算编制。

师资培训方面，通过进工程现场实际锻炼、假期集中下现场、技术服务等有效途径增加教师工程实践经历，进一步提高教师的生产实践能力；利用学院提供的多种国内外培训机会，接受先进教学理念，提高教师教学业务水平。

课程建设方面，转变传统教学手段和方法，加快信息技术应用，推动信息化与职业教育的深度融合。在理论授课和实训教学环节,采用混合式教学模式,实现在线预习、网络签到、实时解答、课堂讨论、资源共享,如图3所示。

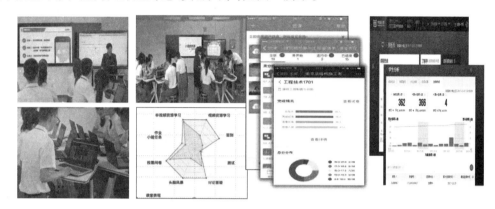

图3　混合式教学模式

校企合作方面,与上海鲁班软件有限公司开展战略合作,建立"鲁班学院",联合成立"西北地区鲁班BIM技术培训中心";与陕西区域地质矿产研究院合作,建设校企合作生产性实训基地;与西安正诚造价事务所合作,成立"正诚"造价订单班;与陕西境商地产有限公司合作,成立"境商"订单班,如图4所示。

图4　校企合作

教学资源建设方面,教师积极参与多媒体课件、微课的制作及在线课教学视频的录制,已建成《建筑概预算与工程量清单》《概预算软件》《安装概预算》三门在线开放课程。已完成多门基于工程造价岗位要求的实训教材建设,如《建筑工程概预算实务》《安装工程计量与计价实务》《装饰装修工程计量与计价实务》等,如图5所示。

图5　教材建设

技能大赛方面,以目标为导向,强化标志性成果产出。教师参加院级"优秀教案"评选,有5本教案获奖;参加"教坛新秀"评选,有6人获得"教坛新秀"荣誉称号;带领学生参加省级以上技能大赛,均取得优异成绩;教师参加"信息化大赛",获得陕西省高等院校信息化大赛一等奖、国家二等奖,如图6所示。

图6 技能大赛

社会培训方面,进行 BIM 培训、AutoCAD 培训,并对兴平市企事业单位人员进行继续教育培训。

在组织实施环节,依据重点工作,设置预警点,实行周期性预警,数据平台将未达标准值的工作进行预警反馈。当预警出现后,就要及时分析预警原因并提出改进措施,从而再去进行设计、组织、实施,这样就完成了"八步一环"中的一小环。如在诊改运行过程中,数据平台出现了2个预警点,预警一是"专业专任教师高级职称占比"。由于专职教师队伍年轻,多数教师尚未达到职称评审年限要求,后续可加强教师职称晋升及高层次人才引进得到改善;预警二是"年度教师获得教科研项目数"。可通过鼓励教师申报各级教科研项目进行提升。预警发现问题后,本年度已有3位教师陆续获得不同级别的科研项目,将数据上传至平台,此预警点就会消除。由于平台上的数据是关联采集且实时变化,这是基于数据平台进行诊改的优点,预警情况如图7所示。

(三)诊断改进阶段

到一轮诊改周期结束时,平台会对各个指标进行评判,这时就进入到诊断改进环节。由平台将实际值与目标值进行比对后,按照标准自动进行诊断,得到质量报告。数据平台会对各个质控点进行等级划分,系统显示等级分为A、B、C三级,A级为优秀、B级为合格、C级为不达标。对C级质控点对应的项目就要分析原因并提出改进措施。进行诊断改进之后,本轮诊改工作结束,并根据改进后的数据设置下一轮诊改目标值。此次质量改进螺旋的全部过程实施完成,诊断改进情况如图8所示。

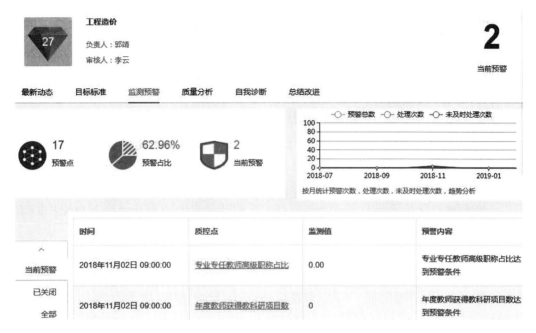

图7 平台预警点

图8 诊断改进环节

在一轮诊改结束后,平台会自动生成自诊报告。

四、存在的问题及改进措施

依据平台的数据反馈,结合组织实施情况,发现存在的主要问题,并提出改进措施,从而实现质量改进螺旋循环改进、螺旋上升,使专业质量得到提升。

(一)存在的主要问题

1. 师资队伍结构单一。本专业教师都具有较高的专业素养,学历较高,专业与任课方向一致,年轻的队伍呈现出很强的活力。教师队伍中青年教师比例过大,虽然工作热情很高,但是教学经验不足,教育培训任务艰巨,教师结构层次化需要加强。教师队伍的综合素质、教科研水平和创新能力有待进一步提高。

2. 教师信息化教学能力需进一步提高。工程造价专业正进行在线开放课程的建设,由于信息化建设起步较晚,教师应用现代信息技术的能力不足。

教学过程中积累的资料、课件、作业、评价、互动记录,科研过程中完成的交流活动,形成有价值的结论与报告,都富含大量的信息内容,因缺乏有效的系统整理,专业建设和课程教学的信息资源库较单薄,未形成系统化、标准化、立体化的理论、实践教学资源。

3. 产学研结合不够深入,社会服务能力有待提高。目前,我院开展校企合作的单位逐年增多,但合作深度不够,应进一步做好校企共建实训基地工作,进一步完善毕业生实习基地的规范化管理,实质性推动互惠共赢的校企合作、校所合作,建设校级和省级大学生实训实习基地。实现产学研结合协调发展,提升社会服务能力。

(二)改进措施

1. 校企结合、专兼结合,培养"双师素质"教师。进一步提高教师教学水平,加大青年教师的培养力度,将青年教师的培养作为教学团队人才队伍建设的重要任务,实现"老、中、青"相结合、"传、帮、带"一体化的教学团队建设模式。以全面提升师资队伍整体素质为核心,以专业梯队建设为重点,以提高人才培养质量为目标,以技能型高素质人才队伍建设为突破口,努力建设一支适应高职教育教学改革与发展需要,数量充足、梯队合理、素质优良,结构合理的"双师型"教师队伍。在专业教师的选聘上,一方面面向社会引进高素质、高技能人才,招聘专业对口、有一定实践经验、年富力强、素质较高的工程技术人员;另一方面是从现有教师中选拔部分人员送到高校和相关企业挂职实习,新进教师下工地、进实验室向老教师学习等一系列措施,全面提高教师业务能力。

2. 提升教师信息化素养,加强实训资源建设。通过多样化培训,提高教师信息化理论、技术、应用水平。明确学院信息化建设目标,鼓励教师参与教学能力信息化大赛。

围绕工程造价专业核心课程,建设课程教学资源库,主要包括在线开放课程库、多媒体课件库、视频动画库、案例库和试题库等。用现代信息技术改进传统教学模式,大力推进工程造价多媒体课件、微课、慕课的制作,破解学习难点。

在理论与实训教学过程中,强调"任务驱动、项目导向"的教学模式,突出"学中做、做中学"的一体化教学方法,将教学内容与实际工作融合统一,实现学生职业能力与岗位能力对接,加大实践教学比例,着力培养学生的职业技能和创新能力。

3. 提升教科研水平,主动服务区域经济建设。积极开展社会培训服务,以土建类社会资格认证考试为重点,面向建筑企业开展继续教育培训,多方面发挥学院社会服务功能,增强办学竞争力。

(1)以服务区域经济建设的大环境为中心,准确地进行专业人才培养定位,始终坚持培养服务于社会第一线的应用型高技能人才,主动适应和满足区域经济和地方生产的要求。

(2)将专业建设与社会服务能力建设紧密结合,以专业建设水平的提高带动社会服务能力的提升,处理好专业建设和社会服务能力建设的关系。

(3)以课程建设促进社会服务能力的提升。积极探索和创新课程建设模式,构建工作任务和工作过程导向的课程体系,以建设专业优质核心课程、在线开放课程为重点,以改革课程内容和教学方法为基础,全面提高专业课程教学质量。

(4)以师资建设提升社会服务能力。师资建设是专业人才培养工作的根本保证。按照"培养与培训结合、引人与引技结合"的原则,开展多种形式的专业教师技能培训和生产实践锻炼。

(5)将实验实训条件建设与社会服务能力建设有机统一。将面向学生的专业教学资源建设和面向社会的技术服务条件建设统筹安排,有机结合。按照"共建、共享、互惠、互利"的原则,与企业建立"共享型"校外实习基地,在充分保障学生职业技能训练的同时,也为开展社会培训、考证、鉴定和参与企业技术研发提供良好的平台。

五、诊改启示

目标设计合理,标准有效对应,质量改进螺旋上升。通过教学诊断与改进工作实践,教师的质量意识明显增强,坚持以"质量第一"为价值取向,"永不停歇、螺旋提升、逐级改进"应当成为职业院校的常态机制。

坚持把诊改工作持续、深入地推进下去,一要转变观念,注重管理水平的提升;二要不断地思考和完善各项基础资料,保证数据的科学性和合理性;三要确保各项目标、标准和规划的制定既切合学校实际,又能体现教学特色;四要各部门及全体教师全力合作,形成常态化周期性诊改工作机制;五要紧紧抓住"诊断"与"改进"两个关键词,通过自我诊断、改进提升,不断提高人才培养质量。

陕西铁路工程职业技术学院
信息化数据平台建设案例

陕西铁路工程职业技术学院作为全国27所诊改试点院校之一,认真学习领会教育部及陕西省相关文件精神,加快学院信息化建设步伐,搭建校本数据平台,助推诊改提档增效。

一、做好平台顶层设计

将信息化作为推动教育理念更新、模式变革、体系重构的内生变量,不断推进信息化服务供给模式升级和学院治理水平。完善管理信息化顶层设计。建立"覆盖全院、统一标准、上下联动、资源共享"的学院信息资源大数据,打破信息孤岛和数据壁垒,实现一数一源和伴随式数据采集。完善和优化业务管理信息系统,实时采集各业务系统运行的过程数据,建设质量监控分析平台,自动汇总统计和分析各个业务系统的关键数据,深化教育大数据应用,开发监测预警功能,提高利用大数据支撑学院管理、决策和服务的能力,构建全方位、全过程、全天候的支撑体系,实现学院信息系统全面整合和信息资源开放共享,助力教育教学、管理和服务的改革发展。

图1为陕西铁路工程职业技术学院信息化平台建设架构图。

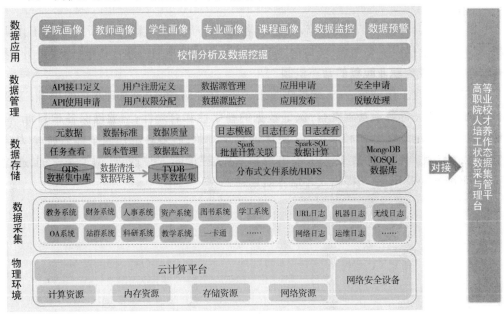

图1 信息化平台建设架构图

二、完善信息化基础物理环境

建设了标准化数据中心机房;进一步完善有线无线一体化网络环境(图2),扩容校园网出口带宽至10G;建设了私有云计算平台(图3);加强数据存储备份、网络运维、网络安全等安全保障;建成了满足信息化教学需求的多媒体教学场所。

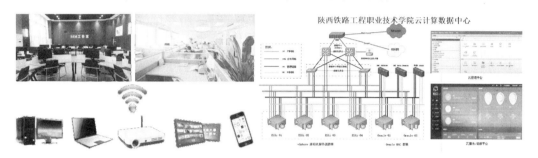

图2　有线无线一体化网络　　　　图3　私有云计算平台

三、健全信息化应用系统,提升治理能力现代化

建成了覆盖学生、教工全周期的学工、人事、财务、教务、办公、资产等42个信息化应用系统(图4~图7),实现办公、信息管理、档案管理和日常业务工作的规范化、标准化,力求实现"业务流程化、接口顺畅化、监控实时化、体系信息化、改进持续化"。

图4　校园一卡通　　　　　　　　图5　智慧教室

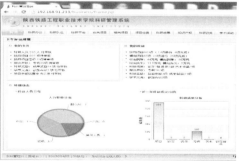

图6　学工管理系统　　　　　　　图7　科研管理系统

四、建设共享数据中心,消除信息孤岛

制定了信息规范、信息编码和数据交换标准,规范数据的采集、处理、交换流程。消除了信息孤岛,打通融合了教务、人事、办公、财务、资产、一卡通、图书、学工等20个业务系统。实现对基础数据、业务数据、历史数据与资源的集中存储、统一管理,建立数据交换平台,构建共享数据中心,统一身份认证平台和统一信息门户平台(图8、图9),实现一站式访问,提供个性化信息展示和移动式信息查询。

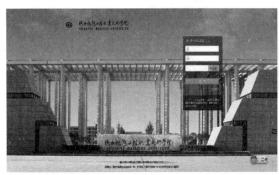

图8　统一身份认证

图9　统一信息门户

五、丰富课堂信息化教学手段,重塑课堂教学形态

聚焦课堂教学,全面采用贯穿课前、课中、课后的课堂教学助手,课前向学生推送教学资源,课堂实施线上线下教学(图10),采集师生签到、头脑风暴、讨论、提问、在线测试等教学行为过程数据,课后采集教学满意度和课堂教学目标评价数据,及时推送学生学习和教师教学质量分析报告,实现在线发起,实时诊断,及时改进。

图11为陕西铁路工程职业技术学院信息化教学平台示意图。

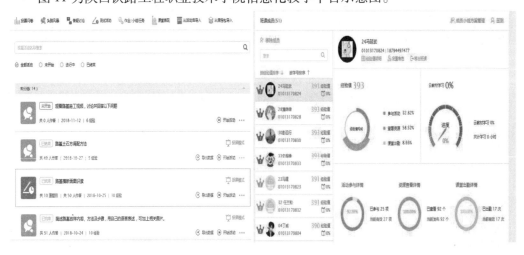

图10　信息化教学 App

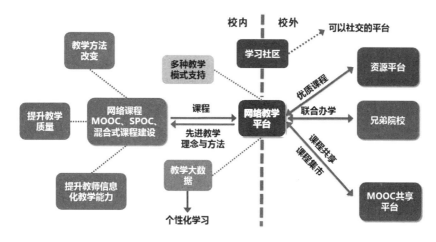

图 11　信息化教学平台

六、搭建顶岗实习云管理系统,破解实习监管难题

构建了顶岗实习云管理系统(图 12),围绕事前、事中、事后环节,从顶岗实习审批、顶岗实习签到、周报、月报、批阅、交流,顶岗实习总结、考核、评价等方面进行全程监控,实时采集顶岗实习过程数据,实时跟踪监测学生签到、地理位置变化、周报及月报和教师批阅、交流及指导情况,建立学院、系部顶岗实习监控机制,对连续 3 天未签到、未及时递交或批阅周报、月报等情况发布预警,督促预警问题及时处理,实现了基于实时交互和监控的顶岗实习管理方式。

图 12　顶岗实习管理平台(PC 端、手机端)

七、打造移动一站式服务办事大厅,助推管理方式变革

开展了校园移动 App 和一站式网上办事大厅的建设(图 13、图 14),并与微信相对

接,利用 App 或微信实现学院事务网上申请、办理、反馈和全流程监督,做到事项清单标准化、办事指南规范化、审查工作细则化、业务办理协同化,实现"一张表管理"和"一站式服务"。

图 13　移动校园 App

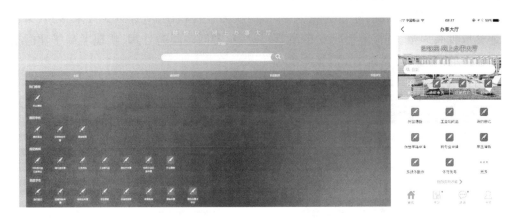

图 14　网上办事大厅(PC 端、手机端)

八、构建大数据监控预警平台,提升管理决策效能

建立"覆盖全院、统一标准、上下联动、资源共享"的学院信息资源大数据(图15),打破信息孤岛和数据壁垒,实现一数一源和伴随式数据采集。完善和优化业务管理信息系统,利用大数据技术,实时采集"公有云"和"私有云"等各业务系统运行的过程数据,自动汇总统计和分析各个业务系统的关键数据,对学院、教师、学生、课程、专业 5 个维度进行立体画像,建设质量监控分析平台,构建多维度的科学评价体系,实现数据可视化、数据钻取、数据分析、数据预警和状态报告等功能。深化大数据应用,开发监测预警功能,提高利用大数据支撑学院管理、决策和服务的能力。

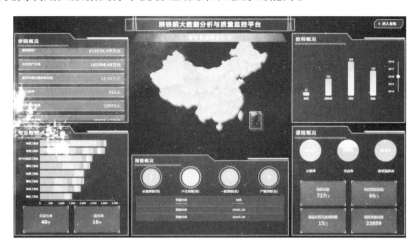

图 15 大数据分析与质量监控平台

九、提素养,全面提升师生和管理者的信息化素养

学院认真学习了习近平总书记关于网络安全和信息化建设的重要讲话精神,积极探索多形式、多途径、全方位的网络信息安全宣传矩阵与信息化培训提升方案;开展了以深度融合信息技术为特点的培训,使教师树立信息化教学理念,改进教学方法,提高教学质量,定期邀请"智慧职教""尔雅""蓝墨云"等教学平台技术人员和教学专家来校开展课堂信息化教学能力提升培训;选派教师参加信息化教学设计能力、信息化课堂组织等方面培训,并进行经验分享;同时继续做好学院教师教学比赛、微课比赛、信息化教学大赛、教坛新秀、教学能手等比赛,强化信息化手段应用,以比赛促交流、促提升,全面提高广大教师的信息化素养;开展管理人员教育信息化培训,提高业务部门的信息化意识,提升信息化规划能力、执行能力和评价能力。

学院立足学院实际,坚持试点先行,分步推进,总结经验,完善提升,不断优化质量保证体系,促进了陕西省"双一流"建设和优质高职院校建设,省内外多所院校来院交流诊改工作,发挥了诊改试点引领作用。

陕西交通职业技术学院
《发动机电控系统检修》课程诊改案例

一、课程质量基础

(一)课程基本信息

课程基本信息如表1所示,自2016年9月开始至今,该门课程已在2015级和2016级共9个班开设,已完成了两轮教学任务的实施。

表1 课程基本信息

课程名称	发动机电控系统检修	课程代码	0202107
授课对象	汽车检测与维修技术专业	课程性质	专业核心课
课程定位	汽车机电维修岗位	学分/学时	4/72
所属部门	汽车机电教研室	授课时间	第三学期
选用教材	《发动机电控系统维修》 彭小红主编 任春晖主审 人民交通出版社 省级示范院校建设成果		

(二)课程建设基础

自2013年以来,该课程就不断纳入学校及二级学院各项重大专项工作的建设任务当中。2013年,学校质量提升第一批计划建设优质课程;2014年,汽车工程学院教改立项建设课程;2015年,3年行动计划骨干专业建设课程;2015年,专业综合改革建设课程;2016年,进入试点诊改阶段;2017年,省级一流专业计划建设课程;2018年,校级精品在线开放课程建设课程。教学条件主要依托学校省级实训基地,以及与一汽丰田、广汽丰田、东风标致雪铁龙、上汽大众、长安福特、奔驰、中德机电等世界知名品牌的合作实训中心,校外有陕西省公路汽车检测维修中心、西安海纳小汽车修理厂、西安子上汽车维修公司等实训基地,这些都为本门课程的建设奠定了良好的基础。

二、课程诊改运行

为保证课程诊改顺利实施,课程团队以"目标、标准、设计、组织、实施(监测、预警、改进)、诊断、激励、学习、创新、改进"质量改进螺旋为基础,认真梳理本课程诊改要素内涵,牢牢把握课程建设关键因素及特点,进行广泛的调研与讨论,构建本课程的"8字形质量改进螺旋"框架,如图1所示。

(一)目标标准

1.设计原则。本课程诊改以"问题导向,定性评价与定量分析相结合,课程剖析与数据分析相结合,持续改进激发课程团队内生动力"为原则。

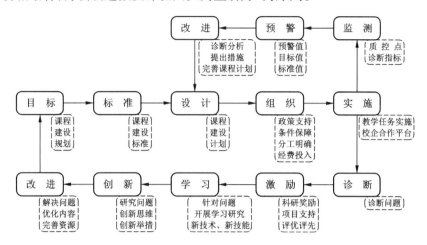

图 1　课程质量改进螺旋

2.确立目标。课程团队在广泛调研分析的基础上,对课程进行 SWOT 分析(图 2),面临西安市汽车产业发展机遇,企业人才需求标准越来越高,迫切需要全面系统地规划课程核心内容,加强内涵建设,提高育人质量。

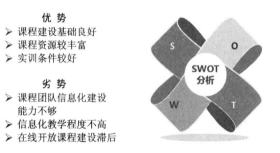

图 2　课程 SWOT 分析

课程团队及课程负责人在 SWOT 分析结论的基础上,根据《陕西省教育事业发展"十三五"规划》《陕西交通职业技术学院"十三五"事业发展规划》和《汽车工程学院"十三五"事业发展规划》中明确的专业与课程建设发展规划,结合专业建设发展目标,确定课程建设的总目标是通过校级精品在线开放课程建设,打造省级精品在线开放课程及优质课程资源包(图 3)。具体从课程建设、教学团队建设、资源建设和课程质量建设对总目标进行细化,构建目标链(图 4)。

3.制定标准。为了保证课程目标任务的实施完成,根据本课程的目标定位,参考企业岗位工作质量要求,制定出科学合理、可操作、可检测的课程建设标准,形成标准链,如图 5 所示。

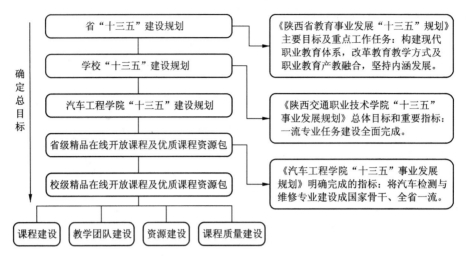

图3 课程总目标的确定

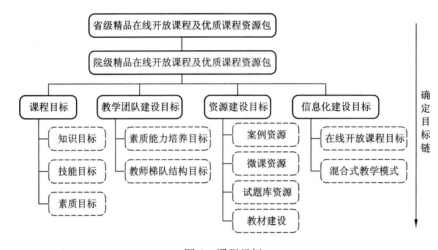

图4 课程目标

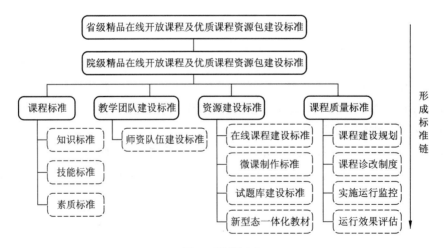

图5 课程标准

(二)组织实施

为了对课程建设目标任务的完成情况进行精准考量,筛选出对课程建设质量影响较大的37个因素作为课程的质量控制点(表2)。该课程教学任务的实施由汽车工程学院专业团队和课程团队组共同组织实施。在实施中,授课教师负责实时检查,自主诊改;课程团队负责对课程进行常态化诊改;汽车工程学院负责全程对课程总体教学进行考核评价。

表2 《发动机电控系统检修》课程质量控制点

序号	质控点	目 标	标 准	预 警
1	适用专业	满足	满足	不满足
2	总学时	满足	满足	不满足
3	周学时	满足	满足	不满足
4	课程类型	满足	满足	不满足
5	课程性质	满足	满足	不满足
6	是否专业核心课	满足	满足	不满足
7	是否建立课程组	是	是	否
8	课程组人数	≥3人	2人	1人
9	课程标准(是否具有)	有	有	无
10	课程教材(是否具有,提供教材信息)	有	有	无
11	教学计划(是否具有,提供材料)	有	有	无
12	授课教案(是否齐全)	是	是	无
13	学生工作页数量	有	有	无
14	学生习题集	有	有	无
15	静态资源	<50%	50%	>60%
16	动态资源	>50%	50%	<40%
17	网页课件(在线学习的学习资料)	>50%	40%	<40%
18	试题库(是否具有)	>20套	10套	<10套
19	试题数	试题数>200	80<试题数≤200	试题数<80
20	信息化教学资源更新率	更新率≥75	30<更新率<75	更新率≤30
21	学生、教师、社会用户访问量	访问量>5 000	1500<访问量≤5 000	访问量<1 500

续表

序号	质控点	目标	标准	预警
22	课程教学是否应用信息化教学平台	是	是	否
23	信息化平台在课程教学中应用的比例	≥80%	50%≤应用比例<80%	<50%
24	师生在信息化教学平台中的互动人数	互动人数≥2 000	1 000<互动人数≤2 000	互动人数<1 000
25	实验实训开出项目数	开出项目数=100%	开出项目数≥80%	开出项目数<80%
26	到课率	100%	>90%	<80&
27	作业布置次数及批改率	作业批改率≥90%	80%<作业批改率<90%	作业批改率≤80%
28	学生的作业完成质量（优、良、中、及格、不及格）	优	良	不及格
29	过程性考核次数	过程性考核次数≥8	5<过程性考核次数<8	过程性考核次数≤5
30	辅导答疑次数	答疑次数>30	25<答疑次数≤30	答疑次数≤25
31	课堂满意度	课堂满意度≥90	80<课堂满意度<90	课堂满意度≤80
32	督导评价	督导评价≥90	80<督导评价<90	督导评价≤80
33	调课次数	调课率≤10%	10%<调课率<20%	调课率≥20%
34	学生评教	评教分数≥90	80<评教分数<90	评教分数≤80
35	及格率	及格率≥90%	70%<及格率<90%	及格率≤70%
36	期末考试平均成绩	>70	70	<60
37	总评平均成绩	>70	70	<60

（三）监测预警

在本课程第一、二轮教学任务实施的过程中，主要通过各级督导随机听课，教务处和质控办在学期初、学期中、学期末的教学检查（包括教师评学，学生评教），督导室与二级学院日常检查构成纵向监控体系。同时，通过教研室检查、同事间互相听课、教研室活动构成横向监控体系，线下纵横结合及时对课程37个质量控制点进行监测。

在第一轮教学任务实施中，实时监测预警发现静态资源建设、动态资源建设和信息化资源建设不均衡、老师资源建设水平有限等问题。课程团队明确责任，落实到人，实时改进，增加了动态资源与信息化资源建设，有力地解决了资源建设不均衡的问题；同时，课程团队老师加强资源建设的培训与学习，使教师资源建设水平在不断监测预警中得到大幅度提升。

在第二轮教学任务实施中,实时监测预警发现信息化平台使用和网页课件(在线学习资料)偏少的问题。课程团队针对预警问题进行仔细梳理,将需要改进的问题进行细化,明确实时改进目标。同时制定配套政策,明确分工,在不断提升老师自身能力与水平的同时借助校企合作平台,整合优质资源。通过第2轮实时改进,预警问题按照预期改进目标得到了很好的解决。

第三轮教学任务实施时,在原线下监测预警基础上添加了线上实时监测预警。如图6、图7所示,在教学任务实施中可依据智能校园管理信息平台进行全方位实时监测。通过教学检查、后台数据分析、教学部门上报、网上视频监控等途径收集教学信息,强化日常教学监控与管理。

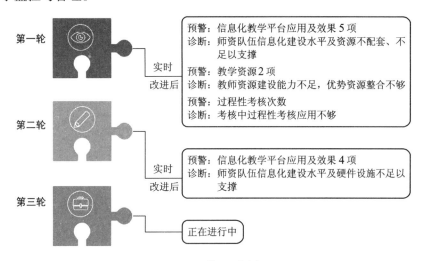

图6　预警问题诊断

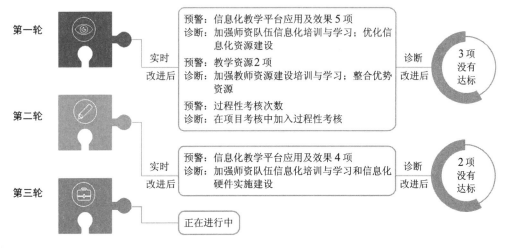

图7　诊断问题的改进

(四)诊断改进

针对监测预警改进后课程建设与课程教学仍然存在的问题,进行诊断分析(图6),并针对问题提出措施加以改进(图7)。

(五)激励创新

1. 激励。在课程建设诊改中,陕西交通职业技术学院对于学生满意度或好评率较高的课程团队,在项目支持上力度更大,参加培训交流的机会更多,职称晋升和评优评先等方面都优先考虑,鼓励其继续做好课程建设;对于学生满意度或好评率过低的课程,进行通报批评、约谈,督促其限期整改。

2. 学习创新。本课程教学团队教师多次参与行业协会、校企合作企业举办的技术交流和培训,通过对新技术的学习和交流,教师的知识体系不断得到及时更新,有力地提升了课程团队的教学能力和水平。同时,在课程建设期间,课程团队不断创新课程建设思路,规范课程知识体系结构;创新教学模式,激发学生自主学习的能力;创新考核评价体系,加入汽车品牌机电维修等级认证;创新教学资源建设渠道,整合校企合作优质教学资源,丰富课堂教学;创新激励机制,充分调动授课教师的积极性,有力地提升了课程建设质量。

三、课程改进成效

(一)学生对课程的整体评价提高

通过两轮半教学任务的实施,改变了教学模式、教学手段与教学方法。打破教师和学生的界限,教师就在学生身边,大大地激发了学生学习的积极性和主动性,达到事半功倍的教学效果,学生对两轮诊改期间的授课教师评价明显提高(图8),对课程的整体评价大幅度提高(图9)。

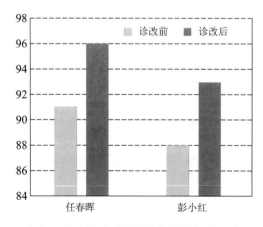

图8 诊改前后两轮授课教师评分对比图

(二)课程教学团队综合能力提高

经过两轮半教学任务的实施,对该课程教学团队进行优化,教师年龄、学历、职称、

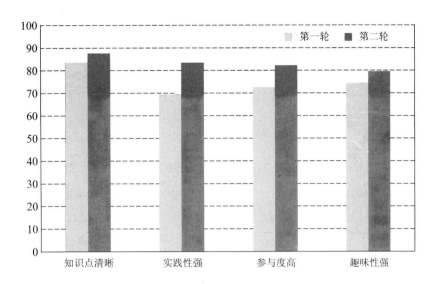

图 9 学生对课程整体评价对比图

教学水平、专兼职等结构更加合理,为本课程的持续改进提供了支撑(表 3),全体教师的教改能力得到大幅度提升(图 10)。

表 3 课程授课教师情况

序号	姓 名	性别	年龄	学 历	专业技术职务	专 业	备 注
1	任春晖	女	46	研究生	教授/技师	载运工具运用工程	陕西交通职业技术学院
2	崔选盟	男	54	研究生	教授/技师	载运工具运用工程	陕西交通职业技术学院
3	代新雷	男	43	研究生	讲师/工程师	动力机械及工程	陕西交通职业技术学院
4	彭小红	女	41	研究生	副教授	动力机械及工程	陕西交通职业技术学院
5	黄晓鹏	男	36	研究生	副教授/技师	车辆工程	陕西交通职业技术学院
6	黄珊珊	女	37	研究生	副教授	载运工具运用工程	陕西交通职业技术学院
7	魏秋兰	女	37	研究生	副教授	载运工具运用工程	陕西交通职业技术学院
8	刘聪军	男	45	大 学	技师	汽车运用工程	西安子上汽车维修公司

(三)学生综合素养能力提高

通过两轮诊改,学生的综合素养能力培养对比如图 11 所示。

(四)企业对学生的评价提高

通过已完成的两轮教学任务的实施,依据学生顶岗实习相关单位反馈的信息,相关单位对学生评价的反馈意见均在满意等级以上。图 12 为两轮教学任务实施前与实施后企业对学生的评价对比图。

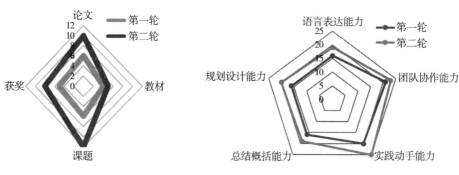

图 10　课程团队教改能力情况　　　　图 11　学生综合素养能力对比

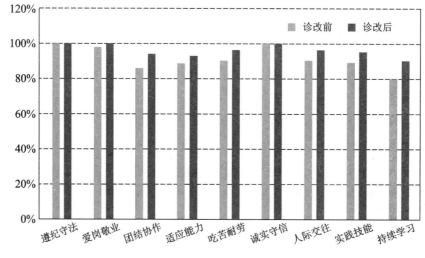

图 12　诊改前后企业对学生的评价

四、下一步努力的方向

1. 校企联手，完成精品在线开放课程建设。该课程经过两轮教学任务的实施，在信息化资源上劣势明显。课程组借助校级精品在线开放课程建设与校企合作平台，加大加快动态资源及线上资源的建设，整合行业、企业发动机电控系统检修优质数字化资源，不断丰富课程资源库，完成校级精品在线开放课程建设。同时，积极申报省级精品在线开放课程。

2. 信息引领，实现O2O混合式教学。在"互联网＋"大时代背景下，国家大力倡导信息化教学，在理实一体的教学方法上，强化信息化平台的作用。在教学过程中鼓励课程团队及学生使用信息化平台，教师利用平台对学生进行考勤、发布作业、答疑解惑等；学生利用信息化平台查询课程相关信息、反馈学习效果，以便教师及时调整授课内容、方法，保证授课质量，真正实现《发动机电控系统检修》课程教学的O2O混合式教学。

杨凌职业技术学院"两链"打造典型案例

学校、专业、课程、教师、学生5个层面的目标与标准,是高等职业院校内部质量保证体系诊断与改进的核心要素,目标链与标准链的科学性、系统性、可行性,是学校诊断改进、推进发展的基础。近年来,杨凌职业技术学院结合自身实际,立足长远发展,依据学院"十三五"发展规划,结合创新发展行动计划、陕西"四个一流"建设计划,按照"党委领导,全员参与;问题导向,系统诊断;目标引领,标准先行;聚集体系,精准施策;信息支撑,智能管理;边诊边改,螺旋上升"的48字诊改思路,坚持"诊改要点与年度重点工作相结合,诊改目标与学校深化改革目标相结合,诊改实效与办学治校要求相结合",科学打造"两链",明确目标标准,为持续推进诊断改进工作奠定了坚实基础。

一、学院层面

学院提出了以"内涵发展、质量提升"为核心,以构建"一流人才培养体系、一流专业发展体系、一流人才与人事管理体系、一流支撑保障体系"为支柱和智能化信息平台建设为支撑的"一核四柱一平台"学院发展目标体系总体思路,科学制定了学院"十三五"发展规划、10个专项规划及14个分院部"十三五"发展规划,教师制定了个人发展规划,形成了以总体规划为统领,以10个专项规划及14个分院子规划为支撑,衔接贯通专业、课程、教师、学生等方面完善的三级目标链(图1)。

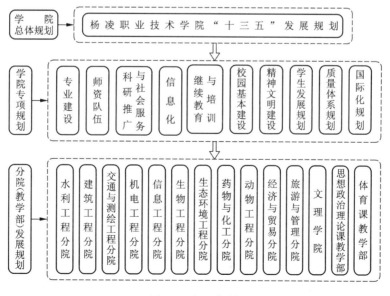

图1 三级目标链

以法规、制度和岗位职责和工作标准为准则,形成学院层面的标准链(图2)。制定、修订、完善各项工作制度272项,废止制度80余项,形成了党建与组织、"一章八制"、教学与质量、人才与人事管理、学生教育与管理、科研推广与社会服务、财经内部控制、纪检监察、服务保障等9大制度体系;厘清了45个处、科级机构职责,修订完善处、科级干部职责80个,工作人员岗位职责111个,修订完善干部、教师、各类工作人员岗位工作标准191个;建立了部门、干部、教师、工作人员考核评价和自我诊改机制,确保制度和标准的有效执行。

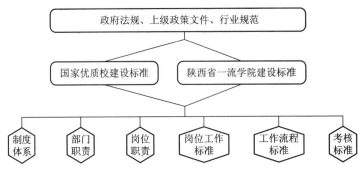

图2　学院层面的标准链

二、专业层面

2015年下半年,学院对全院专业进行了全面自评自诊,将专业按服务面向分为八大集群进行建设,提出了"农林做特、水利做优、土建做强、机电做精、管理做新"的建设思路,制定了建设20个左右国内一流专业、20个左右陕西特色优势专业、20个左右院内标准化建设专业的专业发展体系。2016年伴随着国家创新发展行动计划和陕西"四个"一流建设的陆续启动,学院有17个专业进入国家创新发展行动计划骨干立项建设专业,19个专业进入陕西一流立项建设专业。随后,学院结合内部质量保证体系的建设与运行,再次进行诊改,修订了专业建设发展规划,进一步明确了首先以建成6个国内一流专业为引领,同步带动13个培育专业建设国内一流专业的发展目标,构建了以19个国内一流专业为引领、21个省内特色优势专业为支撑、28个学院标准化专业为基础的专业建设三级目标链(图3)。

依据目标链,以国家专业教学标准为基准,修订专业建设制度8项,制定了三层次专业的建设标准,形成了与三级专业建设目标相适应的标准链。

三、课程层面

学院紧紧契合专业发展,不断完善课程建设目标,将课程建设总目标由精品资源共享课,调整为精品在线开放课。紧扣"知识、能力、素质"三要素设定教学目标,创新实施了融"通识课、专业课、行为养成课、创新创业课"为一体的"四位一体"人才培养方案,进一步理顺了课程体系,优化了课程内容,形成了国家、省级精品在线开放课,学院线上线下混合课三级课程建设目标链(图4)。

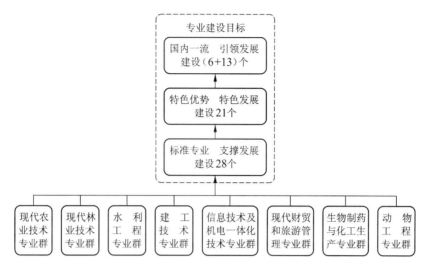

图 3　专业建设目标链

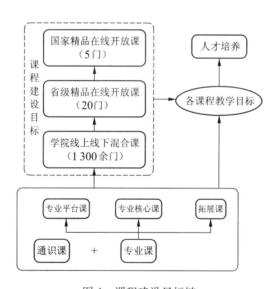

图 4　课程建设目标链

以"知识、能力、素质"三要素教学目标为指引,依据课程建设目标,制定课程建设标准,形成了三级课程建设标准链(图 5)。

四、教师层面

对标学院"十三五"发展规划和专业建设规划,制定了教师队伍建设规划和教师个人发展规划,将教师个人发展融入学院师资、专业、课程建设队伍之中,使教师个人发展与学院专业、课程建设相适切。以"四有"好老师为基准,按照教师"引入、培养、成长、发展、引领"5 个发展阶段,明确了发展目标,制定了具体、可检测的评价标准,形成教师发展标准链(图 6、图 7)。

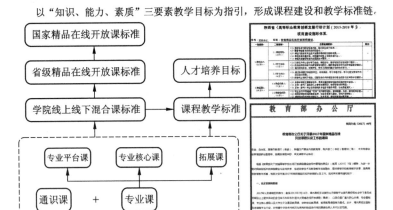

图 5　课程建设标准链

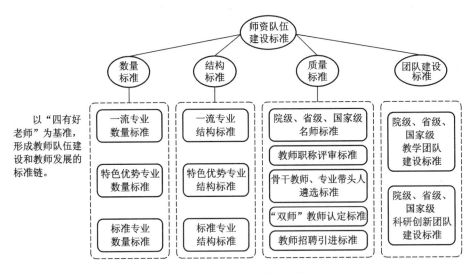

图 6　师资队伍建设标准链

图 7　师资个人发展标准链

五、学生层面

围绕"德技并修,全面可持续发展"育人理念,通过《学生全面发展规划》的修订和《职业生涯规划》课程的开设,引导学生确定个人发展目标,形成学生发展目标链(图8)。

以学生综合素质提升为导向,依据学院人才培养方案及《加强学生综合素质教育工作实施方案》等素质教育相关要求,建立《学生第二课堂成绩单》等制度,制定和完善学生思想道德标准、行为规范标准、身心健康标准、职业能力标准,形成学生全面发展标准链(图9)。

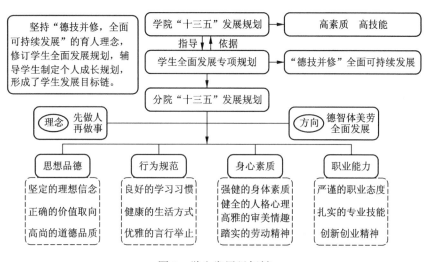

图8 学生发展目标链

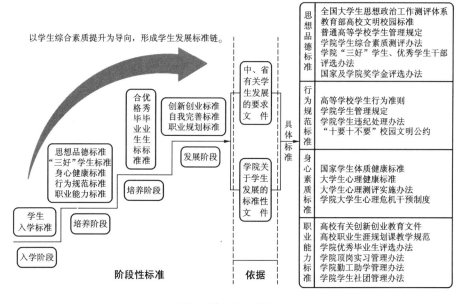

图9 学生发展标准链

西安航空职业技术学院
机电一体化技术专业诊改案例

一、传承特色,明晰基础

(一)发展历史

机电一体化技术专业是西安航空职业技术学院重点打造的优势专业之一,2002年获批陕西省教学改革试点专业,2007年被确定为国家示范院校重点建设专业,2010年圆满完成国家示范院校重点专业建设验收。2016年被立项为创新发展行动计划"骨干专业"。

(二)专业基本情况

1. 人才培养模式及专业定位。经过前期建设,专业形成了特色鲜明的"123543"的人才培养模式。重点面向航空产业发展和陕西地方经济发展的需求,主要培养以服务区域经济、航空制造、智能制造生产一线的机电设备安装、调试、操作、维修、管理等的高素质技术技能人才。

2. 师资队伍。现有专任教师10人,其中教授1人,副教授5人,讲师2人,硕士及以上学位8人,省级教学名师3人,省级优秀教师1人,4名教师具有赴德国、新加坡等国家学习、培训的经历。2009年,机电一体化技术专业团队获评陕西省优秀教学团队。

3. 教学资源。拥有实验实训室9个,中央财政支持实训基地2个。专业建成了丰富的课程资源,包括国家级精品课程1门、国家级精品资源共享课程1门、省级精品课程3门,出版教材9部。

4. 生源情况。目前在校生约780人。

二、聚焦差距,设计建标

(一)目标路径

机电一体化技术专业紧扣国家"十三五"发展规划、《中国制造2025》等国家战略,结合航空产业和区域经济特点,深入企业调研、分析,掌握行业、企业需求动态,了解工业技术发展趋势。参照学院《"十三五"专业建设与发展规划》,结合专业建设现有成效,确定专业建设总目标为:建成国家"骨干专业"(图1)。

(二)找准差距

通过企业调研,对专业进行SWOT分析,确定专业具有国家示范建设基础、省级教学团队和地处航空产业区域的优势;存在信息化教学资源和校企深度合作方面的不足;专业有着高职创新发展行动计划骨干专业立项建设契机,面临同类院校同专业发展的竞争,以及技术新、发展速度快的挑战。

图1 目标路径

对标国家骨干专业建设标准,结合专业现状,经团队分析、研究,确定专业建设中亟待解决的问题有4项:

(1)生产性实训基地数量不足。
(2)创新创业教育有待于加强。
(3)信息化教学资源数量不足。
(4)校企合作深度不够。

(三)目标链

紧扣国家骨干专业标准,围绕存在的问题,从学院发展战略出发,参照学院"十三五"专业发展规划、二级学院专业发展规划,对焦专业建设总目标,确定专业各项建设目标及分年度建设目标,通过持续建设与改进,将机电一体化技术专业建成具有先进职教理念、特色鲜明、培养质量高的国家"骨干专业"(图2),从而有效提升人才培养质量。

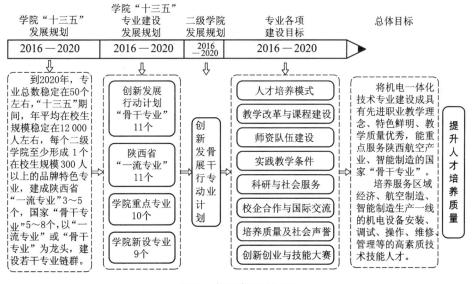

图2 专业建设目标链

（四）标准链

对照目标链，梳理专业建设标准链（图3）。从专业运行和专业建设两个维度细化出专业的分年度建设目标和标准。

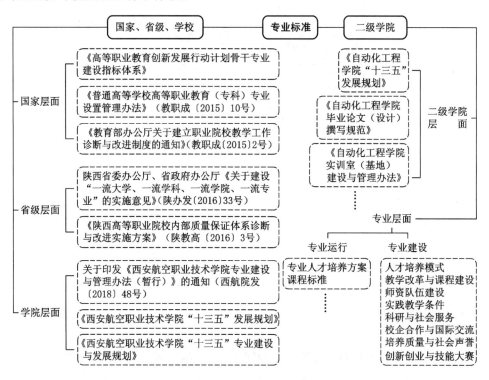

图3　专业建设标准链

三、诊断问题，质量改进

（一）体系构建

确定专业诊改工作机制和诊改思路，构建质量改进螺旋（图4）。从专业建设目标

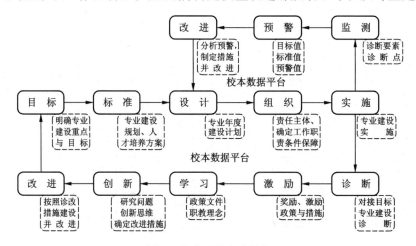

图4　构建质量改进螺旋

标准出发,制定专业建设年度计划,实施专业建设与改进,对焦目标,诊断问题,激励学习、创新改进形成静态循环。实施过程中通过监测预警、改进、设计对专业建设与运行构成动态循环。

(二)2018 年度目标标准

按照诊改思路,首先确定 2018 年度目标标准。将 2017 年未完成的两项任务,即生产性实训基地建设和在线开放课程建设,纳入 2018 年运行与建设目标中,从人才培养模式、教学改革与课程建设、师资队伍建设、实践条件建设、科研与社会服务、校企合作与国际交流、培养质量与社会声誉、创新创业与技能大赛 8 个维度展开建设与改进。

针对专业建设与运行的 35 项任务确定目标值、标准值和预警值(图5)。

序号	类别	规划指标	目标值	标准值	预警值	序号	类别	规划指标	目标值	标准值	预警值
1	人才培养模式	现代学徒制的人才培养模式(套)	1	1	1	19	科研与社会服务	科研课题(项)	3	1	2
2		优化人才培养模式	1	1	—	20		社会培训人数(人)	>35	30	30
3	教学改革与课程建设	省级在线开放课程(门)	2	1	1	21	校企合作与国际交流	学生企业顶岗实践人数(人)	>140	130	130
4		院级在线开放课程	3	2	2	22		校外实习顶岗实训基地(个)	6	3	4
5		优质信息化教学资源包(个)	2	1	1	23		校企合作订单班	8	6	5
6		在线开放课程上传资源数量(个)	1400	1200	1200	24		教师出国(境)进修培训(人次)	1	1	1
7		教学改革研究项目(项)	3	2	2	25	培养质量与社会声誉	每年稳定招生人数(人)	>400	>300	350
8		整合优化课程内容(门)	4	3	3	26		在校生人数(人)	>700	500	600
9		改革课程教学模式及方法(门)	5	3	3	27		学生职业资格技能鉴定(人)	200	120	150
10		优质教材建设(部)	3	2	2	28		学生第一志愿报考率(%)	≥95	90	92
11		新增专业课程(门)	3	2	2	29		学生报到率(%)	≥95	90	93
12	师资队伍建设	专业骨干教师(名)	7	4	5	30		学生就业率(%)	≥96	95	95
13		"双师型"教师比例(%)	90	80	90	31	创新创业与技能大赛	国家级比赛获奖(项)	3	2	2
14		引进企业高层次人才累计(名)	1	1	1	32		省级比赛获奖(项)	7	5	5
15		企业兼职教师数(名)	1	1	1	33		院级比赛获奖(项)	15	10	12
16		年度新增教师(名)	2	1	1	34		参加创新创业大赛数量(项)	7	5	5
17	实践条件建设	校企共建生产性实训基地(个)	1	1	1	35		创新创业大赛获奖数量(个)	6	3	3
18		新建扩建实训基地(个)	2	1	1						

图 5　2018 年度任务目标、标准及预警值

(三)设计质量监控点

从目标标准出发,将 8 个维度的建设任务转化为 43 个质量监控点,如图6、图7所示。

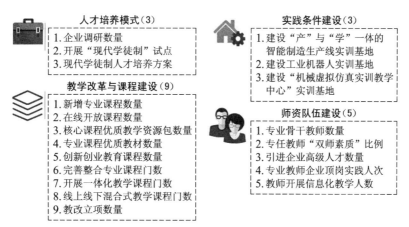

图 6　质量监控点 a

科研与社会服务(3)
1. 省级科研立项数量
2. 院级科研立项数量
3. 师资或企业员工培训人数

培养质量及社会声誉(9)
1. 年度招生人数
2. 在校生人数
3. 第一志愿报考率
4. 学生报到率
5. 初次就业率
6. 参加创新创业大赛数量
7. 创新创业获奖数量
8. 技能大赛获奖数量
9. 毕业生薪资待遇

校企合作、国际交流(5)
1. 学生企业顶岗实践人数
2. 校企合作订单班数量
3. 校外实训基地数量
4. 教师国外(境外)培训交流人数
5. 学生国外(境外)学习、实习人数

创新创业与技能大赛(6)
1. 参加创新创业大赛数量
2. 创新创业获奖数量
3. 国家级技能大赛获奖数量
4. 省级技能大赛获奖数量
5. 院级技能大赛获奖数量
6. 学生职业资格证书获证人数

图 7　质量监控点 b

（四）组织

自动化工程学院成立了质量保证组以及专业、课程、教师发展、学生发展 4 个专项质量保证小组。机电一体化技术专业教学团队全员参与,按各责任主体确立组织体系与工作,明确责任到人。

（五）诊改实施

在诊改实施过程中,以专业建设为统领,以人才培养为主线,通过企业调研,结合学校、二级学院发展规划,修订人才培养方案,完善专业建设标准体系,改革教学方法,整合课程内容。不断加强师资队伍建设,提升教师的科研能力。提升"双师型"教师比例,稳步推进实训教学条件建设,完善实验室管理,深化校企合作,强化学生实践技能,提升培养质量。

依据学院业务系统数据形成反馈,以问题为导向,全面创新,全面改进。

（六）监测预警,及时改进

在诊改实施过程中,通过"监测—预警—改进—设计",对专业建设和教育教学质量构成动态循环。借助学院业务系统采集各方面的数据信息,将数据与预警值对比,及时预警,及时改进。

案例一:通过周期性采集招生报名管理系统数据,实现对报考率的预警和改进。2018 年 3 月 12 日采集数据显示报考率低于预警值。

案例二:通过教务网络管理系统数据采集,实现对学生职业资格技能鉴定报考人数的监测预警。

（七）诊断

1. 2017 年转入任务完成情况的诊断。对接目标诊断问题,首先对 2017 年转入任务完成情况进行诊断,2018 年稳步推进 3 个实训基地的建设进度,完成实训设备的招标采购工作。加快《机器人现场编程》在线开放课程建设,上传教学资源达到 1 494 项。2017 年转入任务达成度 100%（图 8）。

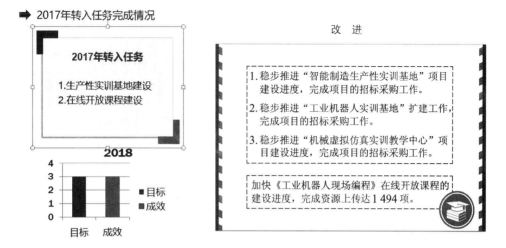

图8 2017年转入任务完成情况

2. 2018年任务目标达成度分析。对比2018年成效与目标,35项任务中有3项任务未完成,建设与改进的总体目标达成度为93%(图9)。

序号	类别	规划指标	目标值	成效	目标达成
1	人才培养模式	现代学徒制的人才培养模式(套)	1	0	否
2		优化人才培养模式	1	1	是
3	教学改革与课程建设	省级在线开放课程(门)	2	0	否
4		院级在线开放课程(门)	3	3	是
5		建设信息化教学资源包(个)			
6		在线开放课程上传资源数量(个)	1400	1494	是
7		教学改革研究项目(项)	2	2	是
8		整合优化课程内容(门)	4	4	是
9		改革课程教学模式及方法(门)	5	23	是
10		建设优质教材建设(部)	3	3	是
11		新增专业课程(门)	3	2	否
12	师资队伍建设	专业骨干教师(名)	7	8	是
13		"双师型"教师比例(%)	90	90	是
14		引进企业高层次人才累计(名)	1	1	是
15		企业兼职教师数量(名)			
16		年度新增教师(名)	2	2	是
17	实践条件建设	校企共建生产性实训基地(个)	1	1	是
18		新建扩建实训基地(个)	2	2	是
19	科研与社会服务	科研课题(项)	3	3	是
20		社会培训人数(人)	>35	38	是
21	校企合作与国际交流	学生企业顶岗实践人数(%)	140	148	是
22		校外实习实训基地(个)	6	12	是
23		校企合作订单班(个)	6	10	是
24		教师出国(境)进修培训(人次)	1	1	是
25	培养质量与社会声誉	每年稳定招生人数(人)	>400	622	是
26		在校生人数(人)	700	500	否
27		学生职业资格技能鉴定(人)	200	200	是
28		学生第一志愿报考率(%)	95	90	否
29		学生报到率(%)	95	99	是
30		学生就业率(%)	96	95	否
31	创新创业与技能大赛	国家级比赛获奖(项)	3	3	是
32		省级比赛获奖(项)			
33		院级比赛获奖(项)	15	10	否
34		参加创新创业大赛数量(项)	7	10	是
35		创新创业大赛获奖数量(个)	6	3	否

图9 2018年专业建设任务目标达成情况

专业团队对建设过程与成效进行分析,确定未解决的问题主要有以下4项:

(1)未开展学徒制试点工作。
(2)在线开放课程数量少。
(3)参加创新创业学生数量少。
(4)培养质量评价方式较单一。

(八)激励学习,创新改进

基于问题导向,开展激励、学习、创新、改进,通过学院出台的相关奖励、激励制度,激发学习的创新动力。

针对问题1,专业团队通过学习现代学徒制试点工作的相关文件,深入企业调研、解读政策,分析探索现代学徒制教育有效途径,开展学徒制试点工作。

针对问题 2,专业团队学习学院在线开放课程建设与运行管理的相关文件,学习国家、省级在线开放课程建设标准等,各课程团队及时对核心课程内容进行优化,按照在线开放课程建设标准完成教学环节和内容的设计。启动各专业核心课的在线开放课程建设,申报教改立项 1 项(图 10)。

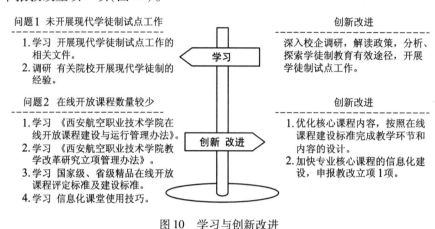

图 10 学习与创新改进

针对问题 3,通过学习关于创新创业教育改革的相关文件,分析原因、制定措施,加强学生团队训练,鼓励、激励学生参加各类创新创业培训及技能大赛。

针对问题 4,加强对毕业生的跟踪和回访,引入第三方评价机制。

四、总结成绩、彰显成效

经过不断建设与改进,机电一体化技术专业取得了显著的成绩。

1.教学改革与课程建设。新增专业课程 3 门,即《机器人视觉系统》《工程材料》《创新创业基础》。优化整合课程内容达 4 门,包括《机电设备安装与调试》《智能产线操作》《工业机器人现场编程》等。新增教材立项 3 部,开展线上线下混合式教学课程门数达到 18 门。

2.实践条件建设。稳步推进 3 个实训基地建设,完成招标采购工作。

3.师资队伍建设。引进高级工程师 1 名,培养"双师型"教师达 9 人,副高级以上职称达 8 人,优化了师资队伍结构,有效地提升了教师的专业及实践教学能力。

专任教师参加全国职业院校技能大赛教学能力大赛获得国家级三等奖 1 项,参加陕西省高职院校信息化教学大赛获得省级一等奖 2 项。

4.培养质量与社会声誉。培养质量和社会声誉明显提升,2018 年的报到率和就业率分别达到 99%和 97%,在校生人数达到 785 人。通过数据显示,毕业生对母校的满意度达 93%。

5.科研与社会服务。2018 年,承担并完成了陕西省机电一体化专业带头人领军能力的国培任务。培养机电一体化技术专业带头人 37 人。

6. 校企合作。在校企合作方面,先后与汉达精密、西部金属材料、西部超导材料、西安伟京电子等多家企业签订订单班10个,校外实训基地数量达到12个。

7. 创新创业与技能大赛。学生的专业综合技能有效提升,2018年参加省级以上各类技能大赛获奖数量达到20项,其中金砖国家技能发展与创新大赛2项,全国职业院校技能大赛获奖5项,省级大赛获奖10项。

对比2017年,2018年建设与改进成效显著。

五、发现不足,持续改进

通过自我诊断,对2018年发现的4个问题,制定诊改措施,并将这4项任务纳入2019年的建设任务及目标中。在2019年的建设中,将继续完善目标,持续改进(图11)。

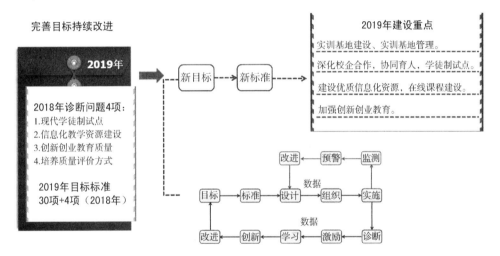

图11　2019年持续建设与改进

陕西国防工业职业技术学院学生层面诊改案例

陕西国防工业职业技术学院学生层面的诊改工作主要涉及2016级、2017级和2018级3年制大专在校的所有学生。

一、诊改基础

截至"十二五"末,学校在校生共10 407名,学生分布在机械工程学院、经济管理学院、数控工程学院等9个二级学院。在校生中,少数民族学生共有40人,以回族、藏族、土族、土家族等为主。

学生管理工作队伍形成了以主管校领导管理下的党委学生工作部和二级学院为骨架,通过学工部对二级学院的学生工作统筹、服务、协调,依托学工部业务科室和二级学院总支书记、学工办、辅导员(班主任)共同构成队伍结构。

"十二五"末,学校共有一线专职辅导员63名。其中研究生专职辅导员仅占14%,30~39岁的辅导员占据较大比例。

学生工作围绕"三全育人"开展,总结归纳为5大素质提升工程,分别为思想道德提升工程、素质能力提升工程、行为素养提升工程、身心健康提升工程和职业技能提升工程。

"十二五"末,学生工作和学生发展中存在的问题分别是研究生专职辅导员数量不足,学历结构、年龄结构不尽合理;信息化水平低,存在大量人力统计数据和纸质材料;学生仅于职业生涯规划课时制订个人发展规划,缺乏质量提升的内生动力。

二、诊改运行

通过建立学生层面的"8字形质量改进螺旋"(图1),确立学生层面、二级学院学生层面乃至学生个人参与诊改的逻辑起点和体系。

1.目标链。从学校"十三五"事业发展规划出发,建立学生层面的立德树人规划,二级学院形成立德树人子规划,学生建立个人职业生涯规划,形成层级分明,一贯到底的目标链(图2)。

学校"十三五"事业发展规划,提出了以立德树人为根本,促进大学生全面发展的目标,强调要进一步加强德育工作、强化学风建设、完善"三全育人"格局、构建服务型工作体系。

以此为依据,学生层面立德树人规划确立了创新型、高素质、高技能型人才培养的育人规划,二级学院融合专业人才培养方案,建立了服务学生全面成长成才的育人规

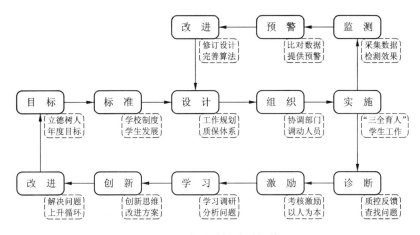

图 1 "8 字形质量改进螺旋"

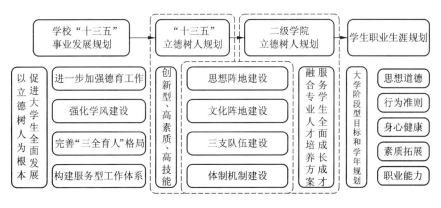

图 2 目标链

划,通过思想阵地、文化阵地、三支队伍、体制机制,保障规划目标的顺利达成。

对学校"十三五"事业发展规划中"立德树人"方面目标计划进行建设任务的分年度解析,具体细分到立德树人规划中学生工作的4个建设项目,再分为"十三五"期间的20项重要建设任务。

学生进行职业生涯规划,通过自我初诊,按照学校学生发展目标的内涵要求,从思想道德、行为准则、身心健康、素质拓展、职业能力5个方面确定职业目标、大学阶段目标和分学年度规划,为职业生涯打好基础。

2. 标准链。依据中、省有关学生发展的要求和文件精神,结合学校《"十三五"事业发展规划》,制定了学校的育人标准,包括思想道德标准、行为准则标准、身心健康标准、素质拓展标准、职业技能标准。二级学院根据学校学生的发展标准,结合学院特色制定不低于学校基本标准的学生发展标准。学生根据二级学院学生发展标准,制订个人发展标准,由此形成学生层面的标准体系(图3)。

标准划分为两类。围绕学生全面发展,根据中、省的要求,结合学校学院特色,按照"十三五"事业发展规划,针对学生管理服务规范,提出标准40项;为实现立德树人规划

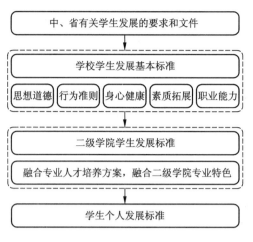

图 3　标准链

学生培养目标,培养学生成为德智体美全面发展的创新型、高素质、高技能型人才,设立大学生综合素质测评标准。

经过总结提炼,学生的个人发展标准分为 5 项,即思想道德标准——坚定的政治思想、优秀的道德品质、正确的法治观念、良好的诚信理念,行为准则标准——良好的学习习惯、健康的生活习惯、优雅的言行举止,身心健康标准——强健的身体素质、健全的人格心理、高雅的审美情操,素质拓展标准——深厚的文化素养、良好的人际关系、扎实的实践能力、"忠博武毅"的国防精神,职业能力标准——扎实的专业知识、娴熟的操作技能、灵活的创新思维。

3. 设计。依托学生工作和学生成长目标、标准,通过建立全面的学生培养体系,设立质控点,提供学生全面成长保障。本轮诊改,学生层面共设计了 30 个质控点,其中包含 5 个"有/无"型质控点,25 个基于算法支持的数据类型质控点(表1)。

表1　质控点

序号	二级指标	质控点	算法	内涵
1	2.1 人员保障	辅导员师生比	比例≥1:200	每 200 名在校学生至少配备一名专职辅导员
2	2.1 人员保障	学生干部队伍人数	总值≥400	二级学院学生干部骨干队伍平均 40 人
3	3.1 基础提升服务	主题团日活动次数	总值≥40	每名学生每两月至少参加 1 次团日活动
4	3.1 基础提升服务	主题班会次数	总值≥80	每名学生每月至少参加 1 次主题班会
5	3.2 素质提升服务	生均图书借阅量	数值≥5	每名在校生每年借阅超过 5 本书籍
6	3.2 素质提升服务	社团数量	总值≥40	平均每个二级学院拥有 4 个专业社团或其他社团

续表

序号	二级指标	质控点	算法	内涵
7	3.3 职业提升服务	就业指导课时	有	保证每名在校生接受课程教育
8	3.3 职业提升服务	职业生涯规划课时	有	保证每名在校生接受课程教育
9	3.4 特殊学生服务	困难及特困学生助学	比例≥25%	保证25%以上学生享有困难助学政策
10	3.4 特殊学生服务	国家、校内奖助学金发放	比例≥25%	保证25%以上学生助学金发放比例
11	4.1 基础素质提升	校外实践活动次数	总值≥40	每二级学院平均每年开展至少4次校外实践活动
12	4.1 基础素质提升	各类讲座及报告次数	总值≥40	每二级学院平均每年开展至少4次讲座及报告
13	5.2 培养成效	省级技能大赛获奖数	总值≥200	学院每年度获省级技能大赛奖励人数达200人
14	5.2 培养成效	国家级(行业级)大赛获奖数	总值≥30	每二级学院平均每年3名以上学生获奖
15	5.3 精英学生	二级学院奖励评优人数	比例≥10%	每二级学院每年奖励10%以上优秀学生

……(共30个质控点)

4.组织。搭建学生工作、学生成长组织架构(图4),依据目标和标准体系,协调不同层级的部门、人员按照学生成长目标开展工作,协调物力、财力保证目标达成。

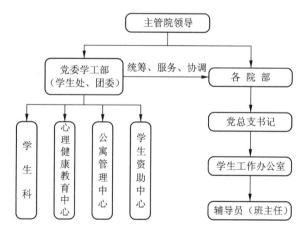

图4 组织架构

5.实施。由党委学生工作部牵头,团委、体育部、二级学院等相关部门、学院共同负责,学生参与,依托数据平台,采集学生工作与学生成长过程数据。开展思政教育、行为规范、体育锻炼、心理健康服务、素质拓展、职业技能培养等多个方面的教育活动,积极引导学生参与,为实现目标服务(图5)。

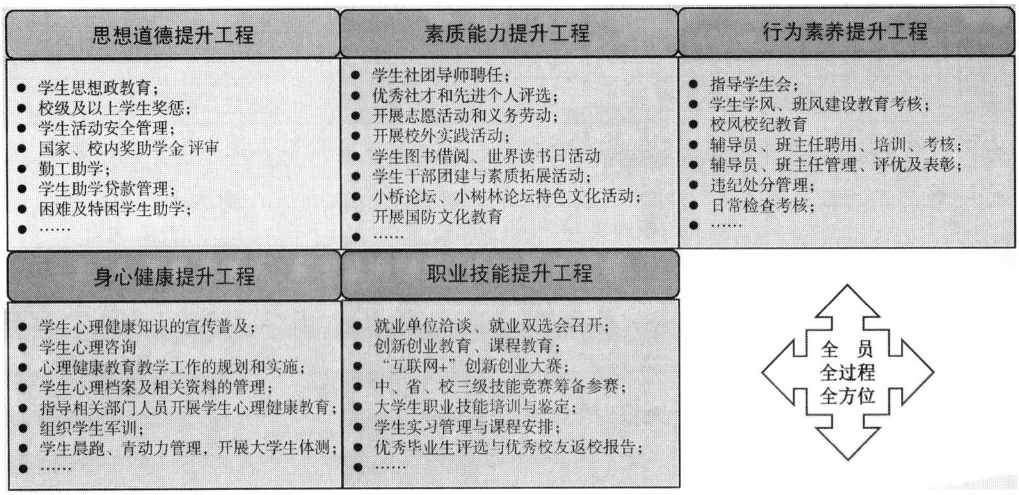

思想道德提升工程	素质能力提升工程	行为素养提升工程
● 学生思想政教育; ● 校级及以上学生奖惩; ● 学生活动安全管理; ● 国家、校内奖助学金评审; ● 勤工助学; ● 学生助学贷款管理; ● 困难及特困学生助学; ● ……	● 学生社团导师聘任; ● 优秀社才和先进个人评选; ● 开展志愿活动和义务劳动; ● 开展校外实践活动; ● 学生图书借阅、世界读书日活动; ● 学生干部团建与素质拓展活动; ● 小桥论坛、小树林论坛特色文化活动; ● 开展国防文化教育	● 指导学生会; ● 学生学风、班风建设教育考核; ● 校风校纪教育 ● 辅导员、班主任聘用、培训、考核; ● 辅导员、班主任管理、评优及表彰; ● 违纪处分管理; ● 日常检查考核 ● ……

身心健康提升工程	职业技能提升工程
● 学生心理健康知识的宣传普及; ● 学生心理咨询 ● 心理健康教育教学工作的规划和实施; ● 学生心理档案及相关资料的管理; ● 指导相关部门人员开展学生心理健康教育 ● 组织学生军训; ● 学生晨跑、青动力管理,开展大学生体测; ● ……	● 就业单位洽谈、就业双选会召开; ● 创新创业教育、课程教育; ● "互联网+"创新创业大赛 ● 中、省、校三级技能竞赛筹备参赛; ● 大学生职业技能培训与鉴定; ● 学生实习管理与课程安排; ● 优秀毕业生评选与优秀校友返校报告;

全员 全过程 全方位

图5 "三全"育人5大工程

6.诊断。参照学生成长目标和标准体系,参考数据平台相关质量监控数据,监测学生工作开展和学生成长状况。开展学生工作研讨、师生互评、学生自评,检查各项实施内容的落实情况及实施过程中存在的问题和漏洞,检验目标达成度,对过程中存在的问题、漏洞,及时向相关部门和学生个人预警反馈,开展诊断。

在学生工作方面,学工部门坚持每周一次学生工作例会,二级学院每周一次学生工作例会,学生工作部、二级学院对日常学生工作分类进行定期或不定期检查,实施通报。

本轮诊改共设置了30个质控点,28个已完成,2个未完成,目标完成率93.33%(表2)。未完成的两个质控点是:"获取职业证书比例",目标值为25%,校本值为19.56%;"二级学院奖励评优人数比例",目标值为10%,校本值为8.85%。

表2 质控点达成情况

序号	主要指标	2018		
		目 标	算 法	校本值
1	1.1 人员保障	辅导员师生比	比例≥1:200	1:160.48
2	1.1 人员保障	学生干部队伍人数	总值≥400	491
3	2.1 基础提升服务	主题团日活动次数	总值≥40	77
4	2.1 基础提升服务	主题班会次数	总值≥80	123
5	2.2 素质提升服务	社团数量	总值≥40	72
6	2.4 特殊学生服务	困难及特困学生助学	比例≥25%	25.64%
7	2.4 特殊学生服务	国家、校内奖助学金发放	比例≥25%	25.22%
8	3.1 基础素质提升	校外实践活动次数	总值≥40	79

续表

序号	主要指标	2018		
		目标	算法	校本值
9	3.1 基础素质提升	体测成绩合格率	比例≥80%	81.62%
10	3.2 职业与就业能力提升	获取职业证书比例(不含新生)	比例=100%	89.75%
11	4.2 基础素质提升	国家级(行业级)大赛获奖数	总值≥30	38
12	5.2 精英学生	二级学院奖励评优人数比例	比例≥10%	8.85%

学生个人依据学校育人规划和二级学院《立德树人子规划》人才培养方案,结合自身情况,在辅导员(班主任)指导下,围绕综合素质填写了《大学生职业生涯规划》,制定了职业生涯目标、大学阶段目标和学年规划。截至目前,全院2016级学生共开展了2个周期的诊改工作,2017级学生共开展了1个周期的诊改工作,2018级学生正在开展第一轮诊改工作。以某同学为例,经过大一阶段的学习,在自我评估时,结合专业教师和辅导员的意见,就专业学习、交流沟通、兴趣爱好几项具体指标提出了预警(表3)。

表3 学生预警指标

诊断指标	存在问题	原因分析	学生的改进措施	学生工作启示
专业学习	成绩处于班级靠后名次	1. 学习兴趣缺乏; 2. 学习效率低,受手机等外界影响大。	1. 参加学习经验交流会; 2. 寻求专业教师晚自习辅导; 3. 参加"放下手机、走出网络、走出宿舍"学生活动。	1. 召开学习经验交流会和优秀校友返校报告会; 2. 建立激励反馈机制,促进学生转变; 3. 发挥学生干部、优秀学生朋辈帮扶作用。
交流沟通	交流、沟通能力不强	1. 集体活动参与少; 2. 语言表达、逻辑分析能力弱。	1. 参加集体活动,多与人接触,锻炼交际能力; 2. 加强表达方面的日常练习,建立好的阅读习惯。	1. 举办校园文化活动、第二课堂活动、校外实践活动、义务劳动等,保证活动学生覆盖率; 2. 适时开展学生职场技能、礼仪等讲座与报告,提升学生职业素养。
兴趣爱好	没有个人特长	1. 没有加入专业社团或兴趣社团; 2. 理想信念弱,自主发展内在动力不强。	1. 根据专业特色选择专业社团,或根据个人爱好加入其他社团; 2. 加强思想理论和正确价值理念的学习,建立个人发展内驱力。	1. 校团委、二级学院保证专业社团和其他社团的运行,社团老师加大对学生的指导力度,促进学生能够在社团良性发展; 2. 开展大学生思想理论教育和价值引领工作,激发学生自主发展的内驱力。

7. 激励。基于学生工作与学生成长体系,建立奖惩制度,激发学生工作、学生成长内生动力。

8. 学习。针对诊断发现的问题,学生工作部门积极开展交流、研讨、学习、调研,针对具体问题具体分析,结合学生特点,积极了解国家政策导向和就业市场需求,前往同类院校交流考查学生综合素质评价标准和制度执行情况,找准差距,提升学生工作和学生培养水平。

9. 创新。针对问题提出改革措施。针对检查实施过程中存在的问题和漏洞及目标达成度较低的质量控制点,分析不足,找准问题切入点,重新梳理工作内容与流程,重新构建工作模式与保障体系,对问题所涉及的相关制度、培养模式、环境条件等,进行全方位改革与创新。

10. 改进。对于"二级学院奖励评优人数比例"指标,存在的问题是2018年二级学院优秀学生奖励比例低于10%,原因是二级学院年终学生表彰大会尚未召开,因此学院级别学生奖励评优人数比例未达标;二级学院学生奖励评优过于集中,缺乏贯穿于全过程的激励反馈。改进措施是要求二级学院按照工作计划安排,召开学生表彰大会,评优树模,对学生实现正向回馈;完善二级学院奖励评优办法,将学生激励措施贯穿于学生成长成才全过程。

对于获取证书比例的指标,存在的问题主要是2018年学生获取职业证书比例低于25%,经过分析,原因是国家调整职业资格目录,取消了一部分职业证书,原有技能鉴定种类减少;新的技能鉴定种类有待开发。下一步改进措施:鼓励学生考取技能证,提高就业及执业竞争力。加强培训,提高现有技能鉴定考试过关率;加强调研开发技能鉴定新项目。

11. 监测。学生层面的监测和预警基于信息化平台开展(图6),由学生工作管理系统和其他业务系统进行数据采集,经由数据中心进行数据治理,在教学质量管理平台中进行呈现。

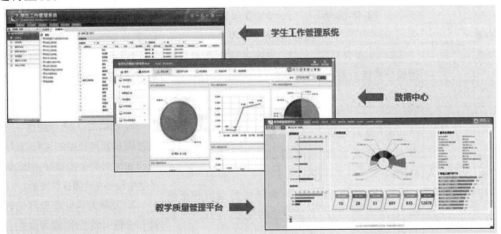

图6 信息化平台

通过数据实时采集,跟踪实施环节相关影响因素。通过数据观测与分析,及时发现实施环节的问题与偏差,为后续调整改进提供参考。

12. 预警。依托诊改信息平台,在相关质量监控点设置预警阈值,对于查出预警阀值的相关信息,定期汇总沟通,对相关人员进行及时提醒反馈,以达到实时预警功能。在教学质量管理平台中,通过预先设计的质控点,比对校本值和目标值,当校本值未达到目标值算法的要求时,及时进行预警。

就学生个人而言,主要是通过线上个人画像进行监测预警。图 7 是 2017 级学生在 2017 年、2018 年第一学期和第二学期的德育素质分雷达图,数据是基于学生综合素质测评标准产生的,具体来源于学生工作管理系统,在教学质量管理平台上具体呈现。通过画像对比,可以帮助学生进行个人发展的监测和预警。

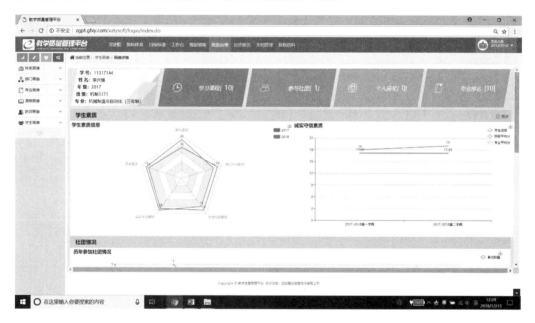

图 7　学生个人画像

13. 改进。对预警的相关内容进行完善后返回至设计环节。根据预警情况,明确诊改设计中存在的问题或瑕疵,及时修正或寻找替代方案,使学院的人力、物力、财力可以充分组织实施,以保证对于标准的准确执行和目标的最终达成。

三、诊改成效

经过诊改,学生工作和学生在 6 个方面收获显著成效。

一是质量意识。学工队伍、全院学生质量意识明显提高。

二是队伍建设。专职辅导员能力日渐提升,荣获陕西省辅导员职业能力大赛一等奖 1 项、三等奖 1 项。

三是系统支持。建成了学生工作管理系统,信息化水平不断提升,基于平台的数据分析为决策增添臂助。

四是学生参与。学生依托《大学生职业生涯规划》进行诊改,学生主体作用有所体现。

五是育人体系。明确了目标链和标准链,梳理了学生工作质控点,育人工作更具有针对性和系统性。

六是问题导向。进一步明确了学生工作中存在的问题,促进了工作的开展。

陕西职业技术学院
智能化信息平台建设案例

一、信息化平台建设顶层设计

(一)建设依据

国家信息化发展战略对信息化工作提出了更高的要求,学院也进入了内涵发展的重要阶段,内部质量保证体系诊断与改进工作、管理水平提升行动计划和创新发展行动计划都对信息化提出了更高的要求。为此,学院成立了信息化领导小组、信息化专家组,对学院信息化建设进行了顶层设计(图1)。

国家层面——教育信息化的需要

《国家中长期教育改革和发展规划纲要(2016—2020年)》
《教育信息化十年发展规划(2010—2020年)》
《教育信息化2.0行动计划》
《教育部办公厅关于建立职业院校教学工作诊改制度的通知》(教职成厅〔2015〕2号)
《教育部职成司关于印发〈高等职业院校内部质量保证体系诊改指导方案(试行)〉启动相关工作的通知》(教职成司函〔2015〕168号)
《关于全面推进职业院校教学工作诊断与改进制度建设的通知》(教职成司函〔2017〕56号)

学校层面——智能校园建设的需要

《陕西职业技术学院"十三五"教育信息化发展规划》
《陕西职业技术学院数字化校园统一信息标准》
《陕西职业技术学院2017年信息化工作要点》
《陕西职业技术学院2018年信息化工作要点》

图1

(二)总体规划

到2020年,学院将建成一个业务系统全覆盖、人员全参与、过程全监控的智能化信息平台(图2)。平台数据源头采集,平台数据开放共享,人人都是数据的使用者和监督者。将平台与日常教育教学管理深度融合,达到智能化校园水平。

二、信息化平台建设应用与成效

(一)全面优化学院基础网络环境,提供优质网络体验

学院于2015年和2017年对长安校区和白鹿原校区网络进行了大规模改造。两校区通过55千米裸光纤直连,校园网出口总带宽6.2G,万兆主干网、千兆到桌面、网络信息点6 300多个,实现了校园网络的有线无线全覆盖(图3)。

建成了具有异地备份功能的数据中心、符合国家B级标准的中心机房;配备20多台高性能服务器,528TB容量的磁盘存储阵列,满足了学院结构化和非结构化数据存储

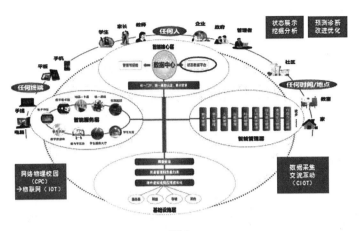

图 2

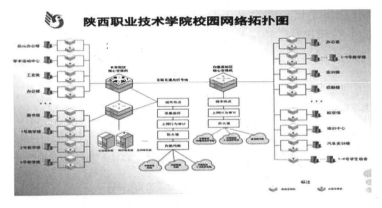

图 3

需要,确保学院重要数据资源的安全备份。

服务器采用虚拟化管理,利用计费认证系统、上网行为管理系统,实现校园网络的实时、统一监管。

(二)以数字化校园平台为基点,梳理数据、推进应用、加强融合

学院构建了校级数据中心,统一门户、统一身份认证,实现单点登录。

制定了信息标准,搭建了数据交换平台,打通了信息孤岛,实现了数据融合与资源共享(图4)。

数字化校园平台已部署、集成了覆盖学工、人事、教务、后勤、财务、办公等业务的信息化应用系统,实现了办公、信息管理、档案管理和日常业务工作的规范化、标准化(图5)。

启用了学工管理系统,能够实现招生管理、迎新管理、公寓管理、心理咨询、离校管理、就业管理、校友管理等学生全生命周期的信息化,全面提升了学生管理工作水平。

建成了一个可以实现教师入职、培训、教科研、晋升、离退休全生命周期信息化管理的人力资源管理系统。

制定信息标准,搭建数据交换平台,打通信息孤岛,实现数据融合与资源共享。

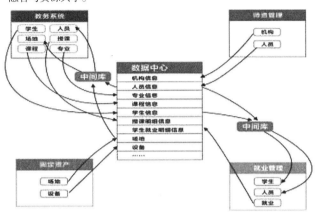

图4

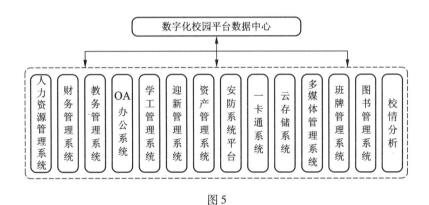

图5

投入使用了教务管理系统。通过信息化手段,开展教务公共信息维护、教学计划管理、选课管理、智能排课、考试管理、成绩管理、教学质量评价等多种工作项目(图6)。

通过使用后勤管理系统,提高了学院后勤管理服务质量和效率(图7)。

通过使用和推广校园一卡通系统,实现了考勤、图书借阅、门禁身份识别、校园消费、洗浴、医疗、上机等多种服务项目的信息化和统一化。

采用OA办公自动化系统,使得相关业务办理的流程规范化、耗时节约化、办公无纸化。

学院2015年6月上线运营OA办公系统,3年多来OA共办理收文1 957份、发文1 492份,发布校内通知公告3 048个,单个文件/通知阅读人数普遍达90%、最高可达95%;同时在线人数月平均值持续上升,在线人数最高值达到393人(图8)。

(三)建成数据分析平台,实现数据挖掘以及校情分析,服务诊改工作

初步搭建成了校情分析系统,具备了动态化监测状态数据和校情数据的能力,可以全面掌握学院人才培养质量状况,可以进行定期分析、发布信息、及时预警。

投入使用了教务管理系统。通过信息化手段开展教务公共信息维护、教学计划管理、选课管理、智能排课、考试管理、成绩管理、教学质量评价等多种工作项目。

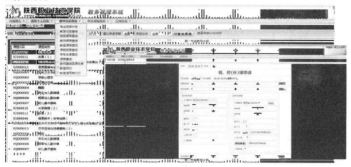

图6

通过使用后勤管理系统，实现了信息查询、报修管理、维修管理、验收管理、物料管理等工作的信息化。

图7

3年多OA共办理收文1 957份、发文1 492份，发布校内通知公告3 048个，单个文件/通知阅读人数普遍达90%、最高可达95%；同时在线人数月平均值持续上升，在线人数最高值达到393人。

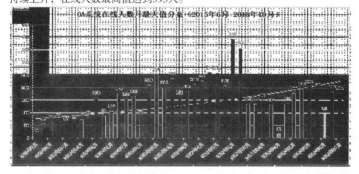

图8

校情分析系统可以实现学生相关数据的图表、报表分析,服务学生层面诊改监测、预警(图9);可以实现教师相关数据的图表、报表分析,服务教师层面诊改监测、预警。校情分析系统里也包括后勤服务统计分析(图10)。

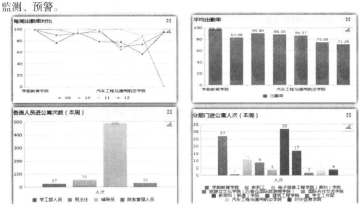

图9

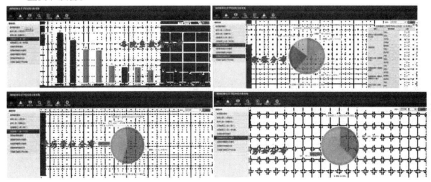

图10

(四)建成共享型教学资源管理平台,有效支撑学院信息化教学

为全院师生打造了共享型数字化学习中心,共享资源管理平台和开放式学习平台,推广移动教学和课堂教学相结合的现代化教学手段,提高了教师课堂信息化应用能力,促进了教学工作质量和效率的全面提高(图11)。

(五)改造教学场所,建成了信息化教学环境

建成了104间带有随堂录播设备、电子班牌的智慧教室,多媒体讲台通过校园一卡通卡片控制,教师将一卡通放在指定区域系统自动启动,取卡系统自动关闭;推送10G云存储空间到虚拟云桌面,教师使用虚拟账号登录存储教案、课件和资源。"呼叫中心",每天派专人利用"智慧教室运维管理系统"实时监测,实时维护教室,保证教师正常

为全院师生打造了共享型数字化学习中心，共享资源管理平台和开放式学习平台，推动移动教学和课堂教学相结合的现代化教学手段。

利用教务系统、"职教云"、"蓝墨云班课"进行检测预警

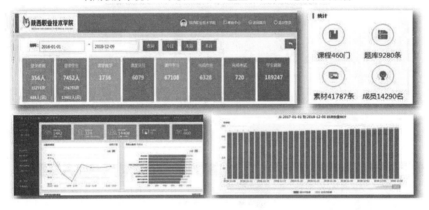

图11

上课。140间标准化考场。通过标准化考场指挥中心视屏监控系统开展课堂教学情况实时督导检查。

教学大楼里的LED大屏幕展示了上课的实时数据，包括教室号、教师姓名、授课内容、应到学生、实到学生、到课率（图12）。

教学大楼LED大屏幕展示上课实时数据

图12

实行教室门禁管理,一卡通与数据中心对接,师生上课实时统计。这些数据反馈至数据中心,推入校情分析系统,从而不断加强课堂教学过程性数据的采集与分析,不断提升教育教学水平。

目前,学院的数据平台可以通过各大应用系统和应用终端采集教育教学过程中的各种数据信息,加强了信息采集的真实性、准确性和即时性,并且能够通过视频监控系统实时采集教育教学过程中的状态图像信息。所采集到的信息既可以通过校情分析系统进行跨应用的数据分析,生成各类统计图表;也可以通过各大应用系统自带的分析功能进行应用内的数据分析;还可以供相关部门提取所需数据进行进一步的深入分析研究。所有的分析结果用以支撑专业、课程、教师、学生等层面和学院相关部门乃至师生个人进行各自层面的实时监测预警和周期性诊断改进工作。

(六)升级学院技防系统,提升学院安全保障

安防监控系统共设室内监控点318个(两校区),室外监控点158个,报警柱12个,高空瞭望高清摄像机和全景摄像机各两个,实现了学院办公楼、教学楼、学生公寓以及校园的公共区域进行实时监控和报警处理。

两校区分别安装了车辆管理闸机,建立了智能访客管理系统,规范了学院的车辆出入管理、人员来访管理,提升了安全保卫工作效率。

学院地图信息系统(GIS)主界面为学院师生、家长、访客提供了直观、清晰、立体的全方位地图和实时导航。

(七)完善视频会议系统,搭起异地实时沟通桥梁

建成6套视频会议设备,分别安装在两校区的会议室中,实现了两校区在线视频会议和公开课教学;白鹿原校区3201报告厅与教育厅完成了视频会议对接(图13)。

图 13

三、信息平台建设存在的问题

1. 校情分析系统功能需要进一步完善细化,数据治理还需要加强。
2. 部分教师和管理人员信息化素养有待进一步提升。

3. 信息化规章制度建设有待进一步健全。

四、信息平台建设努力的方向

2018年12月,学院信息化平台在内部质量保证体系诊断改进复核工作中受到了专家的肯定,我们将以此为契机:

1. 继续深化平台功能开发,细化数据分析,完善平台预警机制,加强对5个层面的支撑,建设学院智慧微应用。

2. 加大师生信息化应用培训,提高师生信息化素养。

3. 完善学院层面和业务层面的规章制度,健全体制机制,以信息化建设推动教育教学改革,提升学院信息化管理与服务能力。

西安铁路职业技术学院
《城轨联锁控制系统维护》课程诊改案例

一、课程诊改工作概述

(一)课程诊改基础

1. 优势。本课程是城轨通号技术专业的核心课程,课程教学团队成员5人(其中高级职称2人,兼职教师1人),有较丰富的教学经验,已积累了PPT及动画课件各30个、题库500多道题、行业标准4个、工器具图75个、事故案例警示视频6个等教学资源。本课程是院级精品资源共享课程。

2. 劣势。课程实训设备不足、教师开发教学资源和服务社会能力有限、在线开放课程建设滞后。

3. 机会。城轨通号技术专业是学校的一流培育项目、适逢地铁高速发展对人才需求旺盛的时期,学校与西安地铁有紧密的合作关系。

4. 挑战。区域内多所学校开办城轨通号专业,造成一定的竞争压力。企业人才需求标准越来越高,地铁各条线路控制技术不同及设备运用类型多,迫切需要系统规划课程核心内容,加强内涵建设,提高育人质量。

(二)诊改工作具体做法

1. 课程团队遵循诊改工作"16字方针",构建本课程目标链、标准链,建立课程"8字形质量改进螺旋"(图1),开展课程诊改工作。

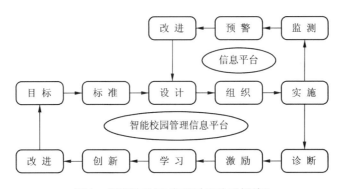

图1　课程诊改"8字形质量改进螺旋"

2. 课程诊改工作按5个步骤实施(图2)。

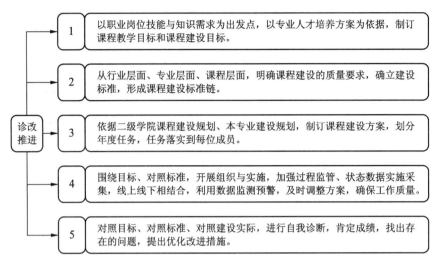

图 2 课程诊改工作步骤

二、明确课程建设目标

依据学校课程建设专项规划、电子信息学院发展规划,结合城轨通号技术专业建设规划、本专业人才培养方案等,确定本课程的教学目标和建设目标。

(一)课程教学目标

主要培养学生的城市轨道交通联锁控制系统维护专业能力,兼顾培养学生的方法能力和社会能力。该课程专业能力、方法能力、社会能力结构如图 3 所示。

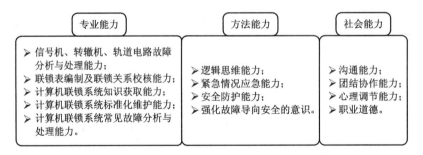

图 3 《城轨联锁控制系统维护》课程教学目标结构图

(二)课程建设目标

为了实现教学目标,课程团队在改革教学模式、修订课程标准、优化教学团队结构、丰富课程资源、改善实训条件、创新考核评价方式等方面确定了课程建设目标,力争通过 3 年建设,于 2019 年建成精品在线开放课程。

三、确定课程建设标准

紧扣课程教学目标和建设目标,依据《城轨通号技术专业人才培养方案》、相关行业标准、学院网络开放课程建设标准等,确定该课程建设标准,确定了本课程 6 个项目、11

个质量控制要素和 20 个质量控制点,并明确各项任务完成的时间节点和质量要求(表 1)。

表 1 《城轨联锁控制系统维护》课程建设标准

	项目/要素		建设标准及质量控制点
1	总体设计	课程标准	在调研和校企合作研讨人才培养方案的基础上,每两年对课程标准进行 1 次修订,使课程标准与职业标准对接。
		内容设计	根据企业需求适时调整更新课程内容,课程项目和任务单元的设计涵盖课程全部知识点和技能点。
2	教学团队	团队构成	校企共同组建老中青相结合的教学团队,企业兼职教师参与课程建设,双师素质结构比例≥90%;高级职称达 45%。
		师资提升	每年企业挂职锻炼 2 人次;每年进行各类学习培训、研讨交流不少于人均 72 学时;每年参加教学竞赛或指导技能大赛不少于 2 人次。
3	课程资源	数字资源	校校合作、校企合作共同建设数字资源;按知识点、技能点开发信息化教学或实训教学资源,数量和质量双优,微课不少于 40 个,微视频总时长不少于 400 分钟,原创性资源比例≥70%;试题不少于 700 道题;课程资源年更新比例不低于存储总量的 10%。
		教材	追随专业技术发展趋势和企业设备应用情况,团队成员和企业人员合作编写出版教材 1 部。
4	实训条件	校内实训基地	建设与课程标准对应型号的实训设备,满足线下理实一体化教学及实训需求;建设 DS6-K5B 型、DS6-60 型联锁设备各一套;实践项目开出率 100%。
		校外实习基地	加强校企合作,共建实习基地 7 个,满足教师调研学习及学生跟岗实习需求。
5	教学方法	教学方法	线上采用组群讨论、点对点辅导或远程点评等方法;线下采用现场教学法、实际练习法、小组讨论法、班组合作法等。
		教学手段	利用多媒体动画课件、微视频、手机 App 等手段突破重难点。
6	考核及评价		对开放课程的视频点播、学习讨论、在线测试、在线作业、材料阅读等进行综合评价。

四、组织实施与监测预警

(一)制定建设规划,落实建设任务

本课程在完成上层规划安排的建设任务基础上,课程团队紧扣课程教学目标制定了课程建设规划,明确了本课程 6 大项目建设阶段和年度任务,通过任务分解表分解落实建设任务,明确各项任务完成的时间节点和质量要求。

（二）线上线下结合，加强过程监管，保证建设质量

课程团队将课程建设任务录入学院《目标任务管理系统》，任务执行人按工作进程实时填报建设过程中各质量控制点信息资料，任务负责人及时审核、反馈审核意见，确保工作质量。课程内涵建设资料、各类课程资源建设成果实时录入学院《课程建设与网络教学》平台，积累教学资源、开展网络教学。学校教务处、电子信息学院、城轨通号技术教研室三级组织阶段检查课程建设成效，线上线下相结合，及时反馈建设与教学信息，保证了课程建设与教学实施的质量。

（三）创新教学模式，实时监测预警，确保教学质量

随着课程教学资源的不断丰富，课程团队创新教学模式，采用线上线下相结合，"教学做"一体的教学模式，采用翻转课堂教学法、角色扮演法等方式，充分利用课件、录像、真实设备与仿真设备的结合等手段，调动学生学习的积极性，提高教学效果。教师利用平台在线测试教学效果，检测学生线下学习的积极性（图4、图5），教学督导、同行评议、学生评价等信息，分别通过《学校教学质量监控工作平台》和《质量评价平台》及时推送给每位任课教师（图6、图7）。

图4 《城轨联锁控制系统维护》
课程"教学做"一体教学模式

图5 《城轨联锁控制系统维护》
课程线上学习检测截图

图6 教学质量实时监测与反馈信息

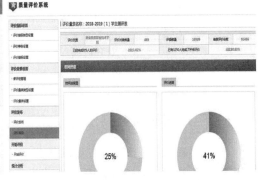

图7 教学质量评价信息实时反馈

五、自我诊断,查找不足

课程团队按照三对照原则(对照目标、对照标准、对照现实数据)开展自我诊断,总结经验、固化成果、查找不足、分析原因并提出改进措施(表2)。

表2 实施情况与计划(任务)对比,查找不足并分析原因

诊断要素	诊断点	实施情况	实施情况与计划(任务)对比	存在问题	原因分析
总体设计	课程标准	2018年对课程标准进行了修订。	完成		
总体设计	内容设计	2017年更新了课程内容(增加DS6-60型计算机联锁有关内容,删除了微机监测有关内容)。课程内容设计了4个项目10个任务单元。	完成		人才培养方案有调整。
师资队伍	团队构成	由原来的5人增加到7人,2017年新增1名专职教师,2018年新增1名企业兼职教师(有高级工程师证和教师资格证)。	良好		
师资队伍	师资提升	2017—2018年有5人参加骨干教师培训、5人参加开放课程培训、5人参加微课与信息化教学大赛(获奖)、4人指导学生技能大赛(获奖)、2人挂职锻炼。	良好		
教学资源	教材建设	2017.08课程团队和企业人员合作编写出版了教材。	完成 使用效果较好		
教学资源	教学资源 微课、动画	有与课程相适应的课件、图片、视频、虚拟仿真资源,但微课、动画等资源建设滞后。	正在建设	按知识点和技能点划分的微课、动画资源建设滞后。	2018年已申报院级在线开放课程,后续按申报计划建设有关资源。
教学资源	教学资源 试题及试卷库	新增试题50道,新增试卷8套。	良好		
教学资源	教学资源 行业标准	原行业标准4个,增补5个。	良好		
教学资源	教学资源 PPT、教案	优化PPT、教案28份。	良好		
教学资源	教学资源 视频	增加14个。	良好		

续表

诊断要素	诊断点	实施情况	实施情况与计划（任务）对比	存在问题	原因分析
实训条件	校内实训室	2017年新增1套联锁模拟仿真软件，但计算机联锁硬件设备不足，DS6-K5B、DS6-60有关内容不能实现理实一体化教学和学生实训。	部分内容不能实现理实一体化教学和学生实训。	校内实训设备不足。	学院投入实训室建设经费有待增加。
	校外实习基地	有7个校企合作实习基地。	运行良好。		
教学方法与手段	教学方法	根据内容灵活应用不同教学方法。	教学方法形式灵活多样。		
	信息化教学手段	信息化教学手段较传统，不够先进，应尝试手机App等。	信息化教学手段应用不够。	信息化教学手段应用不够充分。	参加信息化教学的培训学习较少。
考核与评价	考核评价	课程考核采用过程考核占30%，终结性考核占70%的方法进行。实训考核按照项目、考勤和实训报告综合考核。	考核方式较传统。	没有按照开放课程考核标准进行。	开放课程处于建设之中。

六、针对存在问题，提出改进措施

课程团队在自诊基础上认真分析，针对存在的问题，提出改进措施与改进计划安排（表3）。

表3　课程改进措施与改进计划安排

存在问题编号	问题概述	改进措施	进度安排	责任人
1	按照知识点和技能点划分的微课、动画资源建设滞后。	按照在线开放课程的建设计划，推动微课、动画等教学资源的建设。	2018年 2019年	雷锡绒
2	校内实训设备不足。	希望得到实训室建设经费支持，争取建设1套DS6-60型计算机联锁实训室。	2019年	高嵘华
3	信息化教学手段应用不够充分。	争取多参加信息化教学的培训学习。	2019年	甘晓英
4	没有按照开放课程考核标准进行考核。	细化开放课程考核标准。	2019年	雷锡绒

七、取得的主要成效

通过本轮诊改,课程团队成员围绕课程目标、遵循相关标准、开展企业调研,学习先进经验,完善教学标准,更新教学内容,积累教学资源,创新教学模式,进行教学改革,取得了良好的建设成效。2017—2018 年取得的主要成效如表 4 所示。

表 4 《城轨联锁控制系统维护》课程 2017—2018 年取得的主要成效(增量)

序号	质量要素	课程内涵增量
1	总体设计	1. 通过调研、校企研讨,修订了课程教学标准、实践教学标准; 2. 规划课程内容,形成课程项目 4 个、项目载体 4 个、学习任务 10 个。
2	教学团队	1. 新增 1 名专任教师、2 名企业兼职教师; 2. 团队成员全部参加骨干教师培训、开放课程培训等,每人 10 天;5 人次参加微课及信息化教学大赛;4 人指导学生技能大赛,每人 90 天;2 人企业挂职锻炼半年。
3	课程资源	1. 新增试题 50 道,新增试卷 8 套,教学视频 14 个,制作微课 7 个; 2. 校企合作编写出版课程教材 1 部,优化教案及课程 PPT 28 份。
4	实训条件	1. 新增校内模拟仿真实训室 1 个,模拟仿真系统 1 个; 2. 新增太原地铁、成都地铁、南通地铁等 3 个校外实习基地。
5	教学方法	开展了线上线下相结合、学做一体教学模式改革。
6	考核及评价	新增开放课程考核标准,细化了过程考核标准并组织实施。

渭南职业技术学院学校层面诊改案例

渭南职业技术学院是渭南市人民政府主办的一所综合性全日制高等职业院校,于2004年9月经陕西省人民政府批准,在原陕西省中医学校、大荔师范学校、蒲城师范学校、渭南农业学校基础上合并组建而成。原大荔师范学校于1905年建校。原陕西省中医学校是当时全国八所重点中医学校之一、国家级重点中专。学校现占地面积880亩,建筑面积31.87万平方米,馆藏图书89万册。

2016年被学院确定为国家优质校建设立项单位。学校围绕管理体系规范的相关政策文件,坚持"需求导向、自我保证,多元诊断、重在改进"的工作方针,遵循职业教育人才培养内在规律,完善组织机构,构建优化校园数据平台建设,建立常态化内部质量保证体系,推进学校内涵发展,实现学校管理水平和人才培养质量持续提升,取得了一定的成效。

一、体系构建

(一)构建质保体系

根据学校机构设置及职责划分,依照"十三五"规划,搭建以"五纵五横一平台"为总体构架的内部质量保证体系。5个纵向系统(决策指挥系统、质量生成系统、资源建设系统、支持服务系统、监督控制系统)分别由党委会、院长办公会及教务处、国资处、信息中心、质评处等组织实施。五个横向层面(学校、专业、课程、教师、学生)分别聚焦国家优质校、省级示范校,国家骨干和省级一流专业,在线开放课程,教师和学生能力提升等建设目标。数据平台实现数据融合、开放共享、源头采集、实时采集,并对运行情况实施动态监控,发现问题及时预警。

(二)打造目标链

以学校"十三五"发展规划、部门和二级学院发展规划、专业建设、课程建设、师资队伍建设、学生发展等各专项规划为依据,打造学校层面的目标链为:省级示范校→国家优质校。

(三)制定标准链

针对建设发展目标,按照中、省相关政策文件规定、学校相关制度,确定建设发展标准和运行管理标准等。

(四)构建质量螺旋

内部质量保证体系运行应用"8字形质量改进螺旋",由目标—标准—设计—组织—实施(监测—预警—改进)—诊断—激励—学习—创新—改进组成(图1)。

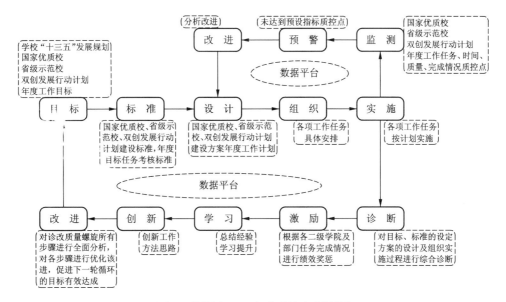

图1 学校层面"8字形质量改进螺旋"

（五）建立数据平台

1. 完善网络基础平台。建设标准化网络与数据中心机房，统一网络出口，实现有线、无线一体化管理与认证。校园网络出口带宽扩容为5G。加强网络安全、数据安全，实行三位一体的智能化网络运维管理。多媒体教室全覆盖并实现集约化管理。

2. 建好业务系统。建设OA、教务、迎新、离校、招生、学工、团委、心理、就业、图书、财务、一卡通等业务系统并正常运行。

3. 推进数据融合。建设校本数据中心，实现业务系统的数据融合，消除信息孤岛，共享数据，实现教学过程数据源头采集和实时采集。

4. 建设数据监测预警分析平台。从学校、专业、课程、教师、学生五个维度进行数据建模，实现数据提取、分析、预警和可视化。

二、运行实践

基于学校目标责任考核开展内部质量保证体系诊断与改进工作。

目标：依据"十三五"规划，制定年度工作要点，分解形成全年目标考核任务，印发到所有部门（图2）。

标准：学校制定了年度目标责任考核规定，相关职能部门制定了重点工作考核标准（如教务处制定了专业、课程建设考核标准，人事处制定了教师队伍建设考核标准等），二级学院制定了本单位实施细则（图3）。

考核点与权重设计：按考核内容、工作重要程度、任务完成难易程度等进行指标权重赋分。考核点因各二级学院、部门职能不同而有所差异，每个考核点赋以相应分值。

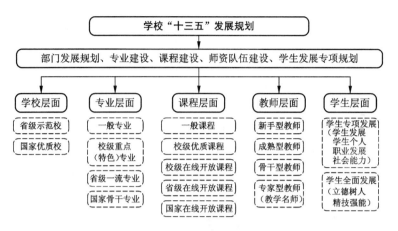

图 2 学校目标链

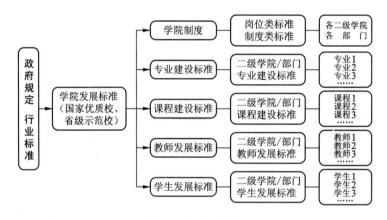

图 3 学校标准链

组织实施:各单位将目标责任细化分解,任务到人,明确完成时限。考核工作实行统一管理、分级单项负责制。各职能部门负责分管线上单项目标责任的监管实施,二级学院负责本单位目标责任落实工作(图4、图5和图6)。

督查通报:学校建立了月工作例会和督办通报制度,分管领导结合年度和常规工作安排当月工作,校长安排全校月重点工作,纪检监察处联合督查室按月督办。

考核:学校考核办实施季度考核、半年督查、年终考核评比。

激励:按照目标责任考核规定,依据年度综合评定结果,使用考核奖励基金对各单位进行奖惩。同时,综合评定结果作为人员聘用、干部使用、评优、奖惩的依据,充分发挥考核风向标、指挥棒的导向和激励作用,建立科学高效的管理机制。

创新改进:根据上年度考核情况,调整考核点,修订考核权重等,使考核指标体系更加科学(图7)。

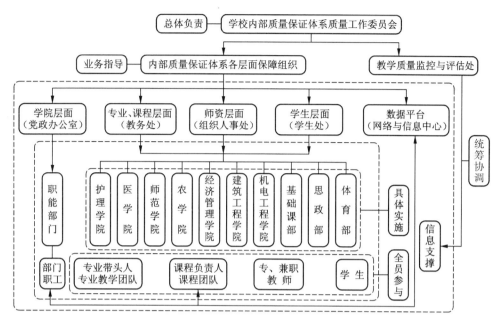

图 4　内部质量保证组织体系

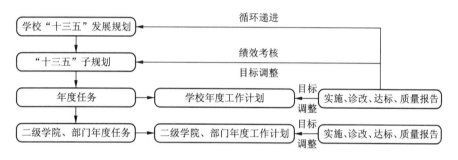

图 5　年度计划执行流程

三、初步成效

(一)质保体系基本建立,质量意识明显增强

职能部门不断健全,职责和岗位标准进一步明确。成立了学工部、教师发展中心、教学质量监控与评估处、网络与信息中心、教学设备与实验实训室管理处、对外交流与合作处等职能处室,制定了相关职责和岗位标准。

废改立制度 70 多个,重点制定、修订了《专业设置与管理办法》《在线开放课程和双语教学示范课建设与管理办法》《教师职称评审办法》《学术和专业带头人、学术和教学骨干遴选和管理办法》《学生技能大赛奖励办法》《国家励志奖学金、助学金实施细则》等质量核心环节文件。

立足学校实际,不断完善质量标准,"五纵五横一平台"内部质量保证体系基本建立。组织开展了学校、专业、课程、教师、学生等层面的自我诊断、自我改进,大大增强了

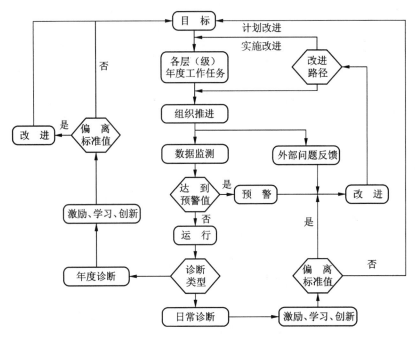

图6 工作运行流程

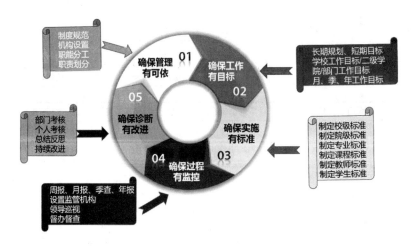

图7 "五个确保"诊改运行工作机制

师生的质量意识。

(二)内生动力得到激发,常态化考核机制基本形成

结合诊改完善了目标责任考核办法,加大了专业、课程、教师队伍建设和学生管理等工作的考核权重。对学术、专业带头人等的绩效管理和目标考核夯实了在专业、课程建设方面的责任。人事与分配制度改革进一步激发了工作活力。

(三)质保主体责任意识增强,人才培养质量稳步提升

学校质量保证的主体作用逐步加强,质量提升已经成为师生员工的共同追求。师

生员工对诊改的满意度逐步提升,获得感不断增强。2018年,毕业生就业率达到98%以上,用人单位对毕业生的满意度持续提高。近3年来,学生参加各级各类技能竞赛共获得省部级以上奖项115个。其中,国家级一等奖4项、二等奖7项;省级一等奖14项、二等奖30项,银奖3项、铜奖3项。尤其是学生参加全国职业技能大赛成绩逐年上升,参赛获奖率为100%。2016年名列全省第12位,2017年名列全省第10位,2018年名列全省第6位。

延安职业技术学院
教师个人诊改案例

(机电工程系 程 瑜)

一、诊改基础

(一)基本情况

2014年7月,本人以优异成绩毕业于长安大学机械设计及理论专业,硕士研究生学历。2016年9月入职延安职业技术学院,成为一名光荣的人民教师。至2017年年底,3个学期共承担了5门课程的授课任务,授课总课时788学时,积累了一定的教学资源,已经成长为一名合格的高职院校专业教师。

(二)个人SWOT分析

本人的优势是乐于创新,敢于挑战。在教学中积极探索适应学情的教学方法,获得了较高的课堂满意度;在个人能力方面,与教研室其他教师组成团队积极参加各类比赛,获得了两项省级荣誉(表1);积极参与指导学生竞赛,2016年指导学生参加学院三创大赛取得了优异的成绩。

表1 个人获奖情况统计

序号	获奖名称	奖项	序位
1	高等职业院校信息化教学能力大赛	三等奖	第二人
2	陕西省科技工作者创新创业大赛	银奖	第三人
3	延安职业技术学院2016年三创大赛	优秀指导教师	第一人

本人的劣势是缺乏耐心,教学经验不足,没有在全课程应用信息化教学手段,信息化教学能力有待提高。

学院在教师个人发展上给予的大力支持与机电专业良好的发展势头,均为个人提供了较好的发展机遇;但同时,也对我提出了更高要求,而学院其他青年教师综合能力的不断提高,给我也带来了很大的挑战。

由以上分析可以看出,作为一名新入职的教师,不管是个人内在发展需求还是外部严峻的竞争形势,都要求我必须提高自身的综合能力。因此,进行个人诊改势在必行。

二、个人诊改总体设计

(一)目标链

依据学院、机电工程系、教学团队的"十三五"发展规划目标,结合个人发展规划设置目标链(图1)。近期目标为2020年成为学校的骨干教师,最终目标是成为教学名师。

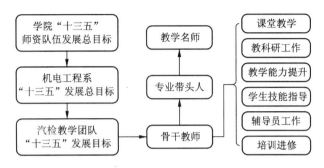

图1 个人发展规划目标链

(二)标准链

依据个人发展规划目标链,参考相关标准,制定个人发展规划标准链(图2)。

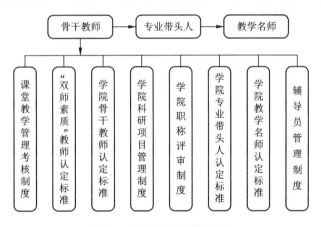

图2 个人发展规划标准链

(三)"8字形质量改进螺旋"

在学院"五纵五横一平台"总体质量体系构架下,以骨干教师目标为年度诊改目标,结合个人职业生涯规划年度发展计划,通过构建针对个人能力提升的"目标、标准、设计、组织、实施、诊断、创新、改进"的"8字形质量改进螺旋"(图3),并按照此螺旋逐步推进,持续提升个人素质和能力。

三、自我诊改

(一)目标

结合个人发展规划,设定2018年度个人发展目标,并对本年度目标进行量化(表2)。

(二)标准

个人具体目标的诊断标准如表2所示。

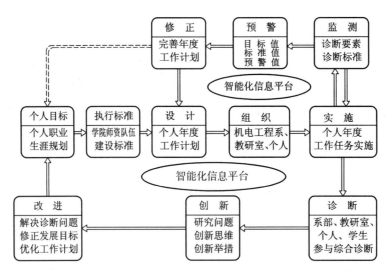

图3 个人"8字形质量改进螺旋"

表2 2018年度个人目标量化

2018年度目标		诊断标准
课堂教学	课时量	不低于450课时
	教学资源建设目标	2门
教科研	科研课题立项	1
	发表论文	1
学生管理	管理班级数量	1
	指导学生社团	1
	贫困生帮扶	1
技能大赛	信息化能力大赛	第一人参与1次
辅导员	辅导员能力大赛	参与1次
	指导学生参加各项比赛	至少3次
能力发展	各项培训	至少3次
	社会兼职服务	1项

(三)设计

依据标准的10个核心观测要素,细化出28个三级指标(图4),同时设置任务实施路径。

(四)组织

按照年度目标与计划,结合部门工作安排,以教师本人为实施主体,对任务进行分解(图5)。

(五)实施

为了达到本年度目标,本人主要做了以下工作。

一级指标	二级指标	三级指标
1基本情况	1基本情况	1.1姓名、性别、民族、出生日期、学历、学位、毕业时间、院校、专业、职称、职务、政治面貌、籍贯、联系方式、住址等
2基础发展能力	2.1证书获取	2.1.1双师素质教师
		2.1.2合格教师
		2.1.3高校教师资格证
	2.2兼职工作	2.2.1兼职工作
	2.3继续教育与培训	2.3.2培训项目、培训学时
		2.3.3企业实践锻炼
3教学与教研能力	3.1教学情况	3.1.1教授课程数
		3.1.2周课时
		3.1.3工作量（学期、年）
		3.1.4学生到课率
		3.1.5督导评价
		3.1.6学生评价
		3.1.7调代课
	3.2教学资源建设	3.2.1教学资源
		3.2.2实训教学
		3.2.3信息化技术应用度
4科研服务能力	4科研情况	4.1参与纵向课题情况（院级、省级、国家级）
		4.2发表论文（普通期刊、中文核心期刊等）
5学生教育与管理能力	5学生教育与管理能力	5.1兼职班主任
		5.2指导学生社团
		5.3指导各类学生比赛获奖（院级、省级、国家级）
		5.4帮扶学生情况
6获奖情况	6获奖情况	6.1各类竞赛获奖（院级、省级、国家级）
		6.2各类荣誉（院级、省级、国家级）
7考核情况	7考核情况	7.1年度考核得分、等次（优秀、合格、基本合格）

图4　个人质量监控指标

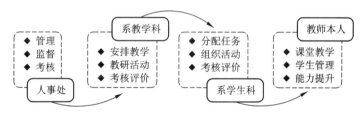

图5　组织实施图

1. 教学方面。本学期承担 AutoCAD、三维建模与创新设计、公差配合与测量技术等三门课程的教学任务。授课过程中，注重资源的梳理与优化，丰富了原有 CAD 习题库，形成了整套 UG、公差配合课程教学课件与视频。

2. 能力发展方面。积极参与系部与教研室组织的各项学习、活动、考核。积极参与大赛研讨会、赛前培训、教学能力提升等各项培训。

3. 学生管理工作。担任 2018 级 5 年制机电一体化专业 1 班班主任期间，在系学生科引导下每周深入公寓内部检查；召开学生日常行为规范养成、远离校园暴力和感恩等各种主题班会。举办系部"爱我中华，青春梦，工匠魂"元旦朗诵比赛的班级初选活动。组织学生观看《大会师》《改革开放四十周年大会》等影片，开展红色教育。

4. 技能大赛方面。主动组织创建团队，积极参加教学能力、辅导员能力大赛等各项比赛，并指导学生参加学院第四届"互联网+"大赛。

5. 教改科研方面。发表论文1篇。

6. 其他工作方面。在学院科技文化艺术节期间担任机电工程系讲解员,参与陕西省科普大赛,积极参加学院田径运动会等学院各项活动。

（六）动态循环

结合智能化信息平台进行个人工作实施过程实时监测,准确预警与及时修正。

1. 监测。监测过程是按照年度目标和计划,将实施过程中产生的数据实时上传至学院智能化信息平台,加强对实施过程的及时跟踪与实时监督。

2. 预警。将实时数据与指标预警值进行对比,对达不到建设要求和偏离预警值的项目提出预警。预警过程就是发现问题的过程。

3. 修正。根据预警项目,分析原因,解决问题。

（七）诊断

通过本年度的诊改,结合智能化信息平台数据分析,本年度目标有两项未达成（图6）,总体达成度为92.86%。

一级指标	二级指标	质控点	目标值	标准值	预警值	完成情况
2基础发展能力	2.1证书获取	2.1.1双师素质教师	是	是	否	完成
		2.1.2合格教师	是	是	否	完成
		2.1.3高校教师资格证	有	有	无	完成
	2.3继续教育与培训	2.3.2培训项目、培训学时	160学时	120学时	80学时	完成
		2.3.3企业实践锻炼	1次	1次	无	完成
3教学与教研能力	3.1教学情况	3.1.1教授课程数	2	2	1	完成
		3.1.2周课时	14	8	6	完成
		3.1.3工作量（学期、年）	480	480	320	完成
		3.1.4学生到课率	100%	100%	70%	完成
		3.1.5督导评价	90	90	70	完成
		3.1.6学生评价	90	90	70	完成
		3.1.7调课	0	0	30%	完成
		3.1.8公开课次数	2	1	0	完成
		3.1.9听课、评课次数	13	10	5	完成
	3.2教学资源建设	3.2.1教学资源	100%	90%	50%	完成
		3.2.2实训教学	100%	90%	50%	完成
		3.2.3信息化技术应用度	100%	90%	50%	未完成
4科研服务能力	4科研情况	4.1参与纵向课题情况（院级、省级、国家级）	1	1	0	未完成
		4.2发表论文（普通期刊、中文核心期刊）	1	1	0	完成
5学生教育与管理能力	5学生教育与管理能力	5.1兼职班主任	1	1	0	完成
		5.3指导各类学生比赛获奖（院级、省级、国家级）	有	有	无	完成
6获奖情况	6获奖情况	6.1各类竞赛获奖（院级、省级、国家级）	有	有	无	完成
		6.2各类荣誉（院级、省级、国家级）	有	有	无	完成
7考核情况	7考核情况	7.1年度考核得分、等次（优秀、合格、基本合格）	优秀	合格	基本合格	优秀

图6　年度目标完成情况

存在的问题主要有两个:一是没有申报课题;二是课程没有全面应用信息化技术。解决的措施是在下一学年提升个人科研能力,并争取建成在线开放课程。

（八）创新与改进

创新课堂教学模式,为班级设计机电专业特色文化墙。

创新课堂教学模式。本年度所有课程都采用了信息化技术,以任务驱动法为教学主线,形成课前线上发布任务,学生自主预习;课上教师答疑解惑,学生实训过程中教师巡视指导,课后反馈反思的线上线下混合式教学模式。实训教学中运用虚拟软件+实操模式,使得抽象的知识点变得具体化,便于学生的理解与掌握。

为班级设计机电专业特色文化墙。指导学生制定个人职业生涯规划,结合"每日新闻播报"等活动创设特色园地,引导学生提升网络文明素养。

四、诊改成效

1. 初步建立了个人发展质量保证体系,保证个人年度计划的顺利实施。
2. 全部课程应用混合式教学模式,并完成了两门课程部分资源的上线。
3. 日常行为养成教育成效显著,班级考勤率为系部最高。
4. 竞赛能力有所提高(表3),同时指导学生参加学院第四届"互联网+"大赛获校赛铜奖;班级两名学生在军训中表现优秀,获得军训优秀学员称号。

表3 年度个人获奖情况统计

序号	获奖名称	奖项	序位
1	陕西省高等职业院校信息化教学能力大赛	三等奖	第一人
2	陕西省科普大赛	科普使者	第一人
3	延安职业技术学院信息化教学能力大赛	二等奖	第一人
4	延安职业技术学院2017—2018学年年度教育教学工作	优秀教师	第一人

五、下一步努力方向

1. 完成2018年度未完成的工作:参与课题1项;完成课程在线开放。
2. 晋升职称:顺利评定为讲师。
3. 教学资源建设:持续优化整合教学资源,探索符合学情的教学模式。
4. 提升综合能力:注重信息化教学、科研、技能大赛与学生管理等综合能力的提升。

六、诊改感悟

通过2018年度个人诊改,收获颇丰。首先,对自己做了一个全面深入分析,梳理了入校几年来所做的工作与取得的成绩,明确了个人定位与今后的发展路径。其次,激发了本人的内生动力,工作中,变以前的被动执行系部、教研室工作安排,到现在的主动申请认领任务,积极提出意见建议并自觉实施。实现了工作积极性高,工作效率高,自我能力提升快的良好状态。再次,认识到了团队合作的重要性。与系上老师深入学习诊改理论、探讨诊改方法,参考借鉴其他学院诊改经验,理清了诊改思路,从而高效率、高质量地完成了自我诊改工作。最后,意识到了常态化诊改的重大意义。常态化诊改是帮助教师全面认识自我,认真设计职业生涯,不断创新改进提升,顺利实现自我目标、自我价值的重要举措。

近几年,为更好地提升自我,我将从"勤:勤学好问,勤勉自立;学:集思广益,博览众学;钻:刻苦钻研,精益求精;严:严于律己,诲人不倦"4个方面严格要求自己,争取早日成为一名骨干教师。

陕西能源职业技术学院
学校层面诊改案例

陕西能源职业技术学院按照"需求导向、自我保证,多元诊断、重在改进"的工作方针,由学院党政领导亲抓亲管、顶层设计、层层落实、扎实推进,全体教职工统一思想、提高认识、明确任务、落实责任,以诊断改进为契机,以学院"十三五"事业发展规划为主线,统筹安排创新发展行动计划、优质院校、一流学院等建设任务,梳理制度体系,将诊改和日常工作相结合,建立常态化、自主保证人才培养质量的工作机制,服务"学生成长成才",全面提高人才培养质量。

一、高度重视是前提

坚持"四个到位"扎实推进诊改工作。第一,认识到位:全院统一认识,认为诊改工作是学校自我发展的现实需要,是推进各项工作的好方法。第二,定位到位:将诊断改进工作明确定位为提高人才培养质量的有效举措和统筹推动"十三五"发展规划、创新发展行动计划、优质院校建设、一流学院建设、追赶超越等工作的好抓手。第三,推动到位:由学院党政亲抓亲管,明确组织保证,将任务、责任落实到人,月度、季度有检查。第四,行动到位:全院上下一心、全员参与、工作布置事事有回音、件件能落地。

二、体系构建全覆盖

以人才培养质量保证为目标,聚焦专业和课程,以师生发展为核心,以信息化平台为支撑,在不同层面建立完整而相对独立的自我质量保证机制,形成了全要素、网络化、具有较强预警功能和激励作用的内部质量保证体系。在明确各部门为自身质量生成主体的基础上,结合职责和定位,将全院28个二级单位归属到决策指挥、质量生成、资源建设、支持服务和监督控制五个纵向系统,形成质量保证体系的组织架构(图1)。明确了学校、专业、课程、教师和学生五个层面的质量保证主体,以及各质量保证主体所要关注的诊改内容和质控点。

三、目标标准有特色

在科学分析论证的基础上,明确了发展方向、办学理念和办学定位等问题,将学院的发展目标确定为建设"九优一流"高职院校。编制了学院"十三五"事业发展规划、专项规划和二级学院发展规划,构建了学院规划体系。根据国家政策文件,国家及行业相关标准,陕西省一流院校、一流专业标准,对接学院发展目标,建立了符合学院特色的"九优一流"高职院校建设标准,即优质的专业发展体系、优质的产教融合协同育人水

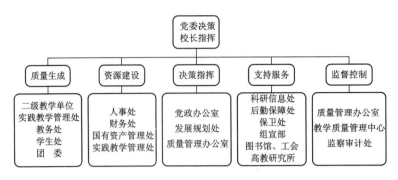

图1 质量保证体系的组织架构

平、优质的支撑与保障条件、优质的技术技能积累能力、优质的服务地方和行业发展能力、优质的质量保证体系、优质的合作办学水平、优质的毕业生质量与就业竞争力、优质的社会认可水平并将其细化为30项二级指标和99条建设标准。

四、制度体系有保障

为了实现学院诊改工作从制度向机制、文化的转变，不断完善制度体系，持续提升学院管理的规范化、精细化、程序化、制度化水平。以学院《章程》为基本依据，梳理完善在党政综合、组织人事、质量管理等方面的管理制度，共废、改、立201条制度，构建了以"一章八制"为核心、较为完善的制度体系。运用5W2H分析法对部门职责和岗位工作标准进行了梳理，形成了较为完整的部门职责、工作任务和工作标准（表1）。制定了《陕西能源职业技术学院内部质量保证体系诊断与改进管理办法》（图2）、《专业、课程层面诊断与改进实施细则》、《教师层面诊断与改进实施细则》、《学生层面诊断与改进实施细则》，形成诊改机制，实现诊改工作的常态化和全员化。

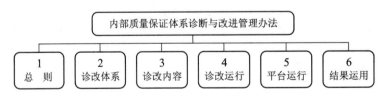

图2 内部质量保证体系诊断与改进管理办法

五、实施方案可操作

学院根据全国诊改专委会的"8字形质量改进螺旋"，形成了从学院"十三五"规划到个人工作，从专业到课程、课堂，从师资队伍到教师个体，从学生工作到学生个体的系统化、规范化实施运行机制。

学院提出了"紧扣规划定目标，比照先进建标准，设计实施有方案，监测预警有痕迹，诊断问题要清晰，改进措施要有力，改进效果要彰显，努力方向要明确"等八项原则，具体指导诊改工作。

在学校层面,以"两链"为基础,落实规划目标,层层分解任务,将"十三五"规划中的十大行动计划落实为 15 个实施方案,分解至每年的党政工作要点,最终落实到二级单位年度计划。将任务分为 A、B、C 三类(A 类任务来源于"十三五"规划,B 类任务来源于年度党政工作要点,C 类任务为部门日常重要工作),并以此为基础编制年度工作任务表。

六、实施监测有预警

在任务实施过程中,采用线下和线上相结合的形式进行监测预警。线下监测主要通过月度反馈纠偏改进、季度检查汇报和年度总结反思来实现。线上监测主要是通过内部质量监控管理平台、绩效(任务)管理系统实现任务的过程化、规范化、信息化管理。结合国家对高等职业教育的定位要求和高等职业教育质量年度报告内容,确定了 219 个质量控制点,并对核心关注指标设定了标准值、预警值、目标值,实时监测、预警、反馈。

七、诊断改进抓要害

坚持问题导向,发现在学校层面主要存在 2 个问题并提出解决方案,将问题有效解决。一是,针对规划体系不完善、目标任务落实难的问题,编制了各二级学院发展规划和 15 项任务实施方案,将目标任务逐层分解落实,最终完善了学校规划体系、贯通了学校目标链,并建设了绩效(任务)管理系统,对各项任务进行科学管理。二是,针对部门职责不清、工作标准缺失问题,编制了部门职责和岗位工作标准,优化了工作流程,形成了机构设计科学、权责分配合理的内部治理体系。

八、激励措施有实效

学院以问题为导向,加强学习,独立思考,大胆探索,创新思路、创新方法、创新路径,建立了较为完善的考核激励机制。完善了领导干部"能上能下、鼓励激励、容错纠错"机制,制定了能够适用于全体教职工的《积分制管理与考核实施办法》,充分调动各类人员的工作积极性和主观能动性(图3)。健全了《科研成果奖励办法》《科研项目管理办法》《部门绩效考核办法》《教职工继续教育培训管理规定》等激励考核制度。推进二级管理,将管理重心下移,强化管理职能,优化资源配置,提高了二级学院的办学活力。

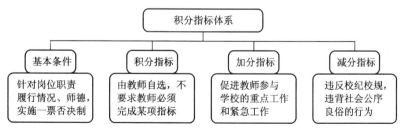

图 3　积分制管理办法中教师积分指标体系

九、诊改工作见成效

通过开展内部质量保证体系诊断与改进工作,逐渐在全院形成了"人人、事事、时时"为质量负责的氛围,各层面责任主体自觉思考,关注质量提升,初步形成了发展有目标、诊断有标准、提升有路径、实施有保障的诊改运行机制(图4)。学院办学支撑与保障条件不断优化,部门职责更加明确、主体责任更加清晰,管理流程更加规范,教育教学质量不断提高,"太阳石"精神深入人心,增强了师生员工的获得感、归属感和满意度。学生掌握了能够让自己一生受益的好方法。教师通过诊改将压力转化为动力,实现了教学能力和水平的提升。

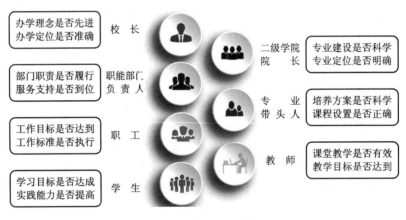

图4　学校质量氛围

成效一:初步构建了质量保证体系,推进全面系统的质量管理。实现了学院自定质量目标、质量标准,进行质量诊断、质量改进、质量提升,逐渐由"他治"走向"自治"。

成效二:建立了内部质量监控管理平台,实施全过程管理。实现了质量管理和数据分析的信息化,让信息化的质量管理平台充分发挥其强大的预警、监督、控制与考核评价功能。

成效三:初步形成诊改"双引擎"机制,激发全员内生动力。建立了诊改机制和考核机制,不断提升教职工的自觉问责能力,并将自主、自愿、自诊、自改根植于常态化的质量文化建设之中。

十、努力方向常态化

经过一轮诊改,学院对诊改工作有了更加明确的认识,学院管理与运行的规范化、精细化、程序化、制度化水平不断提高,对下一轮诊改工作有了更加清晰的路线图,逐渐让诊改走向常态化。

未来学院将继续发扬"拼搏奉献,求实创新"的"太阳石"精神,持续推进诊断改进工作,努力创建"九优一流"高职院校,为国家培养更多的高素质技术技能人才。

咸阳职业技术学院
《建筑材料》课程诊改案例

一、课程基础

(一)课程概况

1. 课程定位。《建筑材料》课程是建筑工程技术专业的专业基础课,也是专业必修课,是为实现人才培养中的"能编制建筑材料的采购计划,并能对建筑材料进行取样和质量检测"专业技能目标而开设的。

通过本课程的学习,学生应掌握的专业技能如下:能辨认常见建筑材料品种及规格;能对进场的常见建筑材料进行取样和质量验收;能对混凝土强度试样进行制作和养护;能进行混凝土配合比设计;能操作使用水泥、混凝土及其用集料、建筑砂浆、钢材等常见建筑材料的检测仪器及设备;能根据试验规范要求,正确完成水泥、混凝土及其用集料、建筑砂浆、钢材等常规建筑材料主要质量检测项目及数据处理,并能出具试验报告;能正确保管、存储建筑材料;能解释并解决建筑材料应用中的常见问题;能查找、阅读建筑材料规范和标准。

课程开设于第一学期,4学时/周,56学时,3.5学分。同时,与本课程配套开设的专业实训课程为《建筑材料检测与管理》,15学时,0.5学分。后续课程有《砌体施工技术》《钢筋混凝土施工技术》《建筑施工技术》《建设工程监理》等。

2. 课程教学团队。《建筑材料》课程团队有教师6人,其中副教授1人、讲师3人、助教1人、教员1人。

3. 课程教学条件。

(1)教材建设与使用。课程组教师主编了《建筑材料检测与应用》教材1部,2017年出版,目前已有2届学生使用。

(2)实践教学条件。本课程现有混凝土工程、综合材料、工程力学等校内实训室3个。总面积376 ㎡,设备数385台(套),总价值272.18万元。与陕建六建集团公司、陕建三建集团公司、陕西通用建设工程质量检测有限公司共建校外实训基地3个。

(3)课程教学手段及资源。本课程是在建的院级精品在线开放课程,蓝墨云班课是主要教学平台,采用混合教学模式。

课程内容包括认识建筑材料、气硬性胶凝材料的验收与应用、水泥检测与应用、混凝土检测与应用、建筑砂浆检测与应用、建筑钢材检测与应用、墙体材料检测与应用、防水材料验收与应用、绝热与吸声材料应用、装饰材料应用、高分子材料应用。

课程资源包括课程标准、教学设计及教案、教学课件、习题库、试题库、微课、教学录像、案例库、图片库等。课程资源主要通过"智慧职教"建筑工程技术专业教学资源库中的《建筑材料》课程资源以及蓝墨云班课课程资源共同体现。

(二)质量基础

2014年,《建筑材料》课程立项为院级重点课程。2015年,立项院级精品资源共享课程,省级示范院校建设项目建筑工程技术专业建设子项目中的重点建设课程,制订课程标准,建立课程网站,丰富课程静态资源。2016年,进行课程考核改革、校本教材开发。2017年,立项院级精品在线开放课程,使用"蓝墨云班课"教学App进行线上教学,丰富各类课程教学资源97个;修订课程考核改革方案;参加陕西省土木工程材料检测技能大赛,获得二、三等奖;出版教材1部;参加陕西省微课教学大赛获得三等奖,院级微课比赛获得一等奖。

二、两链构建

(一)目标链

根据学院"十三五"事业发展规划、课程建设专项规划、二级学院课程建设规划,结合课程建设基础,形成了本课程的三级目标链(图1)。以院级精品在线开放课程建设为首要目标,建立课程定位、教学团队、课程资源、教材建设和教学条件等方面的具体目标。根据实际情况将课程建设目标任务分解到年度。

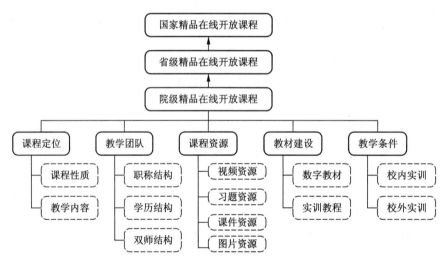

图1 《建筑材料》课程目标链

(二)标准链

标准链从课程内容和课程实施两个方面进行构建。依据专业人才培养方案、课程调研结果、国家及行业相关材料检测规范、标准等修订课程标准,明确课程定位,制定授课计划。依据省级、院级精品在线开放课程建设标准,参考国、省、院现有的关于教学团队、课程资源、教学条件等管理文件及标准,确定目标链每个具体任务的建设标准。《建筑材料》课程标准链如图2所示,具体标准如表1所示。

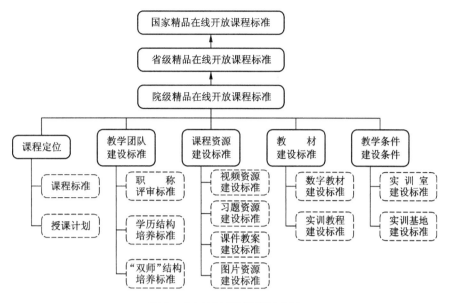

图 2 《建筑材料》课程标准链

表 1 《建筑材料》课程标准

一级目标	二级目标	建设标准
课程定位建设	修订课程标准	高等职业学校建筑工程技术专业教学标准 咸阳职业技术学院关于修订课程标准的通知
	修订授课计划	高等职业学校建筑工程技术专业教学标准 咸阳职业技术学院授课计划编写要求
教学团队建设	提高负责人职称水平	咸阳职业技术学院职称评审办法 咸阳职业技术学院优秀教学团队建设标准
	优化教学团队结构	
	强化教师信息化教学能力	
课程资源建设	丰富课程视频、习题、图片资源	省级精品在线开放课程建设标准
	优化教学课件	课程标准、国家及行业标准
	规范教学设计、教案	课程标准、国家及行业标准
教材建设	修订课程实训教程	国家及行业标准
	开发课程数字教材	国家及行业标准 数字教材建设标准
教学条件建设	完善校内实训条件	高等职业学校建筑工程技术专业教学标准
	深化校企合作	
	规范实践教学管理	咸阳职业技术学院实践教学管理办法

三、运行实施

根据目标链、标准链,按照"目标—标准—设计—组织—实施(监测—预警—改进)—诊断—激励—学习—创新—改进"的"8字形质量改进螺旋",实施课程诊改(图3)。

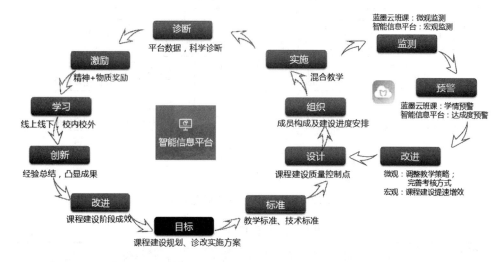

图3 《建筑材料》课程质量改进螺旋

(一)目标&标准

本课程的总目标是在5年时间内把《建筑材料》课程建成省级精品在线开放课程。2018年的具体目标及标准如表2所示。

表2 2018年课程建设目标及标准

一级目标	二级目标	2018年建设内容	建设标准
课程标准建设	修订课程标准	修订课程标准	咸阳职业技术学院关于修订课程标准的通知
	修订授课计划	修订学期授课计划	咸阳职业技术学院授课计划编写要求
教学团队建设	提高负责人职称水平	课程负责人职称达到副教授	咸阳职业技术学院职称评审办法
	优化教学团队结构	提高1名教师学位水平 提高2名教师职称水平	咸阳职业技术学院教学团队建设
	强化教师信息化教学能力	开展教师培训5人次	咸阳职业技术学院教师培训、锻炼计划

续表

一级目标	二级目标	2018年建设内容	建设标准
课程资源建设	丰富课程视频资源	制作微课5个 录制教学视频5个	咸阳职业技术学院精品在线开放课程建设标准
	优化教学课件	优化教学课件28个	课程标准、国家及行业标准
	规范教学设计	完善学时授课计划(教学设计)28份	课程标准、国家及行业标准
	修订课程实训任务指导书	修订课程实训任务指导书	国家及行业标准
教学条件建设	完善校内实训条件	购置建筑用砂标准筛5套、水泥胶砂强度试模5个、5L容量筒4个,还有钢直尺、温湿度计、毛刷、刮平尺等实训器材	高等职业学校建筑工程技术专业教学标准
	深化校企合作	新增1个质量检测中心作为校外实训基地	
	规范实践教学管理	梳理课程实践教学项目; 规范实践教学运行管理资料及制度	咸阳职业技术学院实践教学管理办法

(二)设计&组织

根据课程建设目标,从课程定位、教学团队、课程设计、课程实施、课程评价、课程资源、教材开发与选用7个方面设计质量控制点40个。

1. 专业课程调研把脉课程定位。每年开展专业、课程调研,优化课程定位,研究确定课程三维目标。制定、调整课程建设规划、方案,奠定课程建设基础。

2. 教师培养机制引导团队建设。严格落实学校青年教师导师制及教坛新秀、骨干教师、教学名师培养机制,从课程负责人、主讲教师、兼职教师3个方面强化团队建设,优化教师结构。

3. 专业培养目标引领课程标准。以专业人才培养方案为基础,依据典型工作岗位、典型工作任务分析,结合材料检测等国家标准、行业规范,修订课程标准,制定教学计划,优化教学设计。

4. 质量监控体系监控课程实施。以线上教学平台监控为中心,以线下教学检查机制为辅助,初步形成课程质量监控体系(图4)。

5. 数据分析机制渗透课程评价。根据正方教务系统评教数据以及校、院教学督导听课反馈信息等,进行数据分析,及时反馈学生、同行及领导对课程的评价结果。

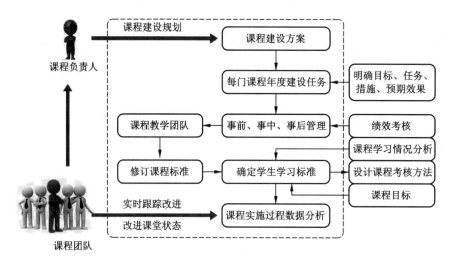

图4　课程质量监控

6. 课程建设标准规范在线资源。参考陕西省精品在线开放课程建设标准,制定课程在线资源类型和建设数量、质量。课程资源结构如图5所示。

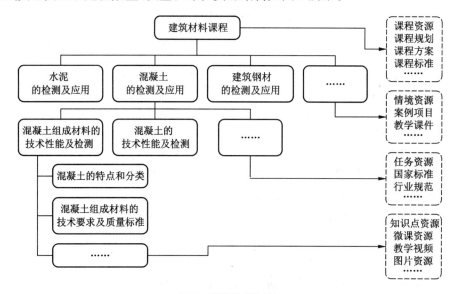

图5　课程资源结构

7. 理论实践一体主导教材建设。以已出版教材为基础,尝试开发数字化教材,并拓展开发《建筑材料检测与管理》实训教程。

结合课程团队成员特长,对质量控制点的实施进行责任分工(表3)。

(三)实施(监测—预警—改进)

1. 监测。依托智能信息平台、正方教务系统等数据平台进行课程教学团队、教学条件等的宏观监测,通过蓝墨云班课等教学平台进行微观监测,以及常态化的"期初、期中、期末"检查、毕业预警、督导简报等检查措施对课程教学过程实施动态监测。

"蓝墨云班课"教学平台的教学实时反馈及教学报告功能实现对学生出勤、教学资源数量及质量、教学活动的设置数量及完成成绩的实时监测和阶段性统计分析,实现教学过程的微观动态监控和学生挂科风险预警。"蓝墨云班课"学生学习状态监测界面如图6所示。

表3 《建筑材料》质量监控点

序号	内容	质控点	目标值	实施人	进度要求
1	课程定位	课程建设规划	有	陈 婷	2018－06－30
2		课程建设方案	有		
3		总课时	56		
4		理论与实践课时比例	1:1		
5		周学时	4		
6		总学分	3.5		
7	课程团队	课程负责人数量(人)	≥1	陈 婷	2018－12－30
8		课程负责人学历	大学以上		
9		课程负责人职称	副教授以上		
10		主讲教师数量(人)	≥3	段薇薇 赵小雨	2018－12－30
11		主讲教师学历	大学以上		
12		主讲教师职称	讲师以上		
13	课程设计	课程标准	有	陈 婷	2018－06－16
14		学期授课计划	有		2018－09－10
15		学时授课计划	有		2019－01－30
16		课件	有	全体成员	2019－01－30
17	课程实施	教学内容对接职业岗位	是	本学期课程主讲教师	2019－01－30
18		教学内容对接职业标准	是		
19		理实一体教学	是		
20		混合教学模式	是		
21		信息化教学平台	有		
22		考核方案或试题	有		
23		过程考核	是		
24		实践考核	是		
25		课程成绩单	有		
26		成绩分析报告	有		
27		课程及格率	≥80%		

续表

序号	内容	质控点	目标值	实施人	进度要求
28	课程评价	学生评教满意度	≥85%	本学期课程主讲教师	2019-01-30
29		教师评价满意度	≥85%		
30		督导评价满意度	≥85%		
31		领导评价满意度	≥85%		
32	课程资源	国家认定的数字资源平台	有	全体课程组成员	2019-01-30
33		课程资源占总课时比例	≥25%		
34		在线学生人数	≥100		
35		在线教师人数(人)	≥3		
36		原创性教学资源比例	≥40%		
37	教材开发与选用	主、参编教材	是	朱凤君	2018-12-20
38		国家规划教材选用率	100%		
39		省部级以上获奖教材选用率	100%		
40		近三年新出版教材使用率	100%		

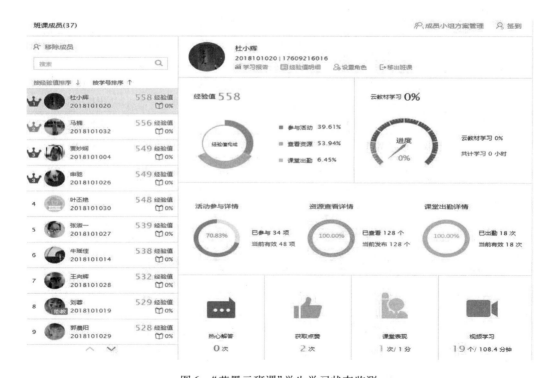

图6 "蓝墨云班课"学生学习状态监测

2.预警。宏观方面,针对课程建设目标,围绕课程定位、课程团队、课程设计、课程实施、课程评价、课程资源、教材开发与选用等7个方面质控点及其预警值,对达到预警反馈的教学活动及时进行干预。微观方面,针对学生学习行为,进行过程性动态考核,实现实时挂科预警。

3. 改进。根据反馈信息,对设计环节进行修正,修正后重新进入实施步骤,直至达到本轮诊改目标要求方可进入诊断环节。例如,针对"部分学生参与实验实训主动性不足"的预警问题,采取"将每人出镜的过程性操作照片提交至班课任务,实行组内、组间和教师评价相结合的评价机制",大幅提升了实践教学参与度。

（四）诊断

围绕7个方面的质量控制点,借助智能信息平台进行诊断,查找课程在教学团队建设、教学资源建设等方面存在的问题和不足。

1. 课程负责人职称未达到副教授。主要原因是团队结构年轻化,尚未达到职称评审年限。

2. 主讲教师职称未达到100%讲师及以上。主要原因是新入校的年轻教师未达到职称评审条件。

3. 国家认定的数字资源平台,即在线开放课程尚未建成。主要原因是课程团队承担的管理工作任务较重,对于数字资源开发的技术和经验不足。

（五）激励 & 学习

1. 激励。在课程建设过程中,有效落实了学院教师绩效考核评价办法、岗位目标责任考核、微课大赛、信息化大赛、学生技能大赛等奖励性政策,激发了教师和学生的积极性和主动性。

2. 学习。对于诊断环节出现的问题,采取有针对性地学习及研究。先后赴杨凌职业技术学院、陕西工业职业技术学院等兄弟院校进行调研,认真研读信息化教学和专业建设基本标准等政策文件,深入分析产生问题的原因。

（六）创新 & 改进

1. 教法更新。利用"蓝墨云班课"教学管理平台,初步实现线上线下混合教学模式,尝试了翻转课堂。

2. 考核创新。混合教学模式带动了考核创新,采用如下考核方式,体现过程性考核和实践性考核。

$$课程总评成绩 = 50\% 过程性考核（线上） + 50\% 结果性考核$$

$$结果性考核 = 50\% 理论考核（线上） + 50\% 实践考核（线下）$$

四、诊改成效

通过实施诊改,《建筑材料》课程取得了初步成效。

1. 课程质量保证体系初步建立。一是根据2018级人才培养方案修订了课程标准,进一步明晰了课程目标定位,明确了课程教学内容。二是制定了学期授课计划,编写了学时教学设计,将课程教学内容细化到课时。三是混合教学模式初步形成。

2. 教师团队综合能力有所增强。一是团队结构得到优化。2人晋升了职称,1名助教晋升为讲师,1名教员认定为助教。1人取得研究生学历。课程负责人基本具备了副教授评审条件。陕西省质量检测中心王涛(主任)、刘萍(试验员)加入课程团队,专兼职教师比例达到3:1。二是教师信息化教学能力有所提升。2人参加信息化教学大赛,获得省赛三等奖1项,院级三等奖1项。三是教学团队教研能力稳中有进。立项教研项目《信息化教学在建筑材料课程中的应用障碍及对策研究》1项。发表论文6篇。四是教师培训累计11人次。五是学生评教满意度达91.32%。

3.课程资源建设稳步推进。制定了课程资源开发计划,与视频资源开发公司签订了合作协议,视频录制工作正在积极推进中。

4.实训条件进一步完善。一是完善了校内实训条件。购置建筑用砂标准筛5套、水泥胶砂强度试模5个、5L容量筒4个、钢直尺、温湿度计、毛刷、刮平尺等实训器材,合计1万元。二是推进了校企合作。已与陕西省质量检测中心初步洽谈,基本达成校企合作意向,并探讨了"因企入校"的未来深层合作事宜。

5.学生专业素养进一步提高。一是学生及格率明显提升。从2015年到2017年及格率上升了23个百分点。二是学生实践技能水平有所提高。参加省级土木工程材料检测技能大赛,获得一等奖1项,三等奖1项。

五、努力方向

1.教学团队。进一步优化团队职称结构,提升团队学历、学位水平,提高双师比例。

2.教学条件。进一步加强校内实训室建设,深化校企合作,规范实践教学管理。

3.在线课程。进一步加强课程资源建设,优化混合教学模式,完善多元化考核方式。

陕西工业职业技术学院学生工作诊改案例

陕西工业职业技术学院作为全国高职院校内部质量保证体系诊断与改进工作27所试点院校之一，经过近3年的试点，形成了通过持续规范的自我约束、自我评价、自我改进、自我发展，建立并运行"五纵五横一平台"的内部质量保证体系，办学活力和人才培养质量不断提升。学生层面是"五横"层面之一，学生诊改以健全学生全面发展机制为目标，以完善育人体系和优化成长环境为诊改内容，进行了有益的探索和实践。2018年11月，学院被教育部确定为全国首家诊改试点复核院校，复核专家组对学院诊改工作给予了充分的肯定。

一、诊改工作基础

学院现有在校学生19 354名，分布在机械工程学院、数控工程学院、电气工程学院、材料工程学院、信息工程学院、工商管理学院、物流管理学院、汽车工程学院、化工与纺织服装学院、土木工程学院等10个二级学院、73个专业、457个班级。其中男生13 216人，女生6 138人，男、女生比例为1∶0.46；统招学生9 520人，自主招生学生9 462人，5年制学生372人。

诊改是一个自我审查、自我纠偏、自我改正、自我评估的循环过程，没有最好，只有更好。为了保证学生层面诊改工作有效开展，学院坚持按照问题导向、顶层设计、点面兼顾、改建结合的思路开展学生层面诊改工作。

1. 问题导向。通过仔细调研走访，发现目前学生工作中存在的问题，包括制度设计有无缺陷，执行层面是否到位，监督评价是否合理，改进措施是否具体，管理质量是否提高等，采用SWOT分析法，梳理问题，分类整理研究，制定改进措施，这是学生工作诊改的前提和基础。

2. 顶层设计。在学院层面要通过认真研阅诊改文件、专家报告、理论文章等材料，吃透精神，结合学院学生管理工作实际，制定行之有效的诊改工作实施方案。对学生层面的诊改从思路、内容、方法到实施路径要仔细设计，不能朝令夕改，一天三变，让职能部门特别是二级学院走弯路、走偏路，贻误时机。

3. 点面兼顾。诊改工作是学院整体工作的一部分，学生层面诊改也是学生教育管理工作的一部分，不能把和日常的教育管理工作割裂开来，一定要融合推进，紧密结合。在整体工作安排时，突出诊改工作的推进作用、引领作用和自我修正作用，在抓好学生诊改工作的同时，要突出立德树人这一根本任务。

4. 改建结合。诊改是手段，完善是根本，形成自我质量保证体系是目标，提高育人质量是核心。

二、主要做法

（一）建立目标链和标准链

围绕学院"十三五"事业规划和学生教育管理行动计划，依据学院质量年报、就业质量报告，"走进社会、走进企业、走进学生家庭"调研报告，结合期中教学检查、学生座谈会、学生日常管理督导检查等工作梳理学生层面存在的问题，制定学生工作诊改实施方案，建立目标链、标准链。学生工作目标链如图1所示。

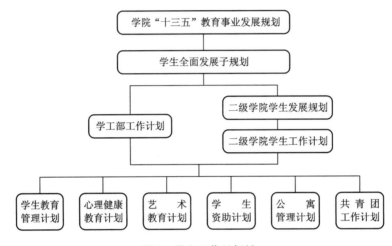

图1　学生工作目标链

依据学院"十三五"规划及学生全面发展子规划，分解年度学生工作目标，编制年度工作计划、年度任务书及任务分解表，落实实施，如表1所示。

表1　学生工作目标（链）内容及分解

目标	规划内容
学院"十三五"规划	形成学院大学生思想政治教育工作的新格局，进一步完善学生工作领导管理体制和工作运行机制，突出学生的主体地位。 进一步促进学生全面发展，持续提升学生教育管理工作水平，全面实现建设"省内引领发展，国内铸就卓越，国际打造品牌"的宏伟目标。
学院学生工作建设子规划	建立一支数量充足、结构合理、专业方向明确、素质精良、趋于稳定的学生管理队伍；实现教育方式方法的多样化、实践教育规范化和教育手段多样化；大学生思想政治教育的针对性和时效性明显提高；学生的创新意得到显著加强，学生工作的各项指标全面提升，优秀和杰出人才不断涌现；校园文化形成特色和品牌。 学生综合素质进一步增强。通过实施学生综合素质提升计划，使学生的思想品德和文明素养有明显的提高，力争实现学生满意，家长满意，用人单位满意。 学生教育管理工作更加科学规范。进一步规范学院和二级学院学生教育管理工作

续表

目标		规划内容
学院学生工作建设子规划		职责,建立科学的学生工作考评机制,提升学生教育管理工作水平。 学生工作队伍更加职业化、专业化。进一步优化学生工作队伍结构,提升辅导员和班主任的工作业务能力和业务水平,促进学生工作队伍职业化、专业化。 校园育人氛围进一步改善。文化育人、制度育人、环境育人有机结合,将全员育人、全过程育人、全方位育人的观念进一步增强,育人效果进一步提升。
学工部工作计划	2015—2016学年	1. 制定并落实我院《大学生思想政治教育质量测评体系》实施方案; 2. 严把学生党员发展入口关,加强学生党员的教育与管理; 3. 精心组织好新生军事训练工作; 4. 持续开展"走进学生家庭"活动; 5. 开展入学教育和毕业教育; 6. 有针对性地开展多种形式的日常教育; 7. 加强课间、晚自习的督导和管理; 8. 开展新生心理测评工作; 9. 开展心理健康教育和心理咨询辅导; 10. 举办安全主题教育活动; 11. 推进学生工作制度顶层设计,形成制度框架; 12. 建立学生奖惩信息库; 13. 举办优秀校友大讲堂、就业专题报告会、就业案例展等活动; 14. 组织高雅艺术进校园活动; 15. 加强对团组织、学生会和大学生社团的管理和指导; 16. 辅导员队伍的培训。
	2016—2017学年	1. 持续开展"中国梦"和"四进四信"等主题教育活动; 2. 发挥学生党员和入党积极分子在学习、生活等方面的示范引领作用; 3. 新进辅导员10名; 4. 精心组织好新生军事训练工作; 5. 持续开展"走进学生家庭"活动; 6. 加强少数民族学生教育和管理; 7. 开展学风建设示范班级创建活动; 8. 参加省级心理情景剧和心理主题班会、心理知识竞赛等活动; 9. 完善校园安全预案; 10. 完善学生管理各项制度; 11. 建立学生奖惩信息库; 12. 改革就业指导课程教学; 13. 举办优秀校友大讲堂、就业专题报告会、就业案例展等活动; 14. 举办校园文化艺术节; 15. 实施"青马工程",加强团学干部培养; 16. 参加辅导员职业能力大赛。

续表

目标		规划内容
学工部工作计划	2017—2018学年	1. 制定"易班"工作站建设方案； 2. 加强学生党员的教育与管理； 3. 新进辅导员15名； 4. 开展诚信教育、励志教育主题月活动； 5. 持续开展"走进学生家庭"活动； 6. 开展网络文明教育活动； 7. 开展国家奖学金、国家励志奖学金、学院奖学金、"十佳学子"和优秀学生评选等活动； 8. 建好心理健康教育功能场所； 9. 建设"学院—二级学院—班级—宿舍"4级心理危机预防与干预体系； 10. 开展校园环境卫生整治，做好疾病防控工作； 11. 成立学生教育与管理制度督查小组； 12. 改革就业指导课程教学； 13. 组织师生创作优秀校园艺术作品； 14. 建好校内外素质教育基地； 15. 参加辅导员职业能力大赛。
	2018—2019学年	1. 开展"易班"工作站各项工作； 2. 新进辅导员10名； 3. 举办国防教育专题宣传活动； 4. 推行班主任联系家长制度； 5. 加强学生公寓管理，创建文明宿舍； 6. 宣传获奖学生优秀事迹，树立身边榜样； 7. 将心理健康教育与咨询中心建成省级示范中心； 8. 鼓励二级学院开展心理健康活动，创建心理健康教育活动品牌； 9. 开展饮食安全教育，加强饮食安全监督检查； 10. 加强对学生日常行为习惯的督查； 11. 建设学生信息管理系统； 12. 开展职业生涯规划大赛、就业训练营、职业能力训练等活动； 13. 整合校内外艺术教育人才资源，抓好公共艺术课教学； 14. 持续开展"三下乡"活动； 15. 初步建成辅导员工作室。
	2019—2020学年	1. 发挥学生党员和入党积极分子在学习、生活等方面的示范引领作用； 2. 发挥"易班"工作站育人实效； 3. 新进艺术编导人员1人； 4. 畅通家校共育途径，形成家校共育机制； 5. 加强学生公寓管理，创建文明宿舍；

续表

目标	规划内容
学工部工作计划	2019—2020学年 6. 开展专兼职心理健康教育队伍的培训； 7. 运用四级心理危机预防与干预体系推进工作； 8. 开展饮食安全教育，加强饮食安全监督检查； 9. 加强对学生日常行为习惯督查； 10. 建成学生工作管理系统； 11. 开展职业生涯规划大赛、就业训练营、职业能力训练等活动； 12. 组织学生参加国、省大学生艺术比赛活动； 13. 推进志愿服务工作，打造志愿服务品牌； 14. 建成辅导员工作室。
二级学院规划	1. 发挥全员育人功能，增强思政教育效果。 2. 加强日常教育和学风建设，推进学生养成教育，提升学生文明素养。评选优秀率在5%~15%。 3. 加强心理健康教育和安全教育，促进学生身心健康。 4. 参与推进学生管理信息化建设，参与推进精细化管理。优秀宿舍达10%。 5. 加强学生就业指导教育。 6. 加强校园文化建设，构建良好育人氛围。 7. 推进团学组织建设。 8. 培育辅导员工作室。 注：各项目标值为10个二级学院每学年平均值，为部门制定规划提供参考标准和依据。
学生个人发展规划	学生个人对照本专业规划目标制定学生个人发展规划（长期）；由各学生工作办公室审核学生个人规划目标内容，目标内容须支撑"学生工作建设规划"的目标值。

依据国家和陕西省有关要求，梳理学生层面工作标准，如《全国大学生思想政治教育工作测评体系（试行）》《高等学校辅导员职业能力标准（暂行）》《高等学校学生行为准则》《国家学生体质健康标准》《大学生心理健康标准》《陕西高校标准化学生公寓评估指标体系》《陕西高校标准化学生食堂评估指标体系》《教育部高校文明校园标准》《陕西省普通高等学校"平安校园"创建评估指标体系》等。梳理学生工作的相关制度共84项，这些制度基本形成了我院学生工作的内部标准。综合以上规定和制度建立起学生工作诊改标准链，具体如图2所示。

（二）建立质量改进螺旋

学院内部质量保证体系以"五纵五横一平台"为总体架构，即5个纵向系统（决策指挥系统、质量生成系统、资源建设系统、支持服务系统、监督控制系统）与5个横向层面（学校、专业、课程、师资、学生）相互交错，以现代信息技术平台为支撑；学生层面以"健全学生全面发展机制"为目标开展诊改工作。诊改工作框架如图3所示。

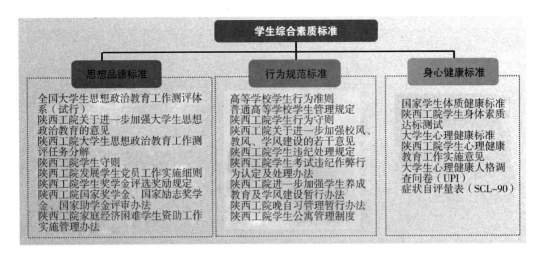

图2 学生工作标准链

图3 诊改工作框架图

以"8字形质量改进螺旋"为基础,根据学院实际,学院构建了"八步一环"质量改进螺旋,通过"目标—标准—设计—组织—实施(—监测—预警—改进—设计)—诊断—创新—改进"的不断循环,形成各自独立、相互依存、纵横联动网络化全覆盖的质量改进螺旋诊改机制。"八步一环"质量改进螺旋如图4所示。在具体实施过程中,通过"实施—监测—预警—改进—设计"的动态循环,重新形成新的设计,构成"一环",重新进入八步循环。整体思路是要体现诊改工作在实施中修改,在修改中完善,在完善中提高质量,在提高质量中形成新的体系,构建成质量递进螺旋。

(三)基于数据平台开展诊改工作

诊改工作的有效开展是以数据平台为支撑,更离不开人才培养过程的数据采集、共享和运用。学院学生层面的诊改工作开展以来,先后建成了易班工作站、网上办事大厅、学生管理系统、迎新系统、离校系统、学生就业管理系统、学生校园一卡通等信息化系统,集成应用系统间的对接互通,搭建起学生管理工作数据分析平台,建立起学生相关数据分析、挖掘、应用长效机制,促进了学生教育管理方式逐步从传统向现代、人工向智能、粗放向精细、封闭向开放的转变,也有效地遏制了学生旷课睡觉、上课迟到、自习

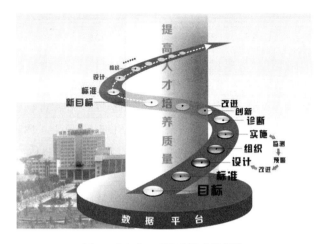

图 4 "八步一环"质量改进螺旋

缺勤、夜不归宿等难题,学生的上课出勤率大大提高,整体学风、舍风明显好转,"早睡、早起、早餐、早读"的意识日益内化为自觉行动。同时,学院应用大数据导向对学习困难、经济困难、心理困难、交际困难等类型的学生号脉诊断,开出定制式"处方",实施一对一的教育指导。

学生层面的诊改工作基于校园数据平台开展,具体过程如下。

一是集体研讨,明确目标,制定标准,设置学生工作 38 个质控点,具体如表 2 所示,对平台运行进行系统规划并制定工作计划。

表 2 学生层面质控点、预警点设置方案

序号	质控点内容	质控点内涵	预警点(13 个)
1	学生毕业标准	学生毕业条件相关资料或制度列表	√
2	学生素质教育实施细则	制度文件	
3	学生综合素质评价办法	制度文件	
4	学生个人成长发展规划	学生成长规划列表或典型案例扫描截图	√
5	学工队伍人数	总支书记、学工办主任、辅导员	√
6	学生干部队伍	学生会及班级学生干部名单	
7	学生活动经费使用情况	学生社团、文艺活动、体育活动相关经费使用情况	√
8	学生活动场馆情况	学院学生宿舍、运动场所、学术会堂及活动室数量	
9	素质教育基地详情	素质教育基地列表或明细资料	√
10	生均活动场馆面积	本部门活动场所面积/本部门在校学生总数	
11	文明宿舍比例	文明宿舍数量/全体宿舍数量	√
12	宿舍检查平均成绩	宿舍检查成绩平均分	

续表

序号	质控点内容	质控点内涵	预警点（13个）
13	辅导员进宿舍检查情况	本学年辅导员进宿舍检查情况	√
14	学生投诉数量	本年度学生投诉总人次数	√
15	学生意见反馈处理情况	学生投诉及期中教学检查反馈意见处理情况	
16	贫困生奖助学金发放情况	本年度贫困生奖助学金发放情况详情列表或相关资料	
17	毕业生求职补贴发放情况	应届毕业生求职补贴发放详情列表或相关文档	
18	生均不及格课程门数	不及格课程数/本年度在校生总人数	√
19	学生学年成绩合格率	学生成绩合格数量/(开设课程数*学生数)	
20	生均参加社会公益次数	参加公益总人次数/大二学生数	√
21	学生参加竞赛情况	学生参加院内及以上技能大赛等学科竞赛情况列表	
22	职业生涯规划作品完成情况	职业生涯规划作品完成详细情况列表	
23	生均职业资格证书数	职业资格证书/学生总数	
24	优秀学生比例	各类获奖学生人数/学生大二、大三总数	
25	合格学生比例	合格学生人数/学生总数	√
26	社团活动满意度调查结果	学生社团满意度调查	
27	学生服务满意度调查结果	学生对学工及学生干部平均满意度	
28	生活服务满意度调查结果	学生对后勤及宿舍服务人员的平均满意度	
29	教学工作满意度调查结果	学生对代课教师及教学管理人员平均满意度	
30	毕业生签约率	就业学生数/学生就业总数	√
31	毕业生自主创业情况	毕业生创业情况描述	
32	毕业生就业对口率	毕业生就业对口率	
33	教师评学成绩	教师评学平均得分	
34	毕业生对母校满意度调查结果	毕业生对母校满意度	
35	毕业生就业率	就业学生数/学生总数	√
36	毕业生平均薪酬	毕业生平均薪酬	
37	各类竞赛获奖学生总人次	各类各级竞赛获奖学生总人次,如院级、省级技能大赛或专业类竞赛获奖	
38	获得奖学金学生比例	获得奖学金学生数/学生总数	

二是由监管人（部门负责人）发布任务、责任人（任务实施者）具体实施,审核人（部门负责人或指定相关人）对任务负责审核和监控。

三是目标标准阶段,监管人结合年度总体任务基于平台下达具体任务,负责人基于前期集体研讨结果在系统中设定年度目标值,审核人审核通过,系统进入组织实施阶段。

四是组织实施阶段,根据任务分工,实施包含人才培养方案、综合素质标准、特殊群体服务、培养目标、培养成效等年度工作计划,阶段性工作结束后,进入到诊改阶段。

五是诊断改进阶段,责任人负责上传阶段性资料,如人才培养方案、学工队伍、学生干部队伍、学生管理服务、学生奖助情况、学生职业与就业能力提升、毕业生就业情况、获奖学生人数等。基于数据库,系统动态抽取样本进行分析,当实施结果与目标值不匹配时,平台则在不同时间点进行预警。系统发生预警后,相关责任人及时分析原因,找到改进措施,解决预警问题,在系统中进行标注并予以说明。当完成诊改周期后,系统进入最后阶段,生成诊改报告。

以"文明宿舍比例"这个质控点为例,诊改平台从学生工作管理系统抽取每周宿舍检查结果,计算出文明宿舍达标数占宿舍检查总数的比例,每周推送给二级学院辅导员,对低于标准值的发出周预警,辅导员要分析原因,采取措施,进行改进。对于连续两周不达标的,在向辅导员发出预警的同时发送给学工办主任,由学工办主任进行督促整改;对于连续四周不达标的,在向辅导员、学工办主任发出预警的同时,发送给党总支书记,由党总支书记进行督促整改,从而形成每周、每月、每学期质量改进螺旋,推进该项工作持续提升。学生层面诊改运行示意图如图5所示。

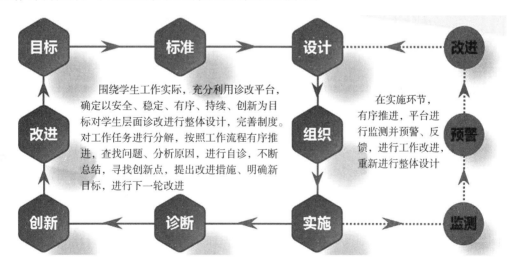

图5 学生层面诊改运行示意图

(四)以学生为主体开展诊改工作

在3轮的诊改工作中,以大学生个人成长规划为基础,帮助学生树立主体意识,通过诊改不断提升学生综合素养。从2016级开始,制订了《大学生个人成长规划》,明确大学阶段的成长目标,明晰个人发展路径。

《大学生个人成长规划》包括大学阶段总体目标和学年规划,在基于个人兴趣爱好、身体特长、性格特点等方面,围绕思想品德、学业技能、综合能力、身心素质、职业规划等方面分析自身的优势和不足,制定个人大学阶段的成长目标,目标包括思想品德、学业技能、综合能力、身心素质、职业规划等。其中,思想品德方面,要求具有坚定的理想信念,正确的价值取向,高尚的道德品质和良好的法纪观念;学业技能方面,要求具有专业岗位需求的知识和技能,养成良好的学习习惯,形成适合自己的学习方法;综合能力方面,要求具有创新思维、团队协作精神和责任担当意识,养成健康的生活习惯,优雅的言行举止;身心素质方面,要求具有强健的体魄,健全的人格,高雅的情操。职业规划方面,要求具有一定的创业意识,能根据自身特点选择合适的职业方向,储备多项职业技能。

依据大学成长目标分解制定学年成长规划,学年成长规划逐年递进并具有不同侧重点。每学年结束后,学生要对规划实施情况进行分析,开展自我评估,明确改进措施。导师评价由辅导员或班主任填写,对学生个人规划和规划落实情况提出意见或建议。

三、诊改成效

经过3轮诊改,学生工作取得了明显的成效。

一是信息化水平明显提升。建立了学生管理系统,将学生的综合信息、考勤及请假管理、入学教育、家庭经济困难学生管理、资助管理、评优评奖、违纪处分、综合素质测评、心理健康测评、学工队伍管理、学生党建、共青团工作和学生公寓管理等13项学生管理工作事务纳入管理系统,启动线上相关业务办理。实现了对学生在校期间学习、生活、思想等方面的全方位管理,提升学生教育管理工作的信息化水平。如学生贫困认定工作,基于传统方式开展困难学生认定工作时,办理时间长、效率低,且差错率较高;基于学工管理系统开展线上认定工作后,班级评议和二级学院辅导员、学工办主任、党总支书记审核均实现在线办理,提高了工作效率和工作质量。在学生评优工作中,需要计算学生的学习成绩和综合测评成绩,人工计算工作量大;启用学生工作管理系统后,由系统进行计算,设定评优条件,筛选符合基本条件的学生,大大提高了工作效率。

二是建立了基于智能校园的诊断与改进平台。学生层面诊改工作围绕完善育人体系、优化成长环境、健全学生全面发展机制这一目标,设立了38个质控点,对学生工作全过程进行监控,进一步明晰了学工部、学生处和二级学院的学生工作职责,工作过程、工作痕迹可监控,工作责任更加明确,工作流程更加规范,有效提升了管理水平和服务能力。

三是学生自我发展的内生动力进一步增强。通过在全体学生中推行《大学生个人成长规划》,学生的学习目标明确了,动力明显增强,优秀学生人数逐年攀升,尤其是2016—2017学年和2017—2018学年,26人获得国家奖学金,695人获得国家励志奖学金,10 116人获得国家助学金,29人获得学院奖学金,10人获得"特夫奖学金","三好学生"标兵615人,三好学生888人,优秀学生干部922人,单项先进个人3 565人,院级先进集体54个,优良学风班集体27个,精神文明班集体27个,学生会先进集体66个。

四、工作启示

诊改工作是保证学生全面发展的有效途径,通过线上和线下诊改的运行实践,师生的质量意识日益增强,三全育人的氛围逐渐形成。学院将以"四个坚持"继续推进学生诊改工作的深化,形成持续改进机制,助力内涵提升。

一是坚持全员参与不动摇。人才的培养目标决定了学生层面诊改工作必须坚持全员参与,全过程、全方位开展。

二是坚持质量核心不动摇。诊改的目的是为了更好地推进人才培养工作,学生层面诊改的各项工作、各个环节应该紧紧围绕提升人才培养质量这一核心展开。

三是坚持道路自信不动摇。诊改工作是一项自诊自改的工作,要结合自己学校的实际,坚持自己的优势和特色,不能照本宣科,人云亦云,照搬模仿。

四是坚持主体地位不动摇。学生层面诊改工作应突出学生管理部门的主体地位,各项工作以服务于学生的成长成才为目标,强化学生的自我教育、自我管理、自我服务、自我监督。

陕西交通职业技术学院部门（科技处）诊改案例

一、诊改基础

科技处作为学校科研工作的职能部门，积极组织全校教职工开展教科研活动，以教科研促进技术技能人才培养质量的提高。"十三五"以来，陕西交通职业技术学院教科研工作情况如表1所示。

表1 学校教科研情况一览表

类型		2015年	2016年
公开发表论文/篇	核心	44	86
	被SCI、EI、CSCD等收录	15	13
	普通	165	175
	小计	224	274
科研项目/项	国家级	0	0
	省部级	6	5
	厅局级	10	9
	校级及其他	50	53
	小计	66	67
横向课题/项			
专利/项		4	9
主、参编教材及著作/部		28	43
教科研成果/项	国家级		
	省部级	5	1
	行业及其他		
学术活动/场		26	30
外来经费/万元		54.7	11.2
学校经费投入/万元		88.06	78.98

运用SWOT分析法，学校科研工作的现有优势是人员职业素质较高、工作热情饱满、团结协作氛围浓厚；劣势是科研管理人员数量不足、管理信息化水平不高、相关制度需进一步完善，科研成果较少，科研团队力量较为薄弱；存在的威胁是科研管理信息化

水平亟待提高,管理人员数量有待增加,科研团队建设刚起步,高水平科研成果培育难度大,科研管理平台欠缺;应抓住的机会是国家政策不断出台,全校教职工对科研越来越重视,学校教育事业发展突飞猛进。通过SWOT分析,进一步明确学校科研工作的总体思路为发挥优势、抓住机会、弥补短板、追赶超越,为确定目标奠定基础。

二、诊改运行

(一)目标标准

1.建立目标链。学校"十三五"科研发展规划是学校10个专项规划之一,其上衔接学校"十三五"事业发展规划,其下按照年度和指标分解到各二级院(部)及其他部门,再由各二级院(部)及其他部门进一步分解,最终落实在教职工个人发展规划之中(图1、表2)。

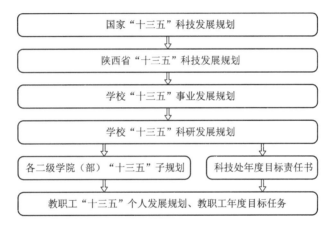

图1 科研工作目标链

表2 学校"十三五"科研发展规划指标分解一览表(局部截取)

年份	部门	教科研课题			公开发表论文	横向课题立项	承办学术交流活动	培养科研创新领军人才	培养科研创新团队
		国、省部级	厅局级	院级					
2016	公路铁道学院	1	2	3	40	1	1	0	0
	汽车工程学院	1	2	3	30	0	1	0	0
	建筑测绘学院	0	0	0	10	0	1	0	0
	轨道交通学院	1	3	5	32	0	1	0	0
	经济管理学院	0	3	2	27	0	2	0	0
	交通信息学院	0	0	6	21	0	6	0	0
	基础部	0	2	1	30	0	4	0	0

续表

年份	部门	指标名称及数量							
		教科研课题			公开发表论文	横向课题立项	承办学术交流活动	培养科研创新领军人才	培养科研创新团队
		国、省部级	厅局级	院级					
2016	思政部	0	1	2	23	0	4	0	0
	体育部	1	3	2	11	0	0	0	0
	其他部门	0	3	2	38	0	0	0	0
2017		……							
2018	公路铁道学院	1	2	7	45	0	1	1	1
	汽车工程学院	1	2	4	30	0	1	0	0
	建筑测绘学院	3	4	4	26	0	1	1	2
	轨道交通学院	1	4	5	46	0	1	0	0
	经济管理学院	0	1	5	49	0	1	0	0
	交通信息学院	2	0	5	27	0	6	0	1
	基础部	1	0	0	40	0	5	0	0
	思政部	1	3	3	25	0	8	0	0
	体育部	0	4	0	8	0	3	0	0
	其他部门	0	0	6	60	0	0	0	0
2019		……							
2020	公路铁道学院	1	5	7	37	0	1	0	0
	汽车工程学院	1	2	5	30	1	1	1	0
	建筑测绘学院	1	3	3	30	1	1	0	0
	轨道交通学院	1	4	5	40	0	1	1	2
	经济管理学院	2	1	4	32	0	1	0	1
	交通信息学院	1	3	4	20	1	6	0	0
	基础部	0	2	3	13	0	3	0	0
	思政部	1	3	6	19	0	6	4	3
	体育部	0	2	2	12	0	3	0	0
	其他部门	0	1	5	60	0	0	0	0
合计		48	105	181	1 466	9	123	11	13
科研"十三五"规划目标		36	100	170	1 000	6	45	6	6

2. 形成标准链。以国、省科研相关制度文件为依据,学校和二级院(部)逐层制定制度规范、细化质量标准,形成标准链(图2)。

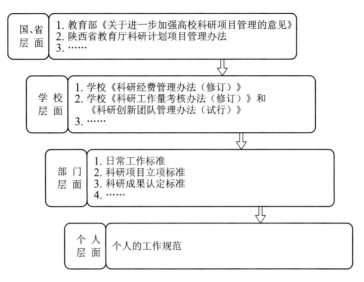

图 2　科研工作标准链

3. 设置质控点。依据"十三五"科研发展规划和科技处年度工作目标任务,共设置了 29 个质量控制点,作为学校科研工作监测预警依据(表 3)。

表 3　科研工作质控点

诊改要素	质控点	目标值	标准值	预警值
发展规划 (5 年) (决策指挥)	发表论文总数	1 000 篇	200 篇/年	<100 篇/半年
	教科研项目总数	310 项	62 项/年	<31 项/半年
	收录论文数	75 篇	15 篇/年	<15 篇/年
	国家级	1 项	1 项	0 项
	省部级	35 项	7 项/年	<3 项/半年
	厅局级	100 项	20 项/年	<10 项/半年
	校级	170 项	34 项/年	<17 项/半年
	横向课题	6 项	1 项/年	<1 项/半年
	专利总数	20 项	4 项/年	<2 项/半年
	成果转化	1 项	1 项	0 项
	著作数量	200 部	40 部/年	<20 部/半年
	获奖数量	10 项	2 项/年	<1 项/半年
人员保障 (资源建设)	管理队伍建设是否健全	是	是	否
	科研创新团队	6 个/5 年	1 个/年	<1 个/半年
	学校科研经费年增长率%	20	20	<20
	科研实验室建设	5 个	1 个/年	<1 个/年
	信息化建设	有	有	无

续表

诊改要素	质控点	目标值	标准值	预警值
体制机制 （支持服务）	管理制度	健全	基本健全	不健全
	工作流程	完善	基本完善	不完善
	工作标准	完善	基本完善	不完善
运行实施 （质量生成）	工作方案的制订与实施	好	良好	一般
	开展科技交流培训场次	45次	9次/年	<4次/学期
科研管理与 绩效考核 （监督控制）	是否按流程标准执行	是	是	否
	教科研工作量考核与奖励	100万	50万	<50万
	年度重点工作完成率%	100	100	<100
	课题立项率%	100	70	<50
	课题结题率%	100	90	<80
	教职工对科研工作满意率	100%	>=90%	<80%
	部门考核	优秀	合格	基本合格

（二）组织实施

学校以学术委员会、科研工作委员会、科技处、二级学院（部）、教研室及科研人员为六级责任主体，科技处作为职能部门对学校科研诊断改进工作具体负责，构建"目标—标准—设计—组织—实施—（监测—预警—改进）—诊断—激励—学习—创新—改进"科研工作的"8字形质量改进螺旋"（图3）。

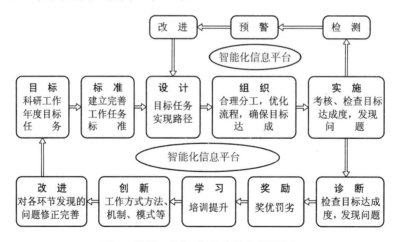

图3 科研工作"8字形质量改进螺旋"

（三）监测预警

通过对29个影响科研工作质量的关键点进行重点监测（图4），跟踪实施环节相关影响因素，努力实现监测数据及时传送至相关部门和科研人员，针对不满足目标任务的监测结果进行预警反馈。各责任主体认真分析监测数据，对照目标标准，找出不足，分析不达标的原因,提出改进措施并及时改进,完善后返回至设计环节,由科技处和质控办检验改进效果。

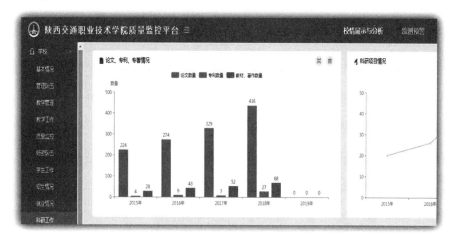

图4 质量监控系统截图

(四)诊断改进

对照科研工作目标标准,对科研工作推进的全过程进行跟踪,分析问题产生的原因,寻找解决问题的方法和路径,确定科研工作目标的达成度。

学校科研工作分别于2017年度、2018年度进行了两轮诊改。首轮诊改发现了7个问题,通过认真分析原因,对每个问题采取了针对性的措施进行整改,并取得了一定成效(表4)。

表4 诊断改进情况一览表

诊改要素	2017年			2018年		
	诊改发现的问题	采取的措施	改进情况	诊改发现的问题	采取的措施	改进情况
发展规划（五年）（决策指挥）	1.高级别的科研项目和成果偏少。	积极联系各级政府机构、行业企业协会和校内外专家,做好科研项目和科研成果的培育、申报的策划和指导工作,催生重点项目和更多标志性成果形成。	有改进	1.重大项目和横向课题偏少。	1.加大对重大项目和横向课题的支持力度,鼓励以各种方式推进科技成果转化。	有改进
				2.科研成果转化不足。	2.提高成果转化机构人员能力,加大转化推动力度。	待改进

续表

诊改要素	2017年			2018年		
	诊改发现的问题	采取的措施	改进情况	诊改发现的问题	采取的措施	改进情况
保障条件（资源建设）	2. 科研管理人员不足。	1. 增加科研管理人员编制。	待改进	3. 科研管理人员仍不足。	1. 增加科研管理人员编制。	待改进
	3. 科研团队建设有待加强，缺乏激励措施。	2. 尽快出台科研创新团队管理办法，激发教师服务社会、服务企业的创新动力。	已改进	4. 科研创新团队偏少，覆盖面不全。	2. 继续培育科研创新团队，力争覆盖学校主要专业学科。	有改进
	4. 科研管理信息化水平低，管理效率低。	3. 建设学校科研管理系统，提升科研信息化水平。	待改进	5. 科研管理系统不够完善。	3. 进一步完善科研管理系统功能，加大应用力度。	有改进
体制机制（支持服务）	5. 制度和激励机制措施不健全，教师科研积极性不高。	修订完善学校科研管理制度，提高教师科研积极性。	有改进	6. 科研工作的流程标准还需进一步完善。	1. 进一步完善科研工作的流程和标准。	有改进
					2. 提高科研工作的完成质量。	有改进
运行实施（质量生成）	6. 课题的立项率低，仅为48%。	课题申报前，对教师进行课题申报指导培训。	已改进	7. 科技交流水平较低。	通过内培外引，提高学校科技人才水平，加强高级别的学术交流。	有改进
科研管理与绩效考核（监督控制）	7. 课题结题率85%，未达到标准。	加强监督检查力度，结果在全校通报；科研工作量考核处罚。	已改进	8. 教科研工作量奖励力度不足。	通过修订完善教科研工作量考核办法，大幅度提高奖励力度。	已改进

（五）激励创新

结合学校科研工作量考核办法，建立科研绩效考核与激励竞争长效机制，发挥激励导向功能，通过学校质量监控平台，把科研诊改工作与学校半年、全年绩效考核相结合，对达到诊改目标的部门和人员进行奖励，使其具有获得感和成就感，达到无须扬鞭自奋蹄、自我改进靠自觉的目的。

三、诊改成效

(一)建立了科研工作质量保证体系

打造了较为科学、系统、可行的科研工作目标链和标准链,形成了上下贯通、层层明确、具体、可检测且运行有效的目标、标准体系。完善了部门职责、个人岗位职责、部门工作流程和工作标准,修订了7项科研相关制度,充分调动了广大教职工的科研积极性。

(二)提升了科研管理信息化水平

部署上线了学校科研管理系统,完成了与学校共享数据平台的对接融合,实现了科研项目管理以及教科研工作量自动统计功能,大大提高了工作效率,提升了科研信息化水平。

(三)组建了科研创新工作团队

组建了3个科研创新团队,学校为每个团队配套3年30万元的科研创新经费,极大地调动了广大教师从事科研工作的积极性,激发了教师服务社会、服务企业的创新动力,加速高层次创新人才培养,推动专业(学科)和科研基地建设,提升科研自主创新能力和核心竞争力。

(四)提升了教科研工作水平

通过诊断改进,学校教职工教科研水平持续提升,填补了学校国家级教学成果的空白,弥补了横向课题的空缺,获得国家专利数量、教科研项目立项数量、核心期刊论文数量、出版著作数量以及科研经费投入量逐年呈增长态势,学校"十三五"科研发展规划年度指标顺利完成(表5)。

表5 学校教科研情况一览表

类型		2016年	2017年	2018年
公开发表论文/篇	核心	86	111	126
	被SCI、EI、CSCD等收录	13	8	11
	普通	175	210	298
	小计	274	329	435
科研项目/项	省、部级及以上	5	18	11
	厅局级	9	8	8
	校级及其他	53	49	9
	小计	67	75	93
横向课题/项			3	2
专利/项		9	7	28
主、参编教材及著作/部		43	52	68

续表

类型		2016年	2017年	2018年
教科研成果/项	国家	-	-	1
	省部级	1		5
	行业及其他	-	6	8
科研创新团队		-	-	3
学术活动/场		30	35	38
外来经费/万元		11.2	182.9	69.5
学校经费投入/万元		78.98	94.1	217.3

四、下一步努力的方向

1. 进一步完善科研工作相关制度，引导广大教职工积极投入教科活动，加大成果培育力度，努力形成一批具有自主知识产权的技术成果，力争突破省级科研成果空白。

2. 不断完善巩固部门各项工作流程和标准，进一步强化质量意识和责任意识，建立健全正向激励和整改问责的长效机制。

3. 进一步提升部门人员的业务素质、政策水平、服务意识和创新意识，提高科研管理信息化水平，力争使广大教职工对科研工作的满意率达到95%以上。

第四部分

陕西省高职诊改工作总结与计划安排

陕西高职省级试点院校诊改复核工作总结

按照陕西省教育厅统一安排,2018年12月16—25日,陕西高职诊改试点院校复核工作分3个专家组,分别对9所省级诊改试点院校进行了现场复核,现将有关工作汇报如下。

一、基本情况

(一)复核依据

1.《教育部办公厅关于建立职业院校教学工作诊断与改进制度的通知》(教职成厅〔2015〕2号)。

2.《关于印发〈高等职业院校内部质量保证体系诊断与改进指导方案(试行)〉启动相关工作的通知》(教职成司函〔2015〕168号)。

3.《关于全面推进职业院校教学工作诊断与改进制度建设的通知》(教职成司函〔2017〕56号)。

4.《陕西高等职业院校内部质量保证体系诊断与改进实施细则》(陕教〔2017〕207号)。

5.各校通过陕西省诊改委审核通过的内部质量保证体系建设与运行方案。

(二)专家组组成

本次复核的24位专家分3组同步进行,每组8人,组长分别由全国诊改委专家担任。全国诊改专委会副主任崔岩、徐建平,全国诊改专委会委员汪建云、王成方、陈春梅、池云霞、黄斌文、张晞、丁敬敏等9位专家,来自陕西3所全国诊改试点院校的15位专家参加了本次诊改复核工作。

(三)专家组培训

在借鉴全国诊改委对陕西3所国家试点院校现场试复核经验基础上,为保证陕西省9所试点院校复核与全国专委会的精准对接,了解陕西在全国诊改委《复核指南》和《专家手册》基础上新增内容,陕西诊改专委会按照陕西省教育厅安排,2018年12月16日分3组对专家进行了培训。一是集体学习了教育部3个复核文件和陕西省教育厅的复核文件,进一步明确了复核依据;二是集体听取全国诊改委主任杨应崧教授视频专题报告《关于做好诊改复核试点工作的思考》,统一思想;三是由组长解读《陕西省高职试点院校内部质量保证体系诊断与改进复核工作指引》《陕西省高职试点院校内部质量保证体系诊断与改进复核专家工作手册》《陕西省高职试点院校内部质量保证体系诊断与改进现场复核工作纪律》,把握本次复核工作要求和纪律要求,并由专家组组长进行了学习总结。

(四) 复核纪律

入校前,专家组每位成员均签订了承诺书。复核过程中,严格恪守承诺,认真履行专家职责,严守纪律,遵循复核依据,为9所高职院校把脉问诊。

(五) 复核形式

专家组以质量保证体系建设与运行为重点,审核学校自我诊断报告与实施方案的契合度;重点复核目标链与标准链的科学性、系统性、可行性、实施情况及成效;学校、专业、课程、教师和学生5个层面"8字形质量改进螺旋"建设的科学性、覆盖面、可行性、实施情况及成效;学校智能化信息平台顶层设计、建设、应用及成效。

在前期网上审阅资料的基础上,专家组进校后,通过数据分析、状态考察、面上调查、深入研讨、取样分析、多维建构等多种形式,3个专家组分别在9所学校累计听取了学校、专业、课程、教师、学生层面的诊改汇报230个,召开座谈会101场,深度访谈了学校领导、职能部门负责人、二级院(部)负责人、专业带头人、课程负责人、骨干教师、实习指导教师、辅导员、班主任、相关部门工作人员、学生代表等1 692人次,全面考察了复核院校"两链"、"螺旋"、信息平台建设与运行情况以及师生员工的满意度和获得感。

二、主要成效

(一) 高度重视,内部质量保证体系基本建立

9所复核院校的党政领导高度重视,并严格按照陕西诊改委审核通过的内部质量保证体系建设与运行实施方案,统一思想,提升理念,启动了学校、专业、课程、教师和学生5个层面的诊改探索与实践,结合平台建设进展情况,以线上线下相结合的方式实施诊改。学校诊改工作方向总体正确,认识不断深化,理念逐步提升,过程推进有力,内部质量保证体系基本建立,取得了阶段性成效。

(二) 积极探索,师生员工质量意识逐渐增强

9所复核学校按照"五纵五横一平台"质量保证体系框架,做好顶层设计,思路清晰,初步形成了学校、专业、课程、教师、学生五个层面上下衔接的目标链与标准链;各层面基本建立了"8字形质量改进螺旋",并着力构建以数据和事实为依据的诊改机制,依托初步构建的智能化信息平台逐步开展过程性诊改,实现动态监测预警。学校各职能部门主动担当、狠抓落实;师生员工积极响应,诊改工作热情高。诊改理念层层传递,质量意识逐渐增强。

(三) 成效初显,促进陕西省高职"双一流"建设

9所被复核学校基本聚焦了陕西省"一流学院、一流专业"建设和教育部创新发展行动计划承接项目,分解目标任务,制定建设标准,学校规划和年度目标任务有落实、有监控、有成效。建立了诊改制度和激励机制,诊改工作有效推进,提升了学校管理水平,新增系列标志性成果,有力促进了学校"双一流"建设。

(四) 示范引领,诊改工作形成"陕西特色"

复核学校层面重点聚焦教育部创新发展行动计划的优质院校承接项目、陕西省"一

流学院"建设项目;专业层面重点关注创新发展行动计划的国家"骨干专业"建设项目和省"一流专业"建设项目;课程层面重点关注国家级精品在线开放课程及省级精品在线开放课程建设项目;教师层面重点关注中青年教师的个人发展和成长;学生层面重点关注一、二年级学生;形成鲜明的陕西特色。专家们明显感觉到,9所被复核院校与3所国家试点院校有着深度的交流与分享,在3所国家试点院校的示范带动下,省级试点院校也基本建立了"一校一策"的内部质量保证体系,形成了"陕西特色"。

三、主要问题

专家组经过充分酝酿、深入讨论,对9所被复核学校诊改工作的诊断结论均为"有效",形成了各校《内部质量保证体系诊断与改进工作复核反馈意见》。主要问题有:

1. 信息化建设水平普遍滞后,对诊改工作的支撑度不足。

2. 目标、标准体系建设不够健全,质控点不够齐全,目标链、标准链不够完善,上下衔接、逐级支撑度不够。

3. 理解质量改进螺旋不透彻,基于数据事实的诊改意识不强。

四、改进建议

1. 进一步加快智能化信息平台建设与应用,按照智能信息化校园建设规划,加强业务信息系统和办事大厅的建设,逐步实现业务系统全覆盖,全面实现数据开放共享。不断提升师生员工信息化素养,重视数据综合分析应用,并逐步建立起支撑诊改各层面的数据监测、预警和分析平台。

2. 探索建立目标链和标准链的有效途径和方法,提高目标链和标准链衔接的有效性。将规划"落细、落实、落地",依据规划,明确目标,细化标准,分解任务,构建完善的"两链"。增强各层级的质量主体责任和意识,逐渐营造出浓郁的校本特色的质量文化。

3. 聚焦事前、事中、事后3个环节。深入研究目标、标准制定的科学性、系统性、可行性;不断深化基于平台、辅以系统、依据事实的监测预警,实施过程监控,及时发现问题和解决问题;切实做好依据数据和事实的诊断和改进,不断提升学校管理水平,进一步促进陕西高职"双一流"建设。

陕西高职院校教学工作诊断与改进 2018 年工作总结

陕西现有高职院校 38 所,在校生 41 万人。在教育部和全国诊改专委会指导下,陕西按照《陕西高等职业院校内部质量保证体系诊断与改进实施细则》(陕教字〔2017〕207 号)文件要求,组织完成了 3 所高职国家诊改试点院校的试复核和 9 所高职省级诊改试点院校的复核工作,及时更新全省高职院校教学工作诊断与改进网络平台信息,聘请全国诊改专委会专家做辅导报告,召开全省高职院校诊改方案研讨会、培训会。协助全国诊改专委会编撰出版了《高等职业院校教学工作诊断与改进文件选编及实践研究》一书,并总结陕西诊改实践探索出版了《高等职业院校教学工作诊断与改进实操导引》,为全国诊改工作提供了陕西方案。现将 2018 年工作总结如下。

一、主要工作

(一) 召开研讨会 3 次

一是 2018 年 3 月 20 日,在陕西交通职业技术学院召开研讨会。3 所国家诊改试点院校参加,会议总结了诊改工作的进展、存在问题和困难、下一步工作措施,讨论了诊改复核准备工作。二是 2018 年 10 月 23 日,召开国家试点院校诊改工作推进会,安排试点院校复核前的各项准备工作。三是 2018 年 11 月 15 日,在陕西铁路工程职业技术学院高新校区召开研讨会。陕西省 3 所国家诊改试点院校、9 所省级诊改试点院校主管诊改工作的院校领导及诊改办主任等 30 多人参加,会上就陕西省高职诊改试点院校的复核工作进行了讨论和交流,参会代表结合本校工作实际,交流各自诊改工作的进展情况。为持续做好诊断与改进工作提出了建设性的意见。

(二) 召开培训会 5 次

一是 2018 年 3 月,在陕西工商职业学院召开诊改实施方案制定培训会。全省 27 所高职院校的分管领导、诊改工作负责人和教师代表 300 余人参加会议。二是 2018 年 11 月 15 日,在陕西铁路工程职业技术学院召开培训会,特邀全国诊改委副主任兼秘书长袁洪志教授、广州工程职业技术学院张晞教授、海南政法职业学院黄斌文教授做专题报告,陕西省诊改专委会成员、全省 26 所高职院校负责诊改工作的代表 500 余名参加。三是 2018 年 11 月 23 日,在陕西工业职业技术学院举行了全省诊改复核现场培训,全省 25 所高职院校约 490 人参加。四是 2018 年 12 月 1 日,组织陕西省诊改专委会专家在陕西铁路工程职业技术学院参加全国诊改复核培训会,共计 19 人参培。五是 2018 年 12 月 16 日,结合陕西 3 所国家诊改试点院校及 9 所省诊改试点院校的复核工作实际,省级各诊改试点院校复核专家组 24 人针对陕西省《复核工作指引》《专家工作手册》做了专题培训。通过培训明确了陕西省诊改复核工作的方向,明确了诊改复核工作的重点和难点,将陕西省高职诊改工作推进至实质性阶段。

(三)全国诊改专家组来陕对3所国家诊改试点院校开展试复核工作

2018年11月15日至12月8日期间,全国职业院校教学工作诊断与改进专家委员会对陕西省3所高职全国试点院校诊改情况进行现场试复核;3所国家级试点院校在推动全省高职诊改工作中发挥了示范带头作用,为全国高职诊改工作提供了陕西经验和陕西做法。

(四)结合陕西高职发展实际,完善陕西《复核工作指引》和《专家工作手册》,制定《复核工作纪律》

2018年12月,在借鉴全国诊改专委会对陕西3所国家试点院校现场试复核经验的基础上,陕西在全国诊改专委会《复核工作指引》和《专家工作手册》之外结合陕西省高职教育发展实际,充分结合教育部和省、市的重大项目,如教育部创新发展行动计划承接的项目和任务、国家优质校和骨干专业、一流学院和一流专业,国家精品在线开放课程等,做到了陕西9所诊改试点高职院校复核与全国专委会《复核指引》的精准对接。

(五)现场复核观摩,充实完善专家队伍

在3所全国诊改试点院校复核工作开展过程中,陕西省教育厅均组织了陕西省诊改专家委员会部分专家进行了现场观摩,很好地锻炼和提高了专家队伍;在3所全国诊改试点院校和9所省级诊改试点院校复核工作开展过程中,组织了省级诊改试点院校和部分非诊改试点院校主管诊改工作的负责人赴复核院校现场观摩,累计参加观摩人数达200余人次,加强了经验分享与交流。依据工作需要,结合实际情况,适时对省级诊改专家委员会人员进行调整,进一步充实和完善了专家队伍。

(六)分层分批开展复核工作及院校实施方案修改评审

2018年12月16—25日,由陕西省教育厅统一安排,由全国诊改专委会指导,陕西省诊改专委会负责组织实施的陕西9所高职省级诊改试点院校复核工作圆满结束,本次复核工作由24位专家分3个专家组同步进行,每组8人,组长分别由全国诊改专委会副主任崔岩、徐建平,全国诊改专委会委员汪建云担任,成员由全国诊改专委会委员王成方、陈春梅、池云霞、黄斌文、张晞、丁敬敏以及来自陕西省诊改专家委员会、3所全国诊改试点院校的15位专家组成。

2018年7—12月,陕西省教育厅安排省高职诊改专委会对第三批24所院校的《内部质量保证体系建设与运行实施方案》进行了多轮审核和完善,截至目前,其中14所院校的《内部质量保证体系建设与运行实施方案》已审核通过,并在陕西高职教学工作诊断与改进专题网上公布。

二、工作成效

(一)高度重视,分批推进成效显著

陕西高度重视诊改工作,刘建林副厅长多次参加诊改研讨及培训会并主编《高等职业院校教学工作诊断与改进实操导引》一书,进行顶层设计,统筹推进陕西省高职院校教学诊改工作。陕西省教育厅安排全省高职诊改专委会分三批逐步推进诊改工作,实现诊改工作全覆盖:第一批3所国家试点院校和第二批9所省级诊改试点院校接受了教育部及陕西省教育厅安排的诊改复核,并逐步建立了院校内部质量保证的长效机制,第三批24所院校以"保证院校履行办学主体责任,建立和完善内部质量保证诊改体系"为重点正在逐步开展工作。全省各高等职业院校诊改工作方向总体正确,认识不断深化,理念逐步提升,过程推进有力,成效显著。

(二)积极探索,师生员工质量意识逐渐增强

第一批3所国家试点院校和第二批9所省级诊改试点院校按照"五纵五横一平台"质量保证体系框架,做好顶层设计,思路清晰,初步形成了学校、专业、课程、教师、学生5个层面上下衔接的目标链与标准链;各层面"8字形质量改进螺旋"基本建立并运行,并着力构建以数据和事实为依据的诊改机制,依托初步构建的智能化信息平台逐步开展过程性诊改,以实现动态监测预警。学校各职能部门主动担当、狠抓落实;师生员工积极响应,诊改工作热情高。诊改理念层层传递,质量意识逐渐增强。

(三)有力促进了国家优质校、骨干专业,陕西省"双一流"建设,效果显著

第一批3所国家试点院校和第二批9所省级诊改基本聚焦陕西省一流学院建设、一流专业建设和教育部创新发展行动计划承接项目,分解目标任务,制定建设标准,学校规划和年度目标任务有落实、有监控、有成效。建立了诊改制度和激励机制,诊改工作有效推进,提升了学校管理水平,新增系列标志性成果,有力地促进了学校"双一流"建设。

(四)示范引领,诊改工作形成"陕西特色"

在全国诊改委对3所陕西国家诊改试点院校试复核的探索与实践之后,陕西省率先开展9所省级试点院校复核工作。本轮复核中,除严格按照全国诊改专委会制订的《复核工作指引》《专家工作手册》执行外,各层面重点聚焦教育部创新发展行动计划的优质院校承接项目、陕西省"一流学院"建设项目、国家"骨干专业"建设项目和省"一流专业"建设项目、国家级精品在线开放课程及省级精品在线开放课程建设项目等,在3所国家级试点院校的示范带动下,省级试点院校也基本建立了"一校一策"的内部质量保证体系,形成了"陕西特色",同时也培养和锻炼了一批专家队伍。

(五)加强宣传,扩大影响

及时跟踪教育部诊改工作动态,编印上网公示的全国9所试点院校诊改方案;陕西省教育厅网站多次报道陕西诊改进展状况,在"全国职业教育诊改网"的"高职诊改"动态中,有13条报道陕西诊改方面的动态,占全部75条信息的18%;在《陕西职教动态》中开辟"诊改工作"专栏,宣传和报道陕西高职诊改相关工作;在省职教学会网站增设的诊改专栏中及时报道诊改工作动态、公布审核通过的实施方案,上传诊改学习资料等。

三、存在问题

1.深入学习和理解文件还需要加强,个别院校对诊改的理解还有偏差,以项目的思

维对待诊改开展工作,将诊改工作孤立对待,没有将诊改和创新发展行动计划等重大项目和学校的具体工作有机结合起来,或完全照搬其他院校的规划方案,缺乏深入思考和创新思维。

2. 个别院校仍存在重视不够,方案中的目标、标准体系建设不够健全,质控点不够齐全,目标链、标准链不够完善,上下衔接、逐级支撑度不够。

3. 一些院校的智能化信息平台建设相对滞后,对诊改工作的支撑度不足,对"8字形质量改进螺旋"理解不透彻,基于数据事实的诊改意识不强,人才培养工作状态数据在诊改工作中的基础作用发挥不够,还不能为教育行政部门决策提供数据参考。

四、下一步工作打算

(一)持续跟进各复核院校的运行方案完善与整改情况

陕西9所诊改试点院校复核工作还没有结束,只是初步复核了院校诊改运行方案的实施情况,下一步省教育厅将安排陕西省诊改专委会专家组在反馈复核意见的基础上,持续跟进各复核院校的运行方案完善与整改情况,按照省教育厅的要求,复核院校根据专家反馈意见在3个月内向省教育厅提交整改方案,省教育厅在半年内进行中期检查,一年后对整改效果进行复查。

(二)督查完成第三批院校规划和方案的制定与实施

陕西省教育厅继续组织专家对全省第三批10所高职院校提交的《内部质量保证体系建设规划》和《内部质量保证体系建设与运行实施方案》进行修改完善,指导各院校根据自身实际,做好顶层设计并逐步在省职教学会网站增设的诊改专栏中全部公示。

(三)继续开展并加强专项培训

组织陕西省内外专家学者开展专项培训,召开省诊改试点院校的诊改工作推介会、经验交流会,加强诊改试点院校与第三批24所院校之间的诊改工作交流与沟通。

(四)深入院校现场调研指导

组织陕西省诊改专委会对第三批的24所院校进行现场调研指导,发现问题、督促整改,将诊改工作推向深入。

陕西高职院校教学工作诊断与改进
2019年工作安排

根据《关于全面推进职业院校教学工作诊断与改进制度建设的通知》(教职成司函〔2017〕56号),按照《陕西高等职业院校内部质量保证体系诊断与改进实施细则》(陕教〔2017〕207号),结合陕西诊改工作实际,对2019年工作安排如下。

一、工作任务

(一)持续完善学校内部质量保证体系

以诊改为抓手,促进各高职院校在学校、专业、课程、教师、学生的不同层面建立起完整的内部质量保证体系及运行机制,强化学校各层级管理系统间的质量依存关系,形成全要素、网络化的教学诊改体系,不断提升学校管理水平,推进院校内部治理能力现代化。

(二)持续提升教育教学管理信息化水平

强化人才培养工作状态数据在诊改工作中的基础作用,进一步加强人才培养工作状态数据管理系统的建设与应用,完善实时采集、动态监测与预警功能,提升学校教学运行管理信息化水平,为学校及教育行政部门决策提供数据支撑。

(三)树立现代质量文化

引导各院校提升质量意识,不断激发师生员工的内生动力,建立完善质量标准体系,不断提升标准内涵,促进全员、全过程、全方位育人,并与现代信息技术支撑平台进行双向信息交流,形成系统化全覆盖的教学诊改体系。

二、进度安排

对3所国家试点、9所省级试点院校开展半年中期检查和一年复查;对26所其他院校以"成熟一批,复核一批"的原则分批进行复核;形成追赶竞争态势,在2019年底全部完成复核工作。具体工作安排如下:

(一)改进提升阶段(2019年1—4月)

组织专家总结先期诊改工作在接受全国复核、审计复核中存在的问题,及时形成省级层面整改意见,对全省未通过审核的《实施方案》进行培训和完善,使其尽快通过审核。

1. 2019年1—2月,组织专家对全省诊改试点工作进行总结凝练,形成交流成果。

2. 2019年2—3月,组织专家对全省9所省级诊改试点院校运行方案完善与整改情况进行审核。

3. 2019年3—4月,组织全省各院校之间的分享交流;对第三批《实施方案》审核未通过的10所院校进行培训。

(二)逐步推进阶段(2019年5—11月)

反馈检查结果,对全省各院校诊改工作进行诊改自查,找短板,查不足,凝练特色,或提出诊改的方向与思路、措施与方法。

1. 2019年5—6月,对第二批9所省级诊改试点院校完善与整改后运行方案进行中期检查;对第三批24所院校审核未通过的10所院校完成诊改方案的审核并上网公布;对第三批《实施方案》已经审核通过的14所院校准备复核。

2. 2019年7—8月,通报9所试点院校诊改中期检查情况,召开经验交流会。

3. 2019年9—10月对第三批剩余申请复核院校组织专家开展入校复核,反馈验收结论,提出整改意见和建议。

4. 2019年11月,通报第三批申请复核院校复核工作开展情况,召开经验交流会;对第二批9所省级诊改试点院校中期检查后的整改效果进行复查。

(三)总结提升阶段(2019年11—12月)

全省各院校结合自身工作实际,修改完善诊改工作运行方案,总结提升,形成典型案例。

三、工作机制

(一)发挥全国诊改专委会的指导作用

陕西省诊改专委会、各高职院校接受国家诊改专委会指导,积极参加培训、学习、听取全国诊改专家委员会专家报告和开展调研指导。

(二)发挥省诊改专委会的职能

陕西省诊改专委会结合陕西实际,研究制定工作方案,指导相关院校研究制定教学工作诊改指导方案。开展专项培训、组织经验交流,指导各院校推进诊改工作。

(三)开展诊改理论研究

陕西省诊改专委会围绕各职业院校诊改工作的内容、形式、方案等开展专题研究,完善理论体系,开展诊改咨询,促进各院校诊改顺利实施。